记忆湘东钨矿

工业文化遗产

王继平　主编

U0913213

湖南师范大学出版社

·长沙·

序 言

湘东钨矿，位于湖南省茶陵县汉背，距县城50公里，地处湘赣边界，属武功山脉，主峰邓阜仙海拔1090米。

邓阜仙钨矿于1919年被发现，翌年即开始采矿。1949年以前，由私商经营，共有8个采钨公司，1920—1949年共产高锡钨约1500吨。1949年春，矿商离山停办。1950年，人民政府派人上山收砂，并组织200余人以民窿方式开采。1950—1951年，共产高锡钨140吨。1951年8月，中南有色金属工业管理局湖南分局接管了矿山，成立茶湘管理处，仍以收砂为主。1952年民主改革后，固定了职工，改变了收砂制度，恢复并扩大了生产。1953年茶湘管理处与衡湘管理处合并为湘东钨矿。

湘东钨矿是具有百年开发历史的央企，最早直属中央重工业部黑色金属局，有着辉煌的光荣历史，曾两次获得国家“金马奖”，其负责人出席全国英模表彰大会，受到毛泽东主席、周恩来总理等老一辈党和国家领导人的亲自接见；20世纪60年代，时任团中央第一书记兼湘潭地委书记的胡耀邦同志先后两次来矿视察，讲长征史，鼓舞斗志。通过几代人的艰苦创业和勤劳持矿，湘东钨矿在较短时间内创建了一座现代化中型矿山，建成了一套完整的工业矿山生产体系，成为全国机械化程度最高的矿山，在中国有色工业发展史上留下了光辉灿烂的篇章，为国家经济振兴、国防强大，特别是三年困难时期偿还苏联援华贷款作出了重大贡献。1950年至1985年，共生产钨精矿（折金属含量）3.67万吨，铜精矿（折金属含量）1.45万吨，锡精矿（折金属含量）2184吨，三氧化钨800吨，仲钨酸铵488吨，工业总产值3.64亿元（其中出口产值2.23亿元，占61%），累计上缴利税9488万元，在全国大中型钨矿中占第三位。进入20世纪90年代以后，由于国家产业政策的调整和资源的枯竭，湘东钨矿进入艰难的时期，最终在20世纪末破产重组为茶陵湘东钨业有限公司。2007年，中国五矿湖南有色集团收购了湘东钨业有限公司，使之又成为央企。但由于经营不善等，2021年8月破产拍卖，湘东钨矿又变更为由湖南省凯兴矿业有限公司控股的民营企业。

我于1961年从长沙有色金属工业学校毕业，分配到湘东钨矿从事化验工作，历任工程师、生产计划科副科长、冶炼车间主任兼党支部书记、矿工会主席、副矿长，1994年至1998年，任湘东钨矿矿长。可以说，我经历了湘东钨矿由繁荣至重组的所有时刻，见证了湘钨人艰苦奋斗、为共和国奉献“黑金”的峥嵘岁月，也目睹了矿山走向衰落的艰难时刻，更感受到湘钨人对矿山的不舍眷恋和片片深情。无论是奉献了青春与汗水的老矿工，还是视钨矿为故乡的“矿二代”，都对湘东钨矿有一种难以割舍的情怀。湘钨人有资格为湘东钨矿的昔日繁荣而骄傲，有理由为湘东钨矿繁华逝去而感怀。因为，老一辈湘钨人在这里为共和国的有色冶金工业奉献了青春和生命，距矿区九公里的矿工公墓就是这奉献的丰碑;“矿二代”在这里度过无忧的童年、少年时光，又从这里启航，走向诗与远方。

本书作者王继平同志，是一位“矿二代”。其父母作为第一代矿工及家属，把青春和生命献给了矿山，至今安息在矿工公墓。他本人也在这里度过了自己的少年时光。作为恢复高考后的第一批考生，又从知青成为大学生，而后在湘潭大学成长为教授、副校长，是我们湘东钨矿“矿二代”的优秀代表之一。他以“矿二代”的责任和情怀、以历史学者的睿智和视野，从工业遗产的角度，编写了这本《记忆湘东钨矿工业文化遗产》。从这本书中，我们可以看到湘东钨矿昔日的繁荣，感受老一辈湘钨人为国家冶金工业奋斗的精神，触摸到“矿二代”对故乡矿山深深的眷恋之情。

作为曾经的矿长，我期待有更多记忆湘东钨矿的作品呈现，更希望艰苦奋斗、无私奉献的矿工精神发扬光大，并让这一精神在新时代中华民族伟大复兴的征程中，成为我们前行的动力。

梁源栋

2023年7月26日于湘潭

目 录

导 言

在各类文化遗产当中，工业遗产因作为工业文明的文化标识，既包括有形文化遗产，也涵盖无形文化遗产，且承载着行业和城市的历史记忆与文化积淀，自21世纪以来越来越备受国际聚焦和各国重视。2003年7月，国际工业遗产保护委员会大会通过的《关于工业遗产的下塔吉尔宪章》（以下简称《下塔吉尔宪章》），成为世界工业遗产保护领域里最重要的国际宪章，对世界各国就工业遗产的界定、价值和保护起了很好的示范作用和引导意义。中国政府基于《下塔吉尔宪章》的精神指引和保护理念，相继通过具有里程碑意义的《无锡建议》（2006）、《北京倡议》（2010）、《杭州共识》（2012）、《工业遗产保护和利用导则（征求意见稿）》（2014）、《黄石共识》（2016）、《国家工业遗产管理暂行办法》（2018）、《推动老工业城市工业遗产保护利用实施方案》（2020）等文件，全面展开和推进针对工业遗产的保护与利用事业。

一、工业遗产与矿业遗产

关于工业遗产的定义及其价值，国际工业遗产保护联合会（TICCIH）曾经在《下塔吉尔[1]宪章》中予以确认。该会是保护工业遗产的世界组织，也是国际古迹遗址理事会（ICOMOS）在工业遗产保护方面的专门顾问机构。2003 年 7 月 10 日至 17 日，国际工业遗产保护联合会在下塔吉尔通过了《下塔吉尔宪章》，规定了工业遗产的定义及价值。

工业遗产是指具有历史、科技、艺术、社会价值的工业遗存。工业遗产核心物项包括代表工业遗产主要特征的物质遗存和非物质遗存。物质遗存指作坊、车间、厂房、仓库、管理和科研场所、矿区等生产储运设施，以及相关的生产工具、机器设备、产品和生产教育设施、生活设施、陈列室、档案等；非物质遗存指商号、生产工艺知识、原料配方、管理制度等工业文化内容。在内容方面，狭义的工业遗产主要包括作坊、车间、仓库、码头、管理办公用房以及界石等不可移动文物；工具、器具、机械、设备、办公用具、生活用品等可移动文物；契约合同、商号商标、产品样品、手稿手札、招牌字号、票证簿册、照片拓片、图书资料、音像制品等涉及企业历史的记录档案。广义的工业遗产还包括工艺流程、生产技能和与其相关的文化表现形式，以及存在于人们记忆、口传和习惯中的非物质文化遗产。因此，工业遗产是在工业化的发展过程中留存的物质文化遗产和非物质文化遗产的总和。

工业遗产的价值主要体现在以下方面：

其一，工业遗产是工业活动的见证，这些活动一直对后世产生着深远的影响。保护工业遗产的动机在于这些历史证据的普遍价值，而不仅仅是那些独特遗址的唯一性。

[1] 下塔吉尔是中乌拉俄罗斯斯维尔德洛夫斯克州城市，是俄罗斯乌拉尔工业区的工业中心；有高度密集的冶金、工程、化学和金属加工工业；大约有 606 家制造业公司。

其二，工业遗产作为普通人们生活记录的一部分，并提供了重要的可识别性感受，因而具有社会价值。工业遗产在生产、工程、建筑方面具有技术和科学的价值，也可能因其建筑设计和规划方面的品质而具有重要的美学价值。

其三，这些价值是工业遗址本身、建筑物、构件、机器和装置所固有的，它存在于工业景观中，存在于成文档案中，也存在于一些无形记录，如人的记忆与习俗中。

其四，特殊生产过程的残存、遗址的类型或景观，由此稀缺性增加了其特别的价值，应当被慎重地评价。早期和最先出现的例子更具有特殊的价值。

矿业遗产是工业遗产的重要组成部分。关于矿业遗产的概念，学术界还存在不同的看法。倪琪等指出："矿业遗迹主要指矿产地质遗迹和矿业生产过程中探、采、选、冶、加工等活动的遗迹、遗址和史迹，它表征某一阶段某一个地方某种矿业发展的历程，是人类采矿活动的历史记录。"[1] 侯万荣等认为："矿业遗迹广义上可归入地质遗迹的组成部分，是在漫长的地质历史时期形成的能被人类利用的不可再生的岩石和矿物在人类的开采利用下正在或已经消失的特定空间地域。"[2] 国外最初是将矿业遗迹作为文化遗产的一个分支纳入国家公园和地质公园中加以保护与利用。黎启国等认为："工矿遗产是一个复合概念，是地质遗产与工业遗产的结合体，是有价值的矿业遗迹。广义上说凡是以矿产资源开发为基础的遗产都叫工矿遗产，狭义上是指以矿产资源开发为基础的，在采掘业与加工工业联系紧密、地理位置相对集中的工矿区范围内，有历史的、技术的、社会的、建筑的或者科学价值的历史遗存。这里的工矿区指以矿产资源开发为基础的矿业和工业区，为工业生产地域基本类型之一。"[3]

黎启国等还对矿业遗产进行了分类，划分为矿产地质类（地层、构造、岩石、矿物、矿床、古生物、地质灾害、地貌、水体）、矿业生产类（采掘、加工、运输、机械修造、基础设施、仓储）、矿业制品类（矿业产品、加工产品）、矿山社会生活类（行政管理、居住生活、公用服务设施、历史纪念、民俗生活）、文献史籍类（企业文化及管理、工矿文学及表述、工矿档案、采矿技术）五大类。

中国比较早地开始了工矿遗产的保护实践。2001 年 6 月，大庆第一口油井和第一个核武器研制基地旧址作为近现代重要史迹及代表性建筑，入选国务院公布的第五批全国重点文物保护单位名单，开了 21 世纪中国以名录制度来规范工业遗产保护的先河。2006 年 5 月，国务院公布的第六批全国重点文物保护单位名单，计有黄崖洞兵工厂旧址、中东铁路建筑群、汉冶萍煤铁厂矿旧址等 10 余处工业遗产。2013 年 5 月，又有玉门油田老一井、华新水泥厂旧址、茅台酒酿酒工业遗产群、顺德糖厂早期建筑等 30 余处工业遗

[1] 倪琪，谢艳平：《矿业遗迹保护研究——以浙江遂昌金矿国家矿山公园为例》，《中国人口·资源与环境》，2006 年第 2 期。
[2] 侯万荣，黄志强，陈小伍等：《矿业遗迹的开发和矿山公园的建设》，《西部资源》，2005 年第 4 期。
[3] 黎启国，童乔慧，郑伯红：《工矿遗产的概念及其分类体系研究》，《城市规划》，2017 年第 41 卷第 1 期。

产入选国务院公布的第七批全国重点文物保护单位名单。2016 年 12 月，由工信部工业文化发展中心牵头发起的中国工业遗产联盟正式成立。2017 年 12 月，工信部公布了 11 项第一批国家工业遗产名单。2018 年 1 月，中国科协调研宣传部公布了第一批中国工业遗产保护名录，共有 100 项工业遗产入选。2018 年 6 月，国务院国资委公布了第一批中央企业工业文化遗产名录，共有核工业行业的 12 项工业文化遗产膺选；同年 11 月，国务院国资委又发布第二批中央企业工业文化遗产名录，共有 20 项涉及钢铁行业的工业文化遗产入选。2018 年 11 月，工信部公布了第二批国家工业遗产名单，共有 42 项工业遗产项目入围。2019 年 3 月，国务院国资委公布了第三批中央企业工业文化遗产名录，20 个信息通信行业工业文化遗产项目正式上榜。2019 年 4 月，中国科协调研宣传部公布了第二批中国工业遗产保护名录，共 100 项工业遗产入选。2019 年 10 月，由国务院核定并由文化和旅游部、国家文物局确定的第八批全国重点文物保护单位名单公布，其中共有 40 余处工业遗产上榜。2019 年 12 月，工信部公布第三批国家工业遗产名单，共 49 项工业遗产上榜。同月，国务院国资委又公布了第四批中央企业工业文化遗产名录，15 项石油石化行业项目入选。2020 年 11 月，工信部再次公布第四批国家工业遗产名单，共有 62 项工业遗产项目入选。2021 年 12 月，工信部公布第五批国家工业遗产名单，共有 31 项工业遗产项目入选。[1] 工业遗产的保护、研究、利用在我国蓬勃开展。

[1] 白松强，李惠，饶睿：《新世纪中国工业遗产发展现状管窥》，《2021 年工业建筑学术交流会论文集》（上册），2021 年 7 月。

二、湘东钨矿矿业遗产的价值

自全国工业遗产保护名录公布以来，湖南省已有12项列入国家工业遗产名录，它们是：水口山铅锌矿、长沙锌厂、株洲总机厂、裕湘纱厂、中核二七二厂（衡阳）、锡矿山矿务局、湘潭锰矿、金银寨铀矿、国营331厂、中核七一一铀矿（郴州）、新晃汞矿、锡矿山锑矿。从上述工业遗产名录来看，湖南省工业遗产主要集中在矿山遗产方面，彰显了湖南有色金属之乡的特色。钨业在湖南有色金属工业中占有重要地位，在已探明的37处钨矿床中，大型钨矿床7处，中型18处，小型12处。矿床类型主要以矽卡岩型白钨矿床及高—中温热液石英脉黑钨矿床为最多，储量也最大；中温热液型矿床次之；云英岩型及花岗伟晶岩型矿床又次之。这些矿床集中于湘南、湘东及湘西一带，尤以湘南的南岭山脉为多。由南岭山脉北向延至万洋山脉和诸广山脉、武功山脉，其间经过区域有东安、道县、江华、临武、宜章、郴县、资兴、汝城、桂东、酃县、茶陵、衡南、衡东、常宁、桂阳等县，绵亘千里，略呈半环状。较为富集的矿区在柿竹园、瑶岗仙、白云仙、邓阜仙、川口一带，其次为临武的东山、香花铺白钨矿区和东安县钨矿区。其他地区，如沅陵的沃溪，桃源的西安、鱼儿山，桃江的西冲等处，钨与锑、金共生，钨是副产。湖南钨矿资源的特点，一是白钨储量大，占全国白钨储量的60%以上，但开采利用不足；二是共生金属多，经济价值高，多数矿床分别伴生有锡、铜、钼、铋、锑、金、铝、锌等金属，大多可在分选或冶炼时回收。

在繁盛时期，大中型钨矿企业有湘东钨矿、湘西钨矿、瑶岗仙钨矿、汝城钨矿、川口钨矿等，还有不少小型钨矿企业。湘东钨矿是湖南开发最早的钨矿企业，为国家作出了重要的贡献，留下了有价值的工矿遗产。

（一）湘东钨矿开发历史久远，是湖南最早开发的钨矿之一，在钨业开发史和冶金工业史上具有重要的历史价值。

湘东钨矿位于湖南省茶陵县汉背，距县城 50 公里，地处湘赣边界，属武功山脉，主峰邓阜仙海拔 1090 米。邓阜仙钨矿于 1919 年被发现，翌年即开始采矿。1920—1949 年共产高锡钨约 1500 吨。1950 年，人民政府派人上山收砂，以民窿方式开采。1951 年 8 月，中南有色金属工业管理局湖南分局接管了矿山，成立茶湘管理处。1953 年茶湘管理处与衡湘管理处合并为湘东钨矿。

在中华人民共和国成立初期，以湘东钨矿为代表的湖南钨业，为国家作出了重要贡献。1950 年，全省产钨精矿 1451 吨，恢复到抗日战争时期的水平，比 1946—1949 年上半年的平均年产量提高 2.2 倍。1952 年产钨砂 2559 吨，比 1950 年增加 76.4%，从这一年起，汝城钨矿开始回收铝精矿。在 1950—1952 年的经济恢复时期，人民政府对瑶岗仙、汝城、川口、湘东等 4 个钨矿共投资 136 万元，所得利税 341 万元，为同期投资额的 2.51 倍;出口钨精矿 6022 吨，从苏联换回了急需的机器设备和国防用品。1954 年，钨矿山开始进行技术改造。首先，修筑矿山公路，改善运输条件;然后派勘探队进行系统的地质勘探，摸清资源状况；在掌握各方面的数据后，由设计院进行采选设计。瑶岗仙钨矿一马当先，两年内完成投资 769 万元，1955 年建成 250 吨 / 日机选厂、空压机站、斜坡卷扬、索道、窿内外轻便铁道和矿内外公路线，实现了生产机械化。1955 年，湘东钨矿井下全部使用风钻凿岩，1956 年新建的 250 吨 / 日机选厂投产，实现了采选机械化。1957 年，汝城钨矿完成了初步改造，实现了采矿机械化和选矿半机械化。经过技术改造，各个钨矿改变了有史以来的手采、手选、肩运的落后状况，产量倍增。1957 年全省钨精矿产量达 6288 吨;比 1953 年增长 1 倍，比 1950 年增长 3.3 倍。据统计，重工业部直属的瑶岗仙、汝城、川口、湘东 4 个钨矿，在第一个五年计划期间，由国家投资 1902 万元，共产钨精矿 132 万吨，上缴利税 1820 万元，收回投资 95.7%，换回外汇 6000 多万美元。

1985 年末，湘东钨矿有采掘工区 4 个，选矿厂、冶炼厂、机修厂各 1 个，有职工 2166 人，固定资产原值 2252 万元，净值 877 万元，累计完成基建投资 2382 万元，更新改造资金 1458 万元。1950—1985 年，共生产钨精矿（折金属含量）3.67 万吨，铜精矿（折金属含量）1.45 万吨，锡精矿（折金属含量）2184 吨，三氧化钨 800 吨，仲钨酸铵 488 吨，工业总产值 3.64 亿元（其中出口产值 2.23 亿元，占 61%）；累计上缴利税 9488 万元，为基建和更新改造资金总和的 2.47 倍，上缴利税额在全国大中型钨矿中占第 3 位。作为共和国最早的重工业基地之一的湘东钨矿，其在存在的 50 年间，不仅为中国冶金工业作出了重要的贡献，也留下了丰富的工业遗产。

（二）湘东钨矿的采掘技术，为全国薄矿脉开采提供了有益的经验，也在钨业开发史上留下了丰厚的遗产。

在长沙矿山研究院和中南矿冶学院的协助下，湘东钨矿进行了一系列的采矿方法试验，为全国薄矿脉开采提供了有益的经验。1958 年首先进行横撑支柱留矿法试验，是在围岩不稳固的急倾斜薄矿脉中应用变型留矿法的初次尝试。这一试验的成功，为扩大留矿法的使用开辟了新途径。此后，又试验了垛积井框留矿法、丛柱留矿法、木杆柱留矿法等 10 多种留矿法及其变形方案，取得了较好的效果。接着又试验和使用分层崩落法，还总结了在围岩不稳固的薄矿脉中用留矿法进行"快采快放"的经验。1959 年 5 月，长沙矿山研究院等 4 个单位在湘东钨矿主持召开了全国金属矿山薄矿脉采矿方法科学技术现场促进会。湖南科技出版社于 1960 年出版了《薄矿脉采矿方法科学技术现场促进会资料汇编》。

1960 年初，湘东钨矿改善施工组织管理，实行集中作业高强度采矿，创造了日采矿量 985 吨、4 天采完一个采场的全国纪录。3 月中旬，冶金工业部和中国重工业工会在湘东钨矿召开了全国有色金属矿山采矿掘进现场会，总结快速回采经验，在全国推广。

因井下采空和受断层影响，1972 年初，湘东钨矿发生一次大的地压活动，719 平窿上部山沟以东至 515 工业广场上方 600 米长、400 米宽的范围内，地面出现两条大裂缝。裂缝宽 0.2 ～ 0.5 米，形成两个明显的台阶，相对落差 0.7 ～ 1.6 米，移动面积达 16.6 平方米，地表最大下沉值 2.28 米，平移值 3.3 米，滑坡体积 300 立方米，约 800 万吨。冶金工业部、湖南省冶金工业局为此先后召开 6 次调查研究会，采取了一系列综合防治措施，首要措施是充填。从 1973 年起，该矿试验推广了水平分层胶结充填和水平分层干式充填采矿法，这对顺利回采主要井洞的保安矿块、地压活动区矿块和近距离平行脉起了很好的作用。

（三）湘东钨矿是国家矿山机械化推广的重点，积累了丰富的矿山机械化采掘经验，也留下了 PYT-2C 型台车、XSD-4 型搭接梭式矿车等矿山机械产品，为钨业采掘留下了遗产。

湘东钨矿于 1964 年和 1973 年被列为冶金工业部推广矿山机械化的重点，逐步形成有双机凿岩台车、梭式矿车、斗式列车、电动装岩机、电机车等成套设备的掘进作业线，在 1978 年和 1979 年两次全省有色矿山平巷机械化操作技术表演赛中均获第一名，在 1979 年 10 月全国有色矿山平巷机械化操作技术表演赛中获第二名。1979 年 11 月，冶金工业部在该矿召开了全国有色矿山平巷机械化掘进经验交流会，高扬文、林泽生副部长和与会代表对湘东钨矿改进后定型的 PYT-2C 型双机液压凿岩台车表示满意，冶金工业部特奖给该矿 3 台机床。

随着矿山机械装备的增多，湘东钨矿机修厂的能力也不断提升，至 1985 年已达到 4000 吨 / 年，能制造液压凿岩台车、液压钻机、梭式矿车、斗式列车、1-45 风钻、20 立方米压风机等。其中 PYT-2C 型台车、XSD-4 型搭接梭式矿车经冶金工业部和中国有色金属工业总公司鉴定后，已成批生产，供应全国矿山。

（四）湘东钨矿还遗存了丰富的社会遗产，这些遗产对于了解矿山的管理、社会生活以及独特的矿山社会样态，具有研究的价值。

这些遗产包括矿工及其家属的社会生活活动场所遗址或遗迹和社会管理的机构、设施、器具等相关遗存、遗迹以及记载与矿山和矿床的发现、勘查、开发有关的包括矿山沿革与矿山社会生活、人文文化、自然文化的文书实物与历史文献资料等。例如，建矿初期一批苏式建筑——矿部办公楼、俱乐部、疗养所，见证了那个时代的政治、经济和社会风尚。大量关于湘东钨矿地质、成矿机理、探矿预测等的学术论文，构成了矿山丰厚的历史文献资料和工业人文遗产。

至今，湘东钨矿的老一辈矿工，正在积极呼吁将湘东钨矿列入国家工业遗产保护名录，填补湖南工业遗产保护名录中钨业企业的缺失，为中国工业遗产的保护贡献力量。

第一章　湘东钨矿发展史

湖南省是全国著名的有色冶金之乡，钨的蕴藏量比较大。湖南钨业始于20世纪初。湘东钨矿的发现与开采始于20世纪20年代，初始为私人经营的公司。中华人民共和国成立以后，人民政府接管了私营公司，成立中南军政委员会工业部有色金属管理局湖南分局茶湘管理处，1953年改组为湘东钨矿，隶属国家重工业部有色金属管理局，开始了近五十年的辉煌开采历史。

一、湖南钨矿资源与钨业开发

湖南钨矿的发现和开采历史较早。桃江县西冲钨矿发现于1901年，是湖南最早发现的钨矿产地。安化县渣滓溪发现于1906年。钨矿早期地质调查始见于1917年，是年，《矿业杂社》发表了文石岑《郴县瑶岗仙之钨矿》、皮名振《瑶岗仙钨矿最近调查记》、梁惠直《记述汝城钨矿业之大活动》等调查报告。1929年5月刘基磐、郭绍仪、栗显倈等著《湖南矿业记要》载有钨矿产地10处，对邓阜仙、瑶岗仙、白云仙三处钨矿区的地质特征作简单的描述。1931年8月，王晓青、田奇、栗显倈在《湖南常宁炭山窝、桂阳大顺窿、临武香花岭锡砒矿报告》一文中报道了在郴县太平里，临武县癞子岭、通天庙、大龙山和黄婆塘等5处发现钨矿。1934—1937年春，王晓青、廖友仁、田奇、刘祖彝、许原道、栗显倈、汪国栋等分别对白云仙、邓阜仙、瑶岗仙、金船塘等矿区进行过调查，测制1 ∶ 10000～1 ∶ 1000不同比例尺的矿区地质图，于1938年8月著《湖南钨矿志》，对湖南钨矿的分布特征、产出地质条件、开发利用、销售价格等作概略的论述，并附有1 ∶ 450万比例尺的湖南省钨矿分布图。1947年7月，徐克勤在瑶岗仙发现矽卡岩型白钨矿，是省内首次发现的第一处矽卡岩型白钨矿，后经勘探证实为一大型白钨矿床。[1]

1912年，商办华昌公司经营的裕阜公司在瑶岗仙开采铅、砒，烧炼磺灰（三氧化二砷）过程中，发现砒内杂有一种矿砂，质重色黑，影响炼砒，工人称之为“黝子”，视为不祥之物。1914年，裕阜公司主办人罗泽春见“黝子”比重大且难熔，便收集一些样品，送长沙华昌公司转驻美国纽约代表李国钦，李请人化验后始知是钨。于是，华昌公司嘱咐罗泽春保密，以铜元10文1斤的贱价，大量收购，贩运出口，获利10倍。该公司立即转采钨矿，成为全省最早的采钨公司。[2]

[1] 湖南省地方志编纂委员会:《湖南省志·第九卷·工业矿产志·地质矿产》，湖南出版社，1994年版。

[2] 湖南省地方志编纂委员会:《湖南省志·第九卷·工业矿产志·冶金工业》，湖南出版社，1991年版。

1916年，由于第一次世界大战正在进行，帝国主义国家争夺战略物资，钨价暴涨，每吨高达2500～2700银圆，许多矿商云集瑶岗仙，争采钨矿。到1917年，立案设矿的公司有13家，工人5000多；还有未立案的“提篮”公司，流动于矿区或附近农村，收购零星钨矿。此时，瑶岗仙矿区年产钨砂达800～1000吨。

同年，继瑶岗仙发现钨之后，罗德有发现汝城县白云仙黑钨矿。这年秋，罗氏与粤商郭聪天首先在乐昌县杉木洞开设大中华公司，收购钨砂，贩运香港，并成立汝昌、南丰两个采钨公司。此后，各类公司林立，呈请立案者100余起，正式开采者20多家，农民也纷纷上山采掘钨矿。1916—1918年，白云仙平均年产钨砂1180吨。

1918年冬，钨价陡降至每吨180银圆，而且滞销。瑶岗仙的各采钨公司或收缩，或倒闭，所剩无几；白云仙也是一片萧条，继续开采者仅有汝昌公司一家。

1919年，道人陈锡麟在茶陵县境邓阜仙山麓瓦子坪兴建清源观，开挖屋基时发现有钨。第二年长沙粟戡时组织仁记公司承包矿区，设权开采，旋又建振兴、阜益公司。因为钨矿品位高，成本低，钨价虽低，仍有利可图。继发现“黑钨三仙”（瑶岗仙、白云仙、邓阜仙）之后，又先后在酃县、桂东、临武、常宁等县发现钨矿。

1929年下半年，国际市场钨砂价格回升，每吨1000元左右；1930年1月，最高价比1929年增长10%；1932年6月，价格又陡降到每吨370元。于是矿商抱观望态度，全省钨矿年产量徘徊在200～600吨之间。

1934年，钨价格直线上升到每吨1300元以上。已设权的公司纷纷复工，新成立的公司如雨后春笋，全省合计多达63家，年产达千吨。这年9月，留日学矿的凌霞新来到瑶岗仙，与矿商罗泽春合伙，将泽民、兴裕、阜华、阜益、湘南、裕国6家公司合并，成立鼎记泽民公司，由凌任经理。他首先健全公司组织，设稽查、监工、收支、收发4个课和储蓄、贩卖、采选3个部，又将全矿分为9个生产区，并附设医务所、矿警队。全公司有职工1500～3000人，月产量约50吨，为全省最大的采钨公司。

1935年，湖南钨产量约2733吨。由于江西、广东两省实行钨砂统制，而湖南仍可自由贸易，这一年从江西流入湖南的钨砂有1000多吨。国民政府资源委员会于1936年春在长沙设钨业管理处湖南分处，从4月16日起，统筹全省钨矿的产、运、销。为促进钨矿开发，湖南分处派员指导商矿工程，帮助办理矿工缓服兵役，代购钢、硝，统配公粮，预付收砂定金，制定增产奖励办法。为提高钨砂质量，湖南分处于1938年1月建成磁选厂，每小时可选钨矿1吨。磁选后，三氧化钨含量增加5.3%，精矿品位达到67.4%，超过国际标准（65%），含锡由9.80%下降到0.63%，因而湖南钨砂出口的竞争能力较强。湖南分处所得利润，由资源委员会与湖南省政府平分。在此期间，茶陵县的邓阜仙和桂东县的青洞也得到较大规模的开发。到1941年，全省设权采钨的公司增加到80家，其中汝城17家，临武15家，瑶岗仙13家，桂东12家，茶陵9家，郴县5家，常宁4家，酃县2家，桂阳2家，东安1家。但正常开工生产者仅40余家。1936年至1943年的8年间，全省共产钨砂1.12万吨，平均年产1400吨。这些钨砂大部分运往苏联、美国，用以易货或还债，是抗日战争时期外汇的重要来源。

1943年，地质工作者黎盛斯到桃源县冷家溪探采金矿，在清金程序中发现一层白灰色杂质，性硬质重，且难熔化，经鉴定为白钨。后又在桃源县的东安溪、西安溪、上宁乡铺、荆竹溪，安化县的渣滓溪、廖家坪、符竹溪，沅陵县的沃溪，桃江县的西冲，长沙县的潭家冲等地发现钨矿，并发现常宁县的北成帘、汝城县的白云仙、茶陵县的邓阜仙等处的黑钨矿也伴生有白钨。1946年，沅陵县的沃溪、桃源县的西安溪各矿商都转采白钨，各个储有白钨的矿山一时出现生机。1946年，资源委员会在长沙成立第二区特种矿产管理处(以下简称“第二特矿管理处”)，负责锑、钨、锡的产、运、销。由于全省采钨公司在日军犯湘期间纷纷关闭，元气大伤，只有茶陵县邓阜仙的4家采钨公司，从第二特矿管理处贷款6514万元（当时钨砂每吨540万元），才得以复工。第二特矿管理处赎买鼎记泽民、富华、宜兴等公司，成立瑶岗仙钨矿工程处和汝城站，以官办取代商办。1948年，第二特矿管理处拨给瑶岗仙钨矿45马力的煤气机和50千瓦发电机各1套、30千瓦柴油发电机1台、20马力电动压风机2台、手提式凿岩机2台，后因工效不高，开钻3个月即停止使用。当时瑶岗仙钨矿有职工800～1000人，月产钨矿砂20吨左右。汝城站管辖13个矿区的15家公司，实行收砂和包工开采相结合的经营方式，矿工约400人，月产钨砂13吨左右。

1948年，中央大学地质学教授徐克勤在长沙岳麓山锑矿脉内发现有白钨矿共生，在瑶岗仙裕兴区发现大型矽卡岩型白钨矿床，又陆续在临武县的香花铺，郴县的柿竹园、新田岭，新邵县的分水坳，新化县的杨家山发现白钨矿。由于白钨矿选矿较困难，故以开发黑钨矿为主，在衡南县川口钨矿区的颜松谷发现钨脉，乃呈请第二特矿管理处批准成立锡祥公司采钨。接着，在川口附近的衡东县塘江源一带也找到了钨，随即创办了合群公司，设权开采。后又在衡南、衡东交界处60平方公里内，发现钨矿点12处，成立公司12家，盛时有工人1100人，月产钨砂15吨左右。

抗日战争胜利后，通货膨胀，物价飞涨，全省钨矿因资金短缺而一蹶不振。1946年至1949年上半年，年平均钨矿产量只有450吨，比抗日战争时期下降68%。1949年下半年，钨矿全部停产。

1949年8月，湖南和平解放，人民政府十分重视钨矿开发。中原临时人民政府工业部驻湖南办事处（后改为中南军政委员会工业部有色金属管理局湖南分局）按照“原职、原薪、原制度”的政策，接管了瑶岗仙、白云仙、川口、邓阜仙的官办和商办钨矿公司，分别成立资湘、汝湘、衡湘、茶湘管理处（后改为瑶岗仙钨矿、汝城钨矿、川口钨矿、湘东钨矿），由政府拨款，招集工人，复工生产。接着，开展民主改革，废除封建把头制度，使工人从压迫、剥削中解放出来；废除收砂制，实行工资改革，工人收入比较稳定，生活有了保障，生产迅速得到恢复和发展。1950 年，全省产钨精矿 1451 吨，恢复到抗日战争时期的水平，比 1946—1949 年上半年的平均年产量提高 2.2 倍。1952 年产钨砂 2559 吨，比 1950 年增加 76.4%，从这一年起，汝城钨矿开始回收铝精矿。在 1950—1952 年的经济恢复时期，人民政府对上述 4 个钨矿共投资 136 万元，所得利税 341 万元，为同期投资额的 2.57 倍；出口钨精矿 6022 吨，从苏联换回了急需的机器设备和国防用品。

1954 年，钨矿山开始进行技术改造。首先，修筑矿山公路，改善运输条件；然后派勘探队进行系统的地质勘探，摸清资源状况。在掌握各方面的数据后，由设计院进行采选设计。瑶岗仙钨矿一马当先，两年内完成投资 769 万元，1955 年建成 250 吨 / 日机选厂、空压机站、斜坡卷扬、索道、窿内外轻便铁道和矿内外公路线，实现了生产机械化。1955 年，湘东钨矿井下全部使用风钻凿岩，1956 年新建的 250 吨 / 日机选厂投产，实现了采选机械化。1957 年，汝城钨矿完成了初步改造，实现了采矿机械化和选矿半机械化。经过技术改造，各个钨矿改变了有史以来的手采、手选、肩运的落后状况，产量倍增。1957 年，全省钨精矿产量达 6288 吨；比 1953 年增长 1 倍，比 1950 年增长 3.3 倍。据统计，重工业部直属的瑶岗仙、汝城、川口、湘东 4 个钨矿，在第一个五年计划期间，由国家投资 1902 万元，共产钨精矿 132 万吨，上缴利税 1820 万元，收回投资 95.7%，换回外汇 6000 多万美元。

三年“大跃进”时期，各个钨矿在高指标的压力下，纷纷增加选矿能力。瑶岗仙矿改进重选流程，增设精选工段，日处理量达到 500 吨；湘东钨矿改造粗选，扩建重选，新建磁选、浮选细泥工序，日处理量达到 800 吨；汝城钨矿盲目兴建 4 个 50 吨 / 日小机选厂，1 个中途停建，2 个建成未投产即关闭，还有 1 个投产 1 年后关闭。为使选厂“吃饱”“吃好”，不顾采掘规律，多采少掘，甚至只采不掘，破坏了采掘平衡，使备采矿量由 1958 年的 1.55 万吨降到 1962 年的 0.66 万吨，仅保有两个月左右的备采矿量。在采矿中，还违反采矿顺序，采富弃贫，采易丢难，浪费了资源，严重影响生产布局。至 1961 年几乎无矿可采，产量下降到 4160 吨，退回到 1955 年的水平。

1962 年，各钨矿相继进行调整。首先，调整采掘比例，执行“掘进先行”的方针，增加掘进量，使三级矿量保持平衡；进而，调整采运比例，开拓竖井、斜井，增加溜矿井，扩大出矿能力；最后，使选矿各工序成龙配套，提高综合生产能力。至 1965 年，各矿先后完成了调整任务，产量直线上升。1966 年全省产钨精矿 6009 吨，比 1961 年增加 44%。

20 世纪 70 年代初，外贸部门为扩大钨精矿出口，运用优惠政策收购钨砂，并给予钢材及设备奖励，调动了地方办钨矿的积极性，县办钨矿由50年代的3个增加到7个。有条件的县纷纷成立矿产品公司，大量收购钨砂，致使地方小有色金属矿的钨精矿产量成倍增加，年产达1000多吨，比1957年翻了两番。但随之而来的问题是：农民成群结队到国营矿山老窿区乱采滥挖，严重破坏资源，严重影响安全生产；更有甚者，有的农民潜入采矿场偷砂、抢砂，纠纷迭起，秩序很难维持。

1977年10月，国家计划委员会批准建设柿竹园多金属矿。该矿经地质勘探查明，是以钨为主，伴生有锡、钼、铋等多种有色金属的特大型矿床，其储量之丰，品种之多，居世界第一，是我国重要的钨基地。1980年1月1日正式成立柿竹园多金属矿。该矿第一期工程为采选能力3000吨/日，井下全部引进国外先进采掘设备，采用无轨运输。建成后，可年产钨精矿6900吨，钼精矿2400吨，铋精矿4600吨，萤石精矿11万吨，年总产值1.17亿元，可获利润6080万元。至1984年末，已完成基建投资8500万元，井下工程已完成87.4%，开拓系统也初步形成。

20世纪80年代以来，国际钨业市场萧条，钨精矿滞销，价格下跌，国内产品积压。同时，国家扶持地方小有色金属工业，优先收购其钨砂，因而农民采矿量猛增。1985年，地方小有色金属矿钨砂产量高达3764吨，占全省钨精矿总产量的38.3%，比1978年增加1倍多。为使产销平衡，国家只得对国营矿山实行限产，使之只维持简单再生产。在这种情况下，1983年国家计划委员会决定对柿竹园多金属矿缓建。同样，川口钨矿新的杨林坳矿区，经6年勘探，钨储量在10万吨以上，也暂不开发。

至1985年，全省县属以上钨矿11家，职工人数10181人，采、选生产能力111.3万吨/年，固定资产原值9218万元，净值3693万元；累计基建投资额6436万元，更新改造资金9018万元；累计利税1.55亿元，为基建投资的2.4倍，相当于基建投资和更新改造资金的总和，效益平平。1950—1985年，湖南累计共产出钨精矿20.99万吨，出口创汇10亿多美元。

二、湘东钨矿矿区概述

湘东钨矿在湖南省茶陵县境内，位于县城东北，地处湘赣边境，原属湘赣革命根据地辖区。从 1927 年 10 月至 1937 年 7 月，红军游击队经常出入此地，因遭受国民党军队和当地挨户团多次“清剿”、屠杀，矿区人烟稀少，田园荒芜。

（一）自然环境

矿区面积 4.1 平方公里，地理坐标东经 113°46′，北纬 27°2′，西距茶陵县城 50 公里，东距莲花县城 37 公里。矿区属武功山脉，全由花岗岩构成，山势陡峻，南部主峰邓阜仙海拔 1090 米，北部主峰鸡

▲矿区概貌 1

冠石海拔 1247 米。地形坡度 35° 至 55°。地貌属幼年期。

矿区内地形坡度陡，不利于雨水贮存，河流不发育，无常年溪流，多属间歇性雨水类型，雨季山洪急泄，旱季则枯竭断流。矿区外部东、西各有一向南流小河，东部汉背河流量每秒 0.562 吨，是矿区主要供水来源；西部小河虽流量较大，但不流经矿区。此二小河于芙江（距矿区 10 公里）汇合流入洣水。1958 年以前，尚有小船行驶芙江与茶陵之间，后因河道淤塞，已不通航。洣水流经攸县、衡东而入湘江，可行三五吨木船，故水路运输价值甚小。

矿区外部陆路交通较为便利。从汉背至茶陵有公路相通，距湘东铁路茶陵车站 46 公里，湘东铁路从茶陵经攸县至醴陵与湘赣线衔接，至株洲与京广线、湘黔线相连。茶陵西南有公路通耒阳、衡阳。矿区至古城往东经界化垅进入江西省，有公路二：一通莲花、萍乡；一通永新、吉安，此路必经文竹（距矿区 30 公里），文竹有铁路经永新、安福至分宜接湘赣线。矿区内有公路到十中段主平窿（标高 515 米），往上至各中段窿口及山上居住区无公路相通，山路崎岖，行走不便。

矿区属大陆性气候，春夏多雨，秋冬干燥，冬春多雾。气温最高 37.8 ℃，最低零下 7.5 ℃，月平均 15.3 ℃，日温差 11 ℃，年温差 26.3 ℃。一、二月气温最低，冰冻持续最长 10 天，积雪厚度最大 30 厘米。年降水量为 1500 ～ 1700 毫米，历月降水量最大

▲矿区概貌 2

4008 毫米，最小 1.7 毫米，平均 133.5 毫米。暴雨最大强度每小时达 37.6 毫米，最大昼夜降水量为 107.5 毫米。风向以南东东最多，南南西、北东东次之，最大风速为每秒 22 米，一般风力为三至四级，最大风力达七至八级。

茶陵县土地肥沃，气候温暖，雨量充沛，物产丰富，粮油自给有余。农作物以稻谷为主，一年两造，小麦、红薯、豆类次之，棉花、烟叶亦有出产，其他经济作物以生姜、大蒜、白芷著名，称为茶陵“三宝”。矿区内盛产松、杉、楠竹。

（二）矿区地质

1949 年前，矿商在邓阜仙矿区断断续续开采 30 年，地质资料异常贫乏，勘探工作是一张白纸。1952 年 4 月，茶湘管理处正式接管主要矿脉后，随即开掘生探坑道 131 米。1954 年 9 月，中南冶金地质勘探公司 214 队（后改为湖南冶金地质勘探公司 214 队）上山进行勘探。1955 年，湘东钨矿本矿成立技术监督科，负责管理地质测绘和选矿技术监督两项业务，坑口成立地质测绘组，从此建立了地质测绘专业系统。下半年统一了邓阜仙山头的测量坐标，完成了坑道平面、断面图，制定了贫化率、损失率管理办法和地质技术规程，建立了采矿监督、工程验收、坑道测量、图纸管理等一整套制度，为地测工作正规化奠定了基础。1956 年，地测系统从技术监督科划出，设立地质测绘科。1958 年地质测绘科撤销，其业务并入生产技术科。1960 年，地测系统又划归技术监督科管理，恢复 1955 年建制。1963 年又分开，成立地质测绘科，恢复 1956 年建制。1965 年地质测绘科与生产技术科采矿专业合并，成立采矿技术科。1975 年又单独成立地质测绘科。

生产探矿始于 1952 年，生探掘进量 72658 米，占掘进总量的 46.5%。

地质探矿始于 1955 年，断续间隔 14 年后，1977 年又进行地探。在不连续的 12 年中，完成地探坑道 15284 米，占摇进总量的 9.8%。

矿区内以岩浆岩为主，仅矿区东部汉背为上泥盆纪变质岩地层。

1. 黑钨矿石英脉矿床

（1）岩浆岩。矿区以酸性侵入体——花岗岩构成，是多期多阶段侵入的复式花岗岩体。可分四期：早期为粗粒（变）斑状黑云母花岗岩（2a）呈岩株状产出，马蹄形分布，出露面积约 130 平方公里，据同位素年龄测定，为 230×10° 年，生成时期为印支期；第二期为中粒二云母花岗岩（y），侵入印支期花岗岩中，为燕山早期产物；第三期为中细粒斑状花岗岩（y2c），侵入时代为燕山中期；第四期为细粒白云母花岗岩（y62d），生成于燕山晚期，据同位素年龄测定，为 136×10° 年。花岗岩体中还穿插有煌斑岩、云煌岩、伟晶岩（或似伟晶岩）及长英岩，呈囊状、脉状产出。

（2）构造。矿区大地构造属华南活化区湘赣活化台坪北部边缘，位于活化台坪北部边缘长岭倒转背斜南东翼。矿区构造受长臂岭—汉背断裂控制，区内断裂较发育，从花岗岩的流线、节理、断层分析，以北东—北东东构造线最为发育，与钨矿脉产状一致，与区域构造长岭倒转背斜轴及花岗岩长轴方向吻合。

（3）矿体赋存位置。矿脉产于小花岗岩基内，成矿母岩为隐伏于深部的小花岗岩体，矿脉分布在细粒花岗岩的峰部及其两翼，是一产于花岗岩中的外接触带钨矿床。

（4）成矿裂隙。矿脉成组出现，水平及垂直方向均呈侧幕状排列，矿化带长度及深度较大，但单一矿脉规模不大。矿脉分布形态为大间距对称共轭状产出。成矿裂隙是前期张力裂隙经受强大剪切应力而形成的张、剪复合裂隙。脉壁擦痕发育，磨光面普遍存在。

（5）矿床类型。矿床成因类型为高温、中温热液裂隙充填脉状矿床。工业类型为黑钨矿—石英矿系—硫化物石英型（邓阜仙式）。勘探类型为稀有、有色金属第三勘探类型。形态类型为大脉型—急倾斜—大脉钨矿床。

（6）矿床赋存情况。矿床组分复杂，金属矿物有黑钨矿、白钨矿、黄铜矿、锡石、黑黝锡矿、闪锌矿、辉铜矿、黄铁矿、毒砂；非金属矿物有石英、长石、萤石、方解石。钨、铜矿物全区出现较多。锡石、黑黝锡石、闪锌矿南组脉居多；辉铜矿中组脉含量高；黄铁矿、毒砂北组脉到处可见。矿石结构以交替结构、固液体分离结构、压碎结构为多见。矿石构造为条带构造和角砾构造。围岩蚀变以云英岩化、绢云母化、砂化为主。

矿脉均赋存于花岗岩中，按地表分布情况划分为南、中、北三组矿脉，南、中组矿化面积 3.5 平方公里，北组矿化面积 5 平方公里。全区矿脉 106 条，但有开采价值的仅二十多条，编号由南到北依次递增。产状：走向北东东、倾向北西（或南东）、倾角 70 度者居多，走向东西、倾向南、倾角 85 度者次之。

南组脉：矿化带长 1850 米，宽 120 米，带状分布，共 11 条脉（编号 1—11），走向延长一般 100 ～ 300 米，最长的 1300 多米，最大深度 500 ～ 600 米，平均脉宽 0.3 ～ 0.5 米。各脉交替发育，平行延伸，随深度增加间距变小。4、5、6、10 脉东端南侧交替，垂直交替规律多为深部下盘交替。侧伏角，一般东部南西或北东东 65 度侧伏，西部向北东东 65 度侧伏。矿脉弯曲、胀缩、分枝复合现象不发育。脉壁擦痕及黏土，各脉均有发现，但以 10 脉最发育。南组脉平均品位：钨 1.25%～ 1.5%，铜 0.8%～ 1.2%，锡 0.1%～ 0.3%，锌 0.2%～ 0.4%。这一组脉规模大，埋藏深，品位高，是主要生产区。

中组脉：矿脉平行排列，长度多在 300 米以内，平均脉宽 0.1 ～ 0.15 米，矿脉编号 12—18 号，各脉间距 8 ～ 10 米，最大深度 150 米左右，平均品位：钨 1%～ 1.2%，铜 0.7%～ 1.1%。中组脉规模小，钨金属储量仅 120 吨。

北组脉：按矿脉产状不同，分为北东—北东东组及东西组，矿脉平均宽度 0.5 ～ 0.7 米。北东—北东东组：矿脉呈似“多”字形分布，中部主要矿化带长 1800 米，宽 300 米；东端北侧矿化带长 800 米，宽 400 米；西端南侧矿化带长 400 米，宽 300 米。成矿深度 400 ～ 500 米。各脉呈大间距平行产出，对称排列，侧幕状交替，东部北侧交替，单独矿脉长度 100 ～ 300 米。矿脉弯曲、胀缩现象比南组明显。矿脉沿走向、倾向均不稳定，常呈“S”形弯曲，或为沿脉破碎带及矽化带代替。矿脉分支复合、羽毛状裂隙发育。东西组位于北区中部，矿化带长 1100 米，宽 80 米，矿脉 5 条，编号 43—47 号。矿脉延伸平直稳定，上部多为平行或分散小脉，向下逐渐合并。脉壁平整，有擦痕，矿脉与围岩接触线清楚，脉宽变化不大，成矿深度较小，最大为400米。北组脉分布面积广，矿脉条数多（87条，编号19—106号），平均品位：钨0.4%～0.5%，铜0.6%～0.8%，但具有工业价值的矿脉仅数条。

2. 花岗岩浸染型钽铌矿床

金竹城钽花岗岩是在一个复式岩体内后期侵入的小岩株，为一浸染型含钽花岗岩矿床，自上而下各岩带呈渐变过渡关系，稀有矿物则伴随交替作用析出，均匀的浸染于岩体内，因此成因类型当属岩浆晚期分异交替矿床。

矿床为一隐伏岩体，其上部有一似伟晶岩盖，厚度10～60米，在地表出露面积为0.03平方公里。岩体自上而下，根据交替、蚀变强弱可分为四个含矿带。

Ⅰ带：含锂白云母化强钠化花岗岩带；

Ⅱ带：弱含锂白云母化强钠化花岗岩带；

Ⅲ带：钠化花岗岩带；

Ⅳ带：弱钠化花岗岩带。

钽富集在顶部Ⅰ带内，向下则含铌增高。顶盖与Ⅰ带界线清楚。Ⅰ带至Ⅳ带界线不明显。矿体的形状像个倾斜的截锥体，倾向南东，长轴与短轴大致相等，长宽各200～400米，工业矿带深度150米，属于倾角平缓，变化稳定的厚矿体。矿体顶盖最高标高830米，中心部位在36号勘探线，矿石坚硬，F=13～19，平均F=16。

本区结构简单，矿体位于老山坳逆断层的下盘，矿体完整，区内未发现大断裂、小断裂，节理亦不发育。

钽铌矿床平均含五氧化二钽加五氧化二铌0.0225%，其中：五氧化二钽0.0121%，五氧化二铌0.0104%。五氧化二钽加五氧化二铌金属总储量为4005吨，其中五氧化二钽2153吨，为一品位分布均匀，矿体完整，大型稀有钽铌矿床。

（三）勘探及储量

1919年秋，邓阜仙发现钨矿之后，是年冬长沙粟勘时赴山勘察，认为有开采价值。

1934年冬，湖南地质调查所田奇、许原道来矿区进行调查，著有《邓阜仙钨矿》一文，载于《湖南钨矿志》。对矿床地理位置、矿产资源、采矿沿革、产量及经营情况均作了概述。

1947年和1952年，先后有王文彬、袁在枢、斯凤桐等勘查邓阜仙矿区，著有《湖南邓阜仙钨矿矿床地质简报》及1 ：5000地质略图。

1954 年 7 月，中南有色设计公司派员来矿山采取试料，计算储量。

1. 对黑钨矿石英脉矿床的勘探

1954 年 9 月，湖南冶金 214 队对邓阜仙矿区进行预察，10 月转入勘探，以坑探为主、钻探为辅的方式进行。探矿坑道系平窿（沿脉、穿脉）加天井组成。先由地表开穿脉，见脉后沿脉探矿。然后从沿脉平巷每隔 100 米，向左或右开探矿小穿脉。各主脉之间，每隔 200 米以大穿脉贯通。地质勘探网度 100 米 ×50 米，用钻探控制矿体的深边部，中段间距为 50 米左右。

对邓阜仙矿区的勘探，湖南冶金 214 队曾三次上山，历时 12 年，目前仍在进行，尚未作出最后结论。

第一期（1954 年 10 月至 1958 年），历时 4 年多，提交了《湖南邓阜仙钨矿地质勘探工作总结报告书》。在此期间，以最好的矿化带南组脉为主，对南、北两组脉进行详细勘探，对中组脉进行附带勘探，共掘地探坑道 10197 米，生探坑道 6569 米，至 1958 年末，工业储量达 121 万吨，远景储量 41.5 万吨。

第二期（1962 年至 1966 年），以钻探圈定南组脉十中段以下及东西延展的矿化情况，并进行坑探沿脉揭露，共掘地探坑道 1943 米，生探坑道 12508 米，找出并探明了 3 号、1 号脉带，提交了《邓阜仙钨矿第二期地质勘探工作总结报告》。至 1966 年底保有地质储量 194.4 万吨。

第一、二期勘探效果良好，坑探每米可获矿石 128 吨，钻探每 10 米可获矿石 1,633 吨，每吨矿石勘探成本 1.5 元，每吨金属勘探成本 132 元。1967 年以前，除当年消耗矿石量以外，平均每年新增工业储量五万吨。

但是，1968 年以后，勘探效果逆转，获矿指标大减。从 1971 年开始，连年吃老本，地质储量直线下降。为改变这种被动局面，1975 年本矿自办小型勘探队，在矿区内部深部及近矿外围进行勘探，开动 1 台立钻、1 台水平钻，至 1980 年累计钻探进尺 13905 米，虽获矿不多，但基本摸清了矿区地质情况。

鉴于上述情况，1977 年湖南冶金 214 队再次上山，进行第三期勘探，其目的是对矿区东南部进行普查评价，对矿区内部地质情况进行综合分析。

27 年来，累计探明工业储量 205.8 万吨，金属量:钨 27697 吨，铜 17242 吨，锡 4352 吨;累计消耗矿石量 162.5 万吨，金属量：钨 23047 吨，铜 15065 吨，锡 3595 吨；平均每年消耗矿石量 6 万吨，金属量：钨 854 吨，铜 550 吨，锡 133 吨。至 1980 年末，仅保有工业储量 43.3 万吨，其中可利用的只有 35.8 万吨。

2. 对花岗岩浸染型钽铌矿床的勘探

1973 年至 1974 年，在湖南冶金地质研究所、南京大学地质系等单位的协助下，通过综合研究，发现金竹垅细粒白云母花岗岩中含有稀有金属钽、铌。1978 年 5 月，湘东钨矿进行正式勘探。该钽铌矿床属简单勘探类型，按有色及稀有金属矿床分类标准划分为第二勘探类型，其勘探手段应以钻探为主、坑探为辅。但考虑矿区地势陡峻，比高大，供水困难，且矿床又位于生产区内，结合钨矿生产布置坑探，可利用原有 7000 米坑道，故选择以坑探、水平钻为主，地表钻探为辅的勘探方法。勘探网度 100 米 ×35 米。经一年勘探，于 1979 年 10 月提交了《湘东钽锯矿区金竹垅矿段详细勘探地质报告》，该报告业经湖南储委批准，确认为大型钽银矿床。

根据湘东钨矿标志和成矿规律分析，矿区北部的鸡冠石、墨庄、下严塘一带，还可能有新的钽铌矿床。

（四）历史沿革

邓阜仙矿区发现于 1919 年，开采始于 1920 年。中华人民共和国成立之前，全系矿商经营，共有八个公司，工人几人、十几人结伴，沿脉伴岩搭棚而居，从事艰苦之手工作业。因地质资料缺乏，见砂即挖，无砂则止，老窿废巷犹如鼠穴，需弯腰匍匐而入，生产方式异常落后。虽经 29 年开采，仅仅采挖矿脉露头接近地表部分，产量甚少。据查阅《湖南钨矿志》和资源委员会钨业管理处湖南分处档案，1920—1949 年，共产高锡钨 1500 吨左右。

中华人民共和国成立初期，矿商离山，公司停业，人民政府派人上山收砂，组织和召集二百余工人以民窿方式开采。由于无矿商盘剥，所得全部归已，工人积极性较高，产量增加。1950、1951 两年产高锡钨 140 吨。

1951 年 8 月成立茶湘管理处，隶属中南工业部有色金属管理局湖南分局。当时创办伊始，百废俱兴，仍袭用收砂制，辅以民窿补助。至 1952 年 4 月，经民主改革后，矿山情况基本摸清，工作已有头绪，即着手固定工人，改革收砂制度，接收民窿，整顿窿道，以恢复和扩大生产，并为改造矿山、建设矿山作准备。

1953 年 2 月，茶湘管理处与衡湘管理处合并，成立湘东钨矿，隶属中央重工业部有色金属管理局中南分局。1955 年，邓阜仙矿区由手工开采转为机械开采。1964 年和 1973 年两次列为冶金部推广矿山机械化的重点单位之一。采、掘、运机械化程度逐步提高，现已成为国内机械化程度较高的一个中型矿山，井下年综合生产能力达到 33 万吨。

1954 年建成腰坡里 50 吨 / 日半机械化选厂，翌年改造为 80 吨 / 日机械化选厂。接着1956年又建成汉背250吨/日机械化选厂，该厂经1958年和1970年两次扩建，日处理能力达1000吨，而且粗选、重介质、重选、浮选、磁选、细泥处理一概俱全。

1955—1980年采选综合生产能力（按出窿矿石计算）表

项目		单位	1955—1957年	1958—1963年	1964—1969年	1970—1980年
设计能力（核定）		万吨/年	11.5	26.4	26.4	33
		吨/日	350	800	800	1000
实际生产能力	平均	万吨/年	14.3	23.9	21.1	27.8
		吨/日	435	725	640	842
	最高	万吨/年	18.4	32.5	24.9	34.5
	最高年份	—	1957年	1960年	1965年	1970年

1958年建成机修车间，后逐步扩大，具有年产360吨的机修能力，配件自给率达70%以上，能制造风动凿岩机、液压凿岩机，PYT-2C型双机液压凿岩台车和全液压凿岩台车等矿山设备。

1973年利用难选低度钨用烧碱法生产三氧化钨，获得成功，已建成年处理600吨低度钨的冶炼车间。

在开拓北组脉钨矿床时，发现金竹垅细粒花岗岩中含稀有金属钽、铌，1978年5月湘东钨矿自行勘探，1979年10月提出《湘东钽铌矿区金竹矿段详细勘探报告》，经湖南省储委批准，B+C级矿石储量1700多万吨，钽、铌金属量4000吨，确定为大型钽铌矿床。

湘东钨矿在其存在的50年里，已成为一个采、选、冶、机修齐全的中型有色机械化矿山。1980年末在册全民职工2829人，集体职工507人。从1951年至1980年，完成投资额（包括更新改造资金）3041万元，其中国家基建投资1046万元，固定资产原值2163万元，净值621万元。三十年来，工业总产值（按1970年不变价格计算）达32501万元，其中出口产值20875万元；采掘总量683万吨，其中采矿量482万吨，掘进进尺15.6万米；生产钨精矿34655吨，其中成品钨精矿33928吨，三氧化钨369吨，铜金属量13992吨，锡金属量2056吨；利润8986万元，其中上缴利润8490万元，缴纳税金1027万元。上缴利润和税金为投资额的3.1倍，为国家基建投资额的9.1倍。由此可见，湘东钨矿为国家社会主义建设积累了大量资金，作出了一定的贡献。

三、湘东钨矿变迁史[1]

湘东钨矿位于湖南省茶陵县邓阜仙山麓。山麓西南有名瓦子坪者，山高坡陡，形势险峻，周峰壁垒，中坦一席，相传宋代末年，兵荒马乱，四境骚然，有寇结寨于斯，瓦砾留迹，因以得名。1919 年秋，水头道人陈锡麟，寻幽览胜，登山远眺，云海茫茫，气势磅礴，特商请仁源谢氏宗族，在瓦子坪兴建清源寺。破土奠基，得石色黑质重，乌光夺目，莫能识辨，疑为“乌金”。辗转送省化验，方知为钨。事闻长沙，士绅粟戡时是年冬赴山勘察，认为有开采价值。本都士绅周龙澡、陈翔生见长沙来人勘察，认为奇货可居，1920 年春，首向谢氏宗族承批瓦子坪、清凉山，年租仅 96 元。复由周、陈二人以年租 240 元转批于粟戡时，从中谋利。湘东钨矿由此进入开发时期。

（一）商办时期

邓阜仙矿区发现钨矿之后，至中华人民共和国成立之前，一直为小规模的私人开采，可以称之为商办时期。1920 年 8 月，粟戡时组织仁记公司，经湖南省政务厅批准，在瓦子坪、清凉山设权正式采矿，出砂颇旺。据闻自开办日起，在 25 日之内产砂 25 吨，获利甚厚。大利所在，人争趋之。1923 年秋，腰陂、火田、高陇、秩堂等 7 个都的士绅，借口邓阜仙乃茶陵名胜之地，不能由山主谢姓私行租采，出面干涉，大打官司。是年八月，谭延闿（茶陵高陇人）奉广州大元帅府孙中山令率军入湘，讨伐赵恒惕。十月中旬，接孙中山急电回师救粤。正当回师赴粤在耒阳驻扎时，7 都士绅派代表找谭，言明邓阜仙开矿诉讼事，请求帮助。殊知民国初年（1911 年 11 月至 1913 年 5 月）谭任湖南都督，粟戡时任外交司司长，两人有共事之谊，故粟氏亦找谭制止当地士绅干涉开矿。谭义不容辞充当调解人，叫双方停止诉讼，

[1] 本节据《湘东钨矿志（1919—1980）》及《湘东钨矿志（1981—1995 年）》相关资料编写。

▲远眺邓阜仙

▲邓阜仙亭

和好开矿，除提10%作为仁记公司优先红股外，其余股份各半。议成更名为“和记”公司，当时股金并无定额，若需资金，则由双方按股临时摊派，矿砂按股分配，各自运销。1912年，继仁记而起，有咸泰公司，惟因资金不足，出砂不旺，半年即停办。1923年复行改组，更名振兴。1925年，继振兴而起，复有两益公司。1927年9月底，毛泽东率秋收起义部队进军井冈山，创建井冈山革命根据地，邓阜仙成为游击区，战事频繁，上述三个公司均停办。1934年春，红六军团在任弼时、肖克同志率领下，奉命退出井冈山革命根据地，向湘鄂赣苏区进军，以牵制敌人对中央苏区的进攻，并相机打击敌人。二月间茶陵人士将两益公司改为县与7都合办，县占6成，7都占4成，向茶陵农民银行借大洋5000元，作为开办经费，组织公记公司，入山开办。接着，和记、振兴相继复工。

由于国际贸易好转，钨价渐涨（1933年平均每吨钨砂价格580元，1934年涨到1357元），矿商能获厚利。一时闻风而起，四处探索。1935年上半年，先后组成大新、厚丰、阜民三个公司。1936年一季度又成立普益与安和公司。从此矿商开采进入全盛时期，工人最多达800人。好景不长，1944年夏，日寇侵湘，茶陵沦陷，各公司均停办。

抗日胜利后，仅和记、振兴、阜民、厚丰四个公司复工，资金不足，于1947年5月，向资源委员会第二特种矿产管理处贷款生产资金，利率为月息四分二厘，归还期限6个月，核准贷款金额：和记1956万元，振兴1956万元，阜民972万元，厚丰1630万元，（当时长沙收购钨砂牌价每吨540万元）。至1949年4月，中国人民解放军胜利渡江，势如破竹，迅速解放南京、上海、武汉，大军压境，矿商纷纷离山，公司停业。从此矿商不复存在，邓阜仙开采进入了过渡性质的民窿时期，现将矿商公司一览表列后：

矿商公司一览表

公司名称	代表人	矿区所在地	矿区面积（亩）	成立时间	执照号码	1936年至1944年3月产量（吨）
和记	粟戡时	瓦子坪清凉山	202	1920年8月	实采108号	119.13
振兴	龙秉刚	半节山铜锣坪	807	1923年	实采43号	141.00
两益	周玉成	金竹禾桐山	257	1925年	实采828号	69.97
大新	李棣华	八团仙女山	1532	1935年5月	实采859号	133.71
厚丰	谭智吾	大龙乡茶园山	998	1935年6月	实采885号	119.73
阜民	谭省吾	半节山、禾桐山	731	1935年6月	实采886号	102.47
普益	谭保成	朝阳峰摇杖拐	884	1936年1月	实采1012号	154.74
安和	刘邦治	轿岭石	421	1936年3月	实采1036号	109.28
小计			5832			950.03

各公司都采用收砂制，其组织结构简单，经理之下，设会计、庶务及办事员各 1 人，公丁、伙夫各 1 人，共 6 人。由于“公司组织甚小，资本亦少，谋利之心太急，视矿业为投机”，“不肯作永久计划，乱采乱挖，使良好之天赋资源为其损坏”，而且“置工人安全之不顾，工人生活不能安定”，以致采矿业长期落后。“全用土法，除钢钎、铁锤之外，别无其他设备。”“开窿之法，在金竹多循矿脉平进，若干尺后，再向下挖；而在邓阜仙则循矿脉倾斜下挖，无一定则，有矿则挖，无矿则止。”窿口很多，脉皆是，根本无工程可言。开采 20 多年，窿道最深者不过 30 余米，浅者仅几米。照明用茶油或煤油灯。炸药用黑土硝，每人每日打炮眼四五个，眼深尺余，每个炮眼炸得矿石百斤左右，生产力极低。各公司经营一律采用包工制。每出青砂 1 担，则给以银洋 12 元。至于采选各种用具，如钢钎、铁锤、篾筛、木桶、坑木、炸药、灯油均由工人自备自理。因此，成本很低，获利甚大。据《湖南钨矿志》，1934 年冬调查和记公司成本，抄录如下：

（1）收砂每吨 200 元。

（2）运费，由山挑至芙江，每担力资五六角，自芙江船运至长沙，每担三四角，即每吨运费 14 ～ 17 元。

（3）税捐，矿产税按钨之市价收 2.5%，现时每吨收洋 32 元；地方公益捐每吨收洋 5 元，作为地方教育经费；矿区税若以产量平均计算，每吨洋 1 元；运照税每吨 4 元。总计每吨钨砂须纳各项捐税约洋 42 元。

（4）山租，一年为 240 元，以年产 60 吨计之，每吨合洋 4 元。

（5）薪俸开支，平均每吨 3 ～ 4 元。

（6）其他支出，每吨 1 元。

以上合计，每吨钨砂成本 262 ～ 267 元，其他各公司成本，由于产量少的关系，约在 300 ～ 500 元之间。当时长沙收购钨精矿牌价十月每吨 1550 元，十一月每吨 1400 元，十二月每吨 1380 元，平均 1440 元。因公司收购的钨砂质量不合格，须减价，故实际售价每吨约 865 元，尽管如此，每吨获利仍高达 260 元至 600 元。因此，《湖南钨矿志》对邓阜仙矿区的结论是:“现时在湘省营矿业者，其出资之少与获利之丰，实无有逾于此者。”资本家大发其财，而工人呢？一年到头，辛勤劳动，得到的只是食不饱腹，衣不遮身，风餐露宿，饥寒交迫的生活。在海拔一千公尺的高山上，十几人一伙，沿脉伴岩搭茅棚而居，严寒冰冻天，穿的是单薄衣裳，盖的是稻草加棕衣。

“在邓阜仙平均每人每月可得劳资约十元，而在金竹不仅无劳资可获，即伙食费亦无所出，不能不由公司津贴之。”尤其是资本家“置工人安全之不顾”，或死或伤其状更惨。1940 年 10 月下旬，邓阜仙矿区 5 天之中，因安全事故死亡 4 人，资本家只是给几块薄板，将死者尸体埋葬了事。过去在矿山流传一首民谣，其歌曰："十七、十八学打窿，二十七八逞英雄，三十七八平平过，四十七八背竹筒（指讨米乞食）。"这是旧社会千百万矿工一生遭遇的真实写照。

（二）接收国营

中华人民共和国成立后，为医治战争创伤，建设新中国，人民政府在进行社会改革的同时，大力恢复和发展生产。1950 年，中南工业部有色金属管理局湖南分局（简称金湘分局）汝城工作站派人到邓阜仙收购钨砂，组织和召集二百余人复工开采。工人自愿组合，几人、十几人一棚，协力合作，采矿挖砂，售砂所得，全部归已，不再受棚头、矿商的盘剥。工人颇满意，生产较努力，当年产高锡钨 35 吨，达到了 20 世纪 40 年代的生产水平。

由于汝城工作站距此甚远，鞭长莫及，而且收砂量日渐增多。因此，1951 年 4 月，金湘分局派技术员许道孚等四人驻山，成立收购站，勘查矿脉，指导生产。恰在此时，湖南省工业厅也派人上山，摸情况，收钨砂，打算接管。于是双方争夺工人，互相抬高收购钨砂牌价，发生摩擦。鉴于邓阜仙矿区矿脉分布较广，含量颇丰，具有开采价值，金湘分局按照中央巩固财政经济工作的统一管理和统一领导的方针，于 8 月派军事代表谷万刚、工程师李隆科率领工作人员接管，成立"茶湘管理处"，设行政、工务、经营、会计四科。创办伊始，困难重重，无房屋，无设备，又无固定生产工人，千头万绪，从解决基本生活问题着手，建筑房屋 1668 平方米，其中住宅 1255 平方米；购置汽车 2 辆和碾米机 1 套，从此住、吃两大问题基本解决。虽然袭用收砂制，但采取民窿补助的办法，即预借伙食费，若出砂不旺，则酌情给予津贴，以维持工人生活。因而工人高兴，生产加劲，是年产高锡钨 105 吨，恢复到 20 世纪 30 年代的生产水平。1952 年初，金湘分局派董益中为茶湘管理处主任，并从龙湘管理处调来大批工人和干部，设行政、人事、计划、业务、会计五科，分南、北两矿场，并在锡田设收砂站，组织机构扩大了。同时，湖南省总工会派来工作队，进行民主改革和"三反"运动，开展反封建把头和肃清残余反革命分子的斗争，开展反贪污、反浪费、反官主义的斗争，从政治上、经济上清理职工队伍，划清思想界限，成立工会组织，实行劳动保险。在此基础上，进行了四项大改革：一是在四月份将民主改革中涌现出来的积极分子和民窿工人中身体强壮、技术较好、历史清楚的 80 余人转为正式工人，扭转了过去矿山工人不固定、农闲做工、农忙种田、流动性大的现象；二是五月份在固定工人中，废除收砂制，克服以往机会主义、平均主义的分配方式，实行按工种等级支付工资，采用计件工资制，贯彻按劳分配；三是改变民窿生

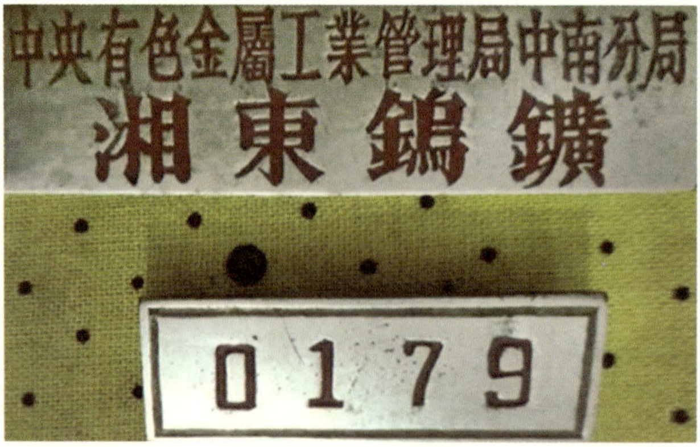

▲湘东钨矿央企工字号

产方式，采取以自办为主民窿为辅的生产方针，于 4 月 15 日将三大主要矿脉接收，整理旧窿，进行巷探工作，其余小脉仍划归民窿采掘；四是建立生产责任制，如班长责任制、交接班制等。这些改革，破除了几十年来矿山的陈规陋习，使矿山面貌焕然一新。

（三）建设和发展时期

1953 年，是第一个五年计划的头一年，也是大规模经济建设的起跑线。与之相适应，政府调整了经济管理机构，茶湘管理处与衡湘管理处合并，成立湘东钨矿，隶属重工业部有色金属管理局中南分局。1955 年改属中南钨矿局。1958 年改属湖南有色局。1969 年改属湖南冶金工业公司。1971 年下放到湘潭地区冶金局管辖。

湘东钨矿成立之初，行政设 13 个科室，党委设两部一办，管辖川口分矿、邓阜仙分矿和锡田车间 3 个单位。由于生产建设的发展以及政治形势的变化，组织机构异动频繁。1956 年，行政科室增加到 20 个，辖 4 个坑口 3 个车间。1958 年，精简机构，下放干部，行政科室合并为 13 个，川口、锡田两坑口分别划归衡阳地区和茶陵县管理，撤销瓦子坪坑口，仅保留半节山一个坑口。1961 年以后，贯彻调整、巩固、充实、提高的八字方针，管理加强，科室增加。1964 年，党委部、办撤销，成立政治处，下设 6 个科室，行政设 15 个科室。1965 年进行体制改革，由矿、坑、区三级管理，改为矿、区两级管理，撤销半截山坑口，业务集中到矿部，服务到班组，行政设 13 个科室，其中采矿科搬到山上办公，选矿科与机械动力科也分别搬到选厂、机修厂办公。1968 年成立湘东钨矿革命委员会，科室全部撤销，成立四大组。1970 年实行军事建制，撤销工区、车间，成立营、连组织。1973 年撤销军事建制，恢复工区、车间和科室。1979 年撤销革命委员会，恢复湘东钨矿的名称，设有行政科室 13 个，政治处管科室 5 个，生产单位 9 个，附属单位 4 个。

1. 第一个五年计划时期（1953—1957 年）

第一个五年计划时期，是湘东钨矿改造和发展的重要阶段。管理方面，主要是学习苏联的经验。1953 年，贯彻中央做好三件事（计划的执行、责任制度的建立、质量的检查）的指示。建立计划管理，推行作业计划，开展技术查定和产品质量检查，建立生产责任制。1954 年，推行生产区域管理制和一长负责制，建立值班长和班指令制度，使生产、技术、安全统一指挥。1955 年，贯彻技术管理，建立总工程师责任制，颁布技术操作规程和工人岗位操作法，制定设计审批、施工监督、产品验收等一整套制度。1956 年，贯彻党委集体领导下的矿长分工负责制和职工代表大会制，实行职务工资制。这一系列重要制度的建立和推广，为以后的企业管理奠定了基础，为改造和建设矿山创造了条件。

在第一个五年计划期间，邓阜仙矿区进行了大规模基本建设和技术改造工作，彻底改变了矿山落后面貌。五年内投资 672 万元，其中基建投资 595 万元，完成主要工程有：80 吨 / 日、250 吨 / 日两座机选厂，100 立方米的压风机站，发电 1200 千瓦的动力厂，12 公里公路，以及与采、选机械化适应的运输、供电、供风、供水系统；完成建筑面积 41733 平方米，其中民用建筑 28044 平方米（除住宅 21446 平方米外，余为食堂、澡堂、俱乐部等建筑）。从此本矿成为一个中型的机械化矿山，生产力飞速发展。1957 年与 1952 年比较：工业总产值（以 1952 年不变价格计算）增长 21.6 倍，钨精矿增加 16.8 倍，劳动生产率增加 3.1 倍。五年内共产钨精矿 2715 吨，比中华人民共和国成立前矿商开采 29 年的总产量还多 70%；上缴利润 938 万元，比全部投资多 39.6%，比国家基建投资多 57.6%，经济效益良好。

1956 年，响应中央“五年计划四年完成”的号召，广泛开展先进生产者运动，迅速掀起了生产高潮，342 人创造了 364 项新纪录，提前 16 个月完成了第一个五年计划。按中央规定的工业总产值、主要产品产量和成本降低率三大指标检查，工业总产值完成五年计划 101.4%，钨精矿完成五年计划 109.5%，成本比年计划降低 7.8%。

2. 三年“大跃进”时期（1958—1960 年）

党的八大二次会议通过了多快好省地建设社会主义总路线，中央和毛主席提出“在十五年左右的时间内，我国钢铁及其他重要工业产品产量方面赶上或超过英国”的号召，并发动“大跃进”，这激发了全国人民高度的社会主义积极性和创造精神。湘东钨矿的职工，破除迷信，解放思想，大破大立，大鼓干劲，采掘工效大幅度上升，有些井下工人，三天不出窿，日夜奋战在采场，八天、四天采完一个采矿场，连创高强度采矿全国新纪录，受到冶金部的表扬，于是全国有色矿山采矿掘进现场促进会在本矿召开。选矿工人自力更生，将 80 吨 / 日、250 吨 / 日两个机选厂扩建为 125 吨 / 日和 600 吨 / 日，把 719 窿口

▲矿工

▲矿车

手选厂改造为 80 吨 / 日机选厂，处理能力从 350 吨增加到 800 吨。因此生产连年大跃进，产品产量猛增，以 1957 年为 100，则钨精矿：1958 年为 132.5，1959 年为 191，1960 年为 208；铜金属量：1958 年为 158.5，1959 年为 209.6，1960 年为 247.8。利润成倍上升，1958 年 529.4 万元，1959 年 806 万元，1960 年 1037.3 万元，分别为 1957 年的 1.4 倍、2.6 倍、3.7 倍。在管理方面，贯彻《鞍钢宪法》，实行工人参加管理，干部参加劳动，改革不合理的规章制度，领导干部、工人和技术人员三结合，大搞技术革新和技术革命，各项工作全面跃进，得到了上级的奖励。1958 年，在全省有色矿山竞赛评比中，本矿评为优胜单位，获“金马”奖。1959 年，获评全省、全国先进单位，出席了全国群英会。1960 年第一季度又被评为全省红旗单位。同时，财务、人事、安全、保卫、福利、民兵、体育等多项工作，也被评为省、地先进集体。

▲1958 年“金马”奖牌

但是，由于对矿山生产的经验不足，有些领导同志骄傲自满，急于求成，夸大了主观意志和主观努力的作用，忽视了客观的经济规律，加之 1958 年反右派斗争扩大化，1959 年“反右倾”斗争，让党内外人士不敢说其话，所以不仅外行说外行话，内行也跟着说外行话，使得高指标、瞎指挥、浮夸风和“共产风”泛滥开来。管理制度破的多，立的少，取消计件工资，职工收入减少，什么“火箭报表”“无账会计”，出现了不少问题，破坏了正常管理秩序和生产秩序，致使采、掘之间，采、选之间，采选与运输之间，比例失调，1960 年下半年开始，生产急剧下降。

▲1959 年全国群英会锦旗

3. 调整时期（1961—1966 年）

三年“大跃进”，过高指标压得矿山喘不过气。为完成当年产量任务，只得不断增加采矿，压缩掘进。采矿万吨掘进量，由 1957 年的 304 米，下降到 1958 年的 131 米，1959 年的 106 米，1960 年的 78 米（按正常生产水平，应保持 300 米左右为宜），导致采掘比例失调，下部中段开拓紧张。同样，为了完成高指标，不得不采富压贫，岩石硬、品位低的西六脉，有 400 多米拖延不采，打乱了采矿顺序，因此 1960 年下半年以后，工程布置发生困难，产量大减。1961 年钨、铜产量较三年“大跃进”平均数减少 52.4%和 69%，比 1957 年减少 28%和 37.3%。

1961 年，矿山贯彻执行“调整、巩固、充实、提高”的八字方针，开展以提高产品质量、降低原材料消耗、降低成本为中心的全面企业整顿，修订和建立了 108 项管理制度、64 种操作规程，初步做到有管理就有制度，有操作就有规程。1962 年，贯彻“工业七十条”，健全党委领导下的矿长负责制，整顿生产指挥系统和科室工作秩序，建立岗位责任制。接着进行查、定、保，对地质储量、综合生产能力、原材料消耗、固定资产和流动资金的使用，职工人数、机构设置、工资分配、各类人员的比例状况以及有关基本管理制度，进行了全面调查。依据调查资料和国家要求，经群众讨论，反复协商，制定了近期和远期五定方案，使调整的目标更明确了。1963 年，建立以总工程师为首的技术责任制，成立总工程师室。在三年调整中，认真贯彻了冶金部提出的以矿山为首、采掘并举、掘进先行的方针，大力调整采掘比例关系，采矿万吨掘进量逐年提高;全力整顿采矿顺序，突破了西六脉采矿关。1963 年，三级矿井的保有量达到了部颁标准，调整任务基本完成。这一年主要产品产量钨、铜都达到了 1957 年的水平，利润比 1957 年多 39%。因此，在全省有色系统厂矿际竞赛评比中，本矿被评为优胜单位，再获“金马”奖，并在工资调整中，奖励 0.5%的升级面。

经三年调整，1964—1966 年，湘东钨矿进入新的发展阶段。在部、局重视和支持下，实现了井下装岩、运输机械化，装配两条掘进线，一条吊罐天井线，两条平巷运输线，大大降低了运输工人的劳动强度，掘进掌子面工效提高 66.7%，1966 年达到 0.45 米 / 工班，进入全国先进行列。为提高实收率和产品质量，选矿进行了一系列改革，并向自动化进军，已实现的项目有：重选半自动化，重选毛砂运输过磅自动化，粗、中、细粒跳汰机排矿自动化，细泥集中遥控，从而人员减一半，实收率提高 4%。酒汉输电线路竣工投产，为机械化提供了充足电力，并降低了动力成本。开展企业管理革命，撤销坑口，矿直接管理工区，业务集中到矿部，服务到班组，消除中间环节，解决问题及时。同时，环境卫生也搞得较好，井下“六无四光”，厂房、宿舍清洁整齐，受到省、地委表扬，来矿参观者络绎不绝。由于机械化程度的提高，企业管理的改进，三年精减职工 976 人，占职工总数 41%，成建制调出两个工区共 300 余人，支援新矿山——黄沙坪、宝山。

这个阶段，生产稳步上升，劳动生产率显著提高，利润逐年增加，企业管理日臻完善，呈现一派欣欣向荣的景象，乃是湘东钨矿黄金时代。1966 年工业总产值（按 1957 年不变价格计算）874.31 万元，比 1961 年提高 75.9%，比 1957 年提高 18.5%；采掘总量 281968 吨，比 1961 年提高 55.2%，比 1957 年提高 28%；钨精矿 1758 吨，比 1961 年提高 80.3%，比 1957 年提高 30%；铜金属量 603 吨，比 1961 年提高 71.8%，比 1957 年提高 9.2%；劳动生产率 4189 元 /（人·年），比 1961 年提高 124%，比 1957 提高 24.9%；利润 776 万元，比 1961 年提高 822%，比 1957 年提高 251%，居全国各钨矿的首位。

4.“文革”时期（1967—1976 年）

1966 年下半年，“文化大革命”刚开始，因湘东钨矿位于边远山区，远离城市，交通不便，外界消息传播较慢，“红卫兵”来矿串联者较少，故其影响还不大，全年国家计划仍提前超额完成，并创造了好成绩。

但是，1967 年，受到上海“一月革命风暴”的恶劣影响，形势急转直下，2 月 5 日，湘东钨矿一派群众组织进行夺权，党组织受到冲击，陷入瘫痪，各级领导干部受到批判和斗争，大多数靠边站。虽然 1968 年 6 月成立了革命委员会，但因大联合未搞好，两派群众组织对立，工作失误，以及外界影响，革命委员会没有权威，指挥不灵，使湘东钨矿长期陷于无政府状态。职工思想全被搞乱，管理制度全被破坏，生产逐年下降。“文化大革命”开始三年（1967—1969 年）与前三年（1964—1966 年）比较：钨精矿减少 2466 吨，铜金属量减少 536 吨，利润减少 925.45 万元。至 1969 年，仅产钨、铜 759 吨和 343 吨，比 1966 年降低 51.2%和 43%，实现利润 103.69 万元，比 1966 年降低 81.7%。经济方面的损失有本可查，政治方面的损失却无法估计。

进入 20 世纪 70 年代，在湘潭地区革命委员会驻矿毛泽东思想宣传队的帮助下，巩固了革命大联合，整顿了革命委员会，恢复了党组织，健全了各级领导班子，工作有了转机。到 1973 年，冶金部再次确定本矿为推广井下机械化的重点单位，人心大振，同时，恢复了“文化大革命”前的组织机构，建立了七大管理制度，生产达到了正常水平。这一年，采掘总量达 402659 吨，创历史最高水平，钨、铜达 1441.4 吨和 561.7 吨，实现利润 413 万元。可是 1974 年开展“批林批孔”运动，逐步建立起来的正常工作秩序又被打乱，生产下降，与 1973 年比较，钨精矿减少 433 吨，铜金属量减少 228.2 吨，利润减少 257 万元。1975 年邓小平同志主持中央日常工作，着手进行整顿，形势有了明显好转，生产回升，钨精矿比 1974 年增加 23%，铜金属量增加 14.2%，利润增加 60.5%。但是

1976年湘东钨矿同全国各地一样，再度陷入混乱，生产大幅度下降，钨、铜产量比1975年降低30.4%和27.8%，仅实现利润38.46万元，比1975年减少211.81万元，不仅未上交1分钱，反而倒欠16万元。

5. 整顿时期（1977—1980年）

粉碎“四人帮”以后，全矿职工以极大的热情投入揭批“四人帮”运动和生产、管理工作，总结经验，吸取教训，按照“工业三十条”的精神，1978年恢复党委领导下的矿长负责制和职工代表大会制，推行计时工资加奖励，贯彻按劳分配，初步纠正干与不干一个样、干多干少一个样、干好干坏一个样的现象，与此同时，抓效率，抓质量，抓管理，收效颇大。三工区三条机械化作业线，月进尺均突破150米，工班工效达0.6米，在全省有色矿山机械化掘进竞赛中，被评为优胜工区。选矿车间改进精选工艺，提高产品质量，八月份以后钨精矿一级品率达到100%；实收率结束三年徘徊，上升到85.2%，因此被评为先进集体，出席了湘潭地区学大庆、学大寨先进集体代表会议。改善物资管理，实行“五统一”，降低了物资消耗，加速了物资周转，百元产值占用储备资金比1977年下降28.7%，因此，省冶金局命名湘东钨矿为大庆式物资部门。这一年利润猛增，实现利润148万元，上缴150万元。

党的十一届三中全会以后，解放思想，实事求是，贯彻执行“调整、改革、整顿、提高”的方针，整顿企业管理，遇事讲求实效，把国家、集体、个人三者的利益紧密结合起来。从关心群众利益着手，1979年办了10件事：一是新建职工宿舍4544平方米，有120名单身职工和98户双身职工共320人搬进新居；二是兴办大集体性质的附属综合工厂，安排职工子女325人，使98%的下乡知青和部分留矿待业青年得到了安置；三是开办湘东冶金技工学校，招收150名学生，其中职工子女109名；四是新建露天电影场，基本解决了看电影拥挤的问题；五是新建电视接收转播塔，方便职工看电视；六是健全群众性互助会120个，解决了职工临时借款问题；七是开辟汉背—高陇公共汽车线，每星期六和星期日下午往返一次，方便家住附近的职工和技工学校学生；八是对生活困难的职工进行补助，全年发补助费45000元；九是访问了3省52县175个公社的425户退休职工，困难者给适当补助；十是对常见病、慢性病和流行病采取各种预防措施，进行集中治疗，上半年在高陇集中治疗痔疮患者69人。这些事都是群众迫切要求解决的，现在办到了，群众当然高兴，生产积极性随之高涨，提前1个月全面完成了国家计划。而且6个工区、3个车间以及基建、勘探、汽车运输都提前1个月以上完成了任务，获得全面丰收的好成绩。在原矿品位下降19%的不利条件下，仍比1978年增产钨精矿10吨，铜金属量45吨。

矿山同人一样，有它的幼年、成年、老年时期。20世纪80年代，湘东钨矿已年届花甲，

▲表彰先进

进入了老年时期，愈往深部矿脉愈少，而且矿脉变短（仅 700 米左右），产量呈逐年下降趋势，1980 年与 1979 年比较，钨精矿减少 162 吨，铜金属量减少 145 吨，原计划有亏损，后由于职工群众的努力，广开门路，对外承制机械设备和配件，承包汽车运输，外销炸药、水泥，增加收入近 50 万元，从而扭亏为盈，上缴利润 61.5 万元。

湘东钨矿天赋条件颇好，钨、铜品位较高，60 年来，无论商办或国营，获利均居全省各钨矿之首位。就全国钨矿而言，上缴利润之多，亦是名列前茅。

6. 改革与转产时期（1980—2000 年）

20 世纪 80 年代，矿产资源日趋枯竭，地压滑坡威胁日益加剧，特别是 1982 年特大水灾，停产搬迁，矿山发展面临诸多困难。在党的十一届三中全会提出的“调整、改革、整顿、提高”方针指引下，开始了艰难的奋斗历程。冶金部、湖南省政府、省冶金局和湘潭行署对矿山的困难非常关注。为地压滑坡问题，分别行文 20 多个，省政府还将这一问题呈报国务院。1981 年初，部、省决定，危险区进行搬迁撤离，明确指示：地压滑坡一级危险区内的建筑设施内部搬迁；二、三级危险区通过调人调整解决。省财政拨款 90 万元，矿山自筹 80 万元，着手进行内部搬迁。6 月，湘潭行署成立“湘东钨矿地压滑坡安全撤离领导小组”。至年底，搬迁一级危险区内建筑面积 12224 平方米，其中：宿舍和福利设施 10808 平方米。

为解决矿山接替问题，湘东钨矿先后多次派员赴平江、安化、新邵、花垣、浏阳等地寻找和考察接替矿点。1981 年 10 月，湘潭行署决定将浏阳七宝山鸡公湾至小七宝山矿段划归湘东钨矿作为接替点（当时，浏阳属湘潭行署管辖），成立了“湘东钨矿鸡公湾有色金属分矿筹建处”，11 月，筹建处正式开展工作。后因省府将七宝山划归化工系统，接替矿点未果。

1982 年 1 月，矿山收归省管，隶属湖南省冶金局。3 月，省府为缓解矿山地压滑坡威胁造成的压力，决定从矿山调离职工 1400 人，至年底，已外调 286 人。

1982 年，是矿山多灾之年。2 月中旬，矿山 3.5 万伏输电线路严重冰冻，两组电杆倒塌，五组电杆倾斜，全矿停电停产两天。5 月 9 日深夜，暴雨成灾，损失 11 万余元，两名工人遇难身亡。6 月中旬，又连降暴雨 7 天，降水量 603 毫米，18 日 10 时许，山洪暴发，矿山生产、生活设施遭受严重损坏，矿山内外交通和通信中断，生活用水断流，直接经济损失达 120 万元之巨。因灾害发生在久雨期间，又是白天，矿于 6 月 17 日果断停产，并采取了一系列防范措施，避免了重大人身事故。灾害发生后，矿采取紧急措施开展救灾工作，省局领导也赶到矿山指导。21 日恢复供水，22 日恢复通信，在中国人民解放军某部和湘东铁矿支援下，26 日恢复交通。7 月，省局决定矿山停产一年半，进行救灾搬迁。矿成立搬迁指挥部，内搬以撤离地压滑坡一级危险区内的建筑设施为主，重点是选厂迁建。外搬按省政府下达的外调职工指标进行。停产搬迁期间，除机修、冶炼、部分重点掘进工程维持生产外，其他生产岗位的职工均投入搬迁救灾工作。为调动职工搬迁救灾的积极性，矿制定了“搬迁救灾期间计时工资加奖励试行办法”。至 1983 年底，完成内搬房屋面积 27417 平方米，其中宿舍和福利设施 11845 平方米。一级危险区内的 212 户（1850 人）及生活设施，均已搬迁至安全区，新选厂迁建同时竣工。为适应选厂迁建，调整了供风、供水、供电和井下运输系统，完成了 3.5 万伏高压线路的延伸和 3200 千伏安新变电站的建设。外搬职工 971 人，342 户，含家属共 1794 人。内外搬迁耗资 800 余万元。1984 年 1 月，矿山正式恢复生产。1986 年，职工子弟学校和幼儿园，新建房屋面积共 4530 平方米，耗资 59.43 万元。

1982 年，中共中央、国务院发布《关于国营工业企业进行全面整顿的决定》后，矿山对企业全面整顿工作进行了初步安排。由于遭受洪灾，停产搬迁，整顿工作暂缓。1983 年，湘东钨矿被列为全省企业整顿重点单位之一，结合搬迁工作，对企业全面整顿进行了规划。10 月，省冶金厅批复湘东钨矿机构设置为：党委办公室、组织科、宣传科、纪检会、工会、团委会、武装部、调研室、矿办公室、生产计划科、地质测量科、机械动力科、安全科、保卫科、劳资培训科、财务科、供销科、生活管理科、劳动服务公司、一工区、二工区、三工区、机运工区、选矿车间、冶炼车间、机电车间、职工医院、职工子弟学校和湘东冶金技工学校。

1984年，湘东钨矿按照中央提出的五项整顿标准，开展全面整顿，进行综合治理。3月，省厅对矿领导班子进行调整，由7人减至5人，均具有大中专学历，平均年龄为41.6岁。矿领导班子调整后，贯彻执行《中国共产党工业企业基层组织工作条例》《国营工厂厂长工作暂行条例》《国营工业企业职工代表大会暂行条例》。落实党政分工，理顺党政关系，实行党委领导下的矿长负责制、职工代表大会制度。坚持党委集体领导，职工民主管理，矿长行政指挥。同时，对机关科室和基层的领导成员进行了调整，任职的副科级以上干部由78人减至58人，平均年龄为42.2岁，高中以上文化程度的占72%，其中有大中专学历的占50%，基本改变了中层干部年龄偏大、文化程度偏低的状况。4月，实行矿山第一步以“三包”为主要内容的内部经济责任制。通过整顿基础工作，建立和完善了主要管理制度23种、干部职责条例243个、工人岗位责任制282个、操作规程188项、原始记录由529种精减为32种。

1984年8月，中国有色金属工业总公司长沙公司成立，湘东钨矿隶属长沙公司。12月，长沙公司对我矿企业全面整顿工作进行验收，发给了“企业全面整顿合格证书”。为了巩固整顿成果，1985年上半年进行了再整顿。计量和标准化工作起步较晚，原无专管人员，在整顿中，充实专职人员，添置设备，建立制度，经茶陵县、株洲市和长沙公司联合检查验收，计量工作达到国家二级标准，标准化工作由省颁发了四级证书。企业全面整顿，给矿山注入了活力，增添了生机，为矿山实行改革开放创造了条件。

1985年，为贯彻《中共中央关于经济体制改革的决定》，湘东钨矿迈开了改革的步伐。3月，成立改革办公室。坚持对内搞活、对外开放的方针，探索矿山改革之路。对内，以完善经济责任制为重点，放开经营，搞活经济，改单一的经济责任制为多种形式的承包责任制，并作出简政放权的7条规定，使基层单位增加了自主权。机修、选矿、汽车队等单位开展对外创收经营，矿办阜仙电子调节器厂拿出了第一批产品。对外，进行横向联营尝试：派出第一批人员去珠海筹办采石场；与茶陵县食品工业局联合开办饲料厂；与醴陵大障乡联合开办造纸厂；与黔阳铁山乡联合开办白钨选矿厂。由于缺乏与地方联营办厂的经验，这些厂子均未达到预期效果，投入的资金迄今未全部收回。

横向联营资金投入情况表

时间	办厂内容	投入资金（万元）	备注
1985年初	珠海筹办采石场	5	筹办未果
1985年12月	茶陵混合饲料厂	10	收回1.12万元
1986年8月	醴陵大障泉潭造纸厂	12	
1986年11月	黔阳铁山乡白钨选矿厂	15	按投入材料、设备折价收回4万元
合计		42	

1986年6月，湘东钨矿第八次党代会提出了《“七五”期间矿山发展规划》的建议。奋斗目标是：采矿选矿保产，冶炼机修翻番，三年扭亏为盈，建成文明矿山。矿山发展重点放到依靠内涵挖掘潜力方面。为实现采选保产，一方面加强金属回收，充实回收工区力量，成立矿产品收购站，收购零砂，弥补资源不足；另一方面加强地质探矿，增加可矿产源，先后探出中组12号等脉、西3脉和二九〇矿区的N、N2、N、N等脉。中组脉新增工业储量8.2万吨，西3脉新增工业储量7万吨，特别是二九〇矿区的发现，初步评估钨金属量在5000吨以上。

为确保冶炼翻番，抓紧了三个方面的工作：一是对冶炼进行扩建改造，使冶炼生产能力达到450吨/年；二是拓宽冶炼产品市场，稳住国内市场，打入国际市场；三是开发冶炼新产品，形成能用多种原料，生产多品种、多品级钨初级中间产品系列的能力。“七五”期间，矿山完成工业总产值6054万元，销售总收入7312万元，其中冶炼分别占57.85%和44.53%，冶炼成了湘东钨矿的主要经济支柱。

随着国家改革举措的不断出台，矿山配套改革深入进行。1986年，为贯彻国务院发布的《国营企业实行劳动合同制暂行规定》《国营企业招用工人暂行规定》《国营企业辞退违纪职工暂行规定》《国营企业职工待业保险暂行规定》等各项规定，湘东钨矿拉开劳动制度改革的序幕，公开招聘录用4名销售人员，招收第一批合同制工人。同年12月，矿山实行矿长负责制，成立矿管理委员会，进一步理顺了党、政、工关系。

1988年，开始进行劳动、人事、工资三项制度改革。1991年，三项制度改革全面铺开，企业内部“干部”“工人”统称“企业职工”，设立“职员”和“工人”两类岗位，引入竞争机制，职员实行聘任制，工人实行优化组合，择优上岗，全面推行合同制管理。为了保证3项改革制度的顺利进行，湘东钨矿制定和健全了一系列管理办法和制度，完善了各项配套措施。1992年经长沙公司批复同意，进行工资制度改革，实行岗位结构工资制度。历时4个春秋的3项制度改革基本结束。

1989年，湘东钨矿进行住房制度改革，制定了新的住房管理办法，经第十九届职代会第三次会议审议通过，于 11 月起公布执行。医疗制度改革开始起步，制定了新的医药费管理办法。

20 世纪 90 年代，国家经过治理经济环境、整顿经济秩序，政治稳定，经济繁荣。由于资源枯竭，矿山赖以维持生计的冶炼产品又因市场疲软而滞销积压，加上“三角债”的困扰，经济非常紧张，矿山发展举步维艰，面临着新的更为严峻的考验。

为了闯出困境，图谋发展，并吸取 80 年代中期横向联营的经验教训，湘东钨矿决心另辟蹊径，开发新业，以矿为主，多种经营，探索办矿新模式。1990 年 9 月，湘东钨矿成立开发办公室，专司新业开发工作。1991 年 4 月，成立“深部探采工程指挥部”，开始对二九〇新矿区进行开拓。8 月，外商需要一批钨酸钠，湘东钨矿立即组织攻关生产，不到两个月，生产钨酸钠 138 吨，出口给西欧用户，产品开始进入国际市场。10 月，经长沙公司批准，转让湖南省大地研究所茶皂素生产技术，筹建“湘东生物化工厂”，总投资 177 万元。1992 年 2 月，“株洲湘东生物化工厂”正式成立。

1992 年 3 月，学习贯彻邓小平同志南方谈话重要精神指示，矿山抓住机遇，加快了新业开发的步伐。4 月，成立“株洲湘东新业公司”，下设“生物化工厂”“电子产品厂”。公司实行自主经营、自负盈亏，是湘东钨矿第一个具有独立法人资格的二级经济实体。6 月，利用湘东钨矿原醴陵转运站场地，建成机修分厂，安置职工 25 人。10 月，国务院经贸办批准有色总公司 56 个矿山转产，湘东钨矿是其中之一。矿组织专门班子，探索研究转产项目。1992 年年底，湘东钨矿在茶陵转运站组建汽车修理厂，安置职工 30 余人。

1993 年，矿山确立“对内放开经营，对外转产开发”的经营方针，转换经营机制，积极做好对全矿基层单位实行“六放一保”（人、财、物、产、供、销全面放开，保上缴

▲先进集体

利润）招标承包的准备工作。在广东惠东购置采石场，投资116万元，建成石料厂，安置职工50余人（1995年7月，因无法经营，以80万元转让出去）。上半年，完成转产项目年产14万吨特种水泥厂的可行性研究报告，因投资过大，未获批准。

转产开发，探索几年，有得有失。新业公司经营两年，生化厂的茶皂素产品因无用户；"皁仙牌"新露洗发香波系列洗涤用品滞销积压；电子产品厂的声控开关、照明放大镜质量不稳定……多种产品先后被迫停产。转产项目，苦无资金，矿山发展，日见艰难，亏损连年增加。1982年受灾以后，矿山开始亏损，1981—1995年，累计亏损5155.6万元，其中1993年亏损高达946.5万元，同年10月，长沙公司列湘东钨矿为特困企业，要求矿山人员分流，生产自救，摘掉亏损，稳步转产，限期走出困境。湘东钨矿制定了新机制运行方案和管理办法，1994年1月，开始按新机制运行。机关科室合并，设党委、行政、生产、经营、劳资、转产开发、工会等7个工作办公室，矿级领导兼任各办公室主任，配主办科员和办事员。15个基层经营单位实行招标承包，风险抵押，双向选择，竞争上岗，全矿共定员1053人。富余人员发给一定生活费，让其自谋职业。

1994年第二季度，市场钨价看涨，钨产品供不应求，矿山调整生产经营方针，抓紧采选、冶炼生产，加大生产投入。下半年投入300多万元，对采选和冶炼部分设备进行更新，冶炼还增建了蓝钨炉，生产的第一批2吨蓝钨销往美国，还出口一批仲钨酸铵到西欧国家。为把握和发展这一良好势头，使矿山尽快走出困境，矿制定并开始实施转产开发三年规划，建立转产开发基地，实现一个主体，三个项目，进行人员分流，摆脱资源危机，摘掉亏损帽子。

1994年5月，矿在茶陵县云阳开发区征购土地103.2亩，建立转产基地，计划兴建碳化钨冶炼厂，铜基、铁基粉末冶金厂，金属包装厂，汽车修理厂等项目。12月，正式成立"湘东钨矿转产基地建设指挥部"，开始平地和基建工作。同年8月，成立利达公司，利用原技校为场址，兴办养殖事业，改建饲料加工厂和养殖场，规模为年产生猪7200头，总投资82.3万元。同年四季度，利用原茶皂素厂房和部分设备，建成以白钨为原料，年产仲钨酸铵500吨的第二冶炼厂，总投资195万元。同年末，利用原废料库筹建钨渣加工厂，处理冶炼废渣，综合回收废渣中的钨、铜、锡、银等有用金属。投资15万元，安置职工23人。1995年4月正式投产。

转产开发项目和投入资金情况表

时间	项目名称	投入资金（万元）	备注
1991 年	生物化工厂	177.36	1994 年停产
1992 年	醴陵机修分厂	16.01	
1992 年	茶陵汽车修理厂	20.00	
1993 年	惠东石料厂	116.28	1995 年，以 80 万转让出去
1994 年	茶陵基地	180.00	征地费
1994 年	利达公司	82.31	
1994 年	冶炼二厂	195.00	
1994 年	钨渣厂	15.00	

1995 年，矿山通过总结前段开发转产的经验和教训，理顺和确定了企业发展思路，即以钨的采、选、冶加工为主线，大力发展多种经营，发挥自己的优势，突出自己的特色，稳步转产，发展企业，并在 6 月份召开的湘东钨矿第十次党代会上得到了确认。

为了改善通信条件，1995 年 2—5 月，矿投资 45 万元，在 1990 年开通自动电话的基础上，通过改造，开通了 1000 门 SK-1 数字程控交换机，传输线路是目前较先进的光缆。结束了电话通信人工接转的历史；同时还购置了传真机。

同年下半年，钨市场急剧变化，价格下跌。湘东钨矿及时采取应变措施，在稳定国内用户的同时，下大力气开拓国际市场，通过派员随长沙有色进出口公司组团出国考察，与欧美几家工厂建立了初步关系，力求在市场经济的大潮中，开创一条比较稳定的出口渠道。

同年 11 月 29 日，湘东钨矿召开“实行全员劳动合同制签约鉴证大会”。从此，矿山劳动用工制度走向法治。

1981 年至 1995 年的 15 年里，矿山坚持改革开放，困境之中求生存，抓住机遇图发展，经过艰难奋斗，初步理顺了企业发展思路。1995 年 6 月召开的矿第十次党代会提出的“九五”矿山发展规划建议，展示了矿山发展宏图，至“九五”末期，实现三个翻番：固资原值翻番（达 8000 万元）；销售产值翻番（过亿元）；完成利税翻番（1500 万元）。建成茶陵转产基地，在职职工人人有岗位，生活福利大改善。

7. 破产与重组时期（2000—2002 年）

2000 年，因资源枯竭，湘东钨矿实行破产终结，移交茶陵县政府管理。2002 年，湘东钨矿政策性破产后，成立了湘东钨矿留守处（2003 年改为茶陵县汉背办事处）和湘东钨业公司。2007 年，1 月 18 日，湖南有色控股集团与茶陵湘东钨业有限公司在长沙举行了股权转让与增资扩股签字仪式。茶陵湘东钨业有限公司被湖南有色控股集团收购后重新组建成立了湖南有色集团湘东钨业有限公司，使其成为中国五矿湖南有色控股集团的国有全资子公司。重返央企行列以后，企业焕发新春，先后荣获湖南有色集团和中国五矿双先进单位称号。2020 年 9 月湖南省凯兴矿业有限公司[1]整体收购了湘东钨业。

[1] 湖南省凯兴矿业有限公司成立于 2020 年 4 月 10 日，注册地位于湖南省株洲市茶陵县云阳街道云盘街炎帝中路，法定代表人为陈嘉豪。经营范围包括锡矿采选，钨、铜矿采选和非金属矿开采、加工及销售。

第二章　湘东钨矿遗址遗存

湘东钨矿在其矿山开发活动中，遗存了大量矿产地质、矿业生产包括与矿业开发各种生产活动有关的场所、设施、设备、建筑、工具用品等核心工矿遗产。也遗存了与从事矿业活动的不同阶层人群的社会生活、信仰有关的居所、餐饮、娱乐、商贸、教育、交际、宗教、集会、救助等活动场所遗址或遗迹以及历史纪念物，包括有关当时的社会风俗、婚丧嫁娶与节庆活动的遗存，当时社会管理的机构、设施、器具等相关遗存、遗迹，以及记载与矿山和矿床的发现、勘查、开发有关的包括矿山沿革与矿山社会生活、人文文化、自然文化的文书实物与历史文献资料等。这些都构成了湘东钨矿的工业遗产。

一、采矿遗址

为了开采埋藏在地下的矿床，首先要进行开拓。开拓工程是从地面掘进一系列巷道和硐室与矿体相通，使之构成一个完整的提升、运输、通风、排水和供风、供水、供电系统，以便在矿床开采中为采准和回采工作创造必要的条件。为开拓矿床而掘进的井巷工程，称为开拓巷道。开拓巷道按其在开采矿床中所起的作用，可分为主要开拓巷道和辅助开拓巷道两类。

主要开拓巷道用于运输、提升矿石，如主要运输平确、提升竖井、提升斜井等。这些工程在地表有出口，使地表与矿床相沟通，起着主要开拓作用。主要开拓巷道是矿床通往地表的主要出口，任何类型的矿床开拓系统，都必须有主要开拓巷道。因此，在矿床开拓中，主要开拓巷道形成的地表出口，称为平巷或窿口，是金属矿采矿的主要遗址。

湘东钨矿在矿床开拓所进行的主要开拓巷道中形成的平巷或窿口遗址，均以海拔高度命名，主要有 515、719、414、409、290 等。

▲二九O平巷

▲409 平窿

▲290 窿口

▲414 平窿

二、选矿遗址

湘东钨矿的选矿工作，随着矿山的技术改造，由手选逐步发展为机选，工艺流程不断改进而日趋完善。1951年8月接管矿山时，作业分散，出矿不集中，粗选无固定地点，设备简陋，仅有竹筛、木桶，而且不分工种，混合作业，洗选附属于采矿，无统一的操作规程及洗选程序。为维持矿山生产，迫不得已沿用土法选矿，工效甚低，浪费很大。

1952年4月接收民窿，固定生产工人，始确定工种，采、选分开，成立洗选组。1953年划分粗选、精选，生产技术科和邓阜仙分矿南、北车间先后配备选矿干部三人，从事行政和技术管理工作。1954年上半年，主要窿口均修建洗选棚，部分矿石集中处理。下半年成立两个手选工段，新建手选厂五个，采用分级手选台，工艺流程比过去完善得多了。

1955年一季度，腰陂里新建50吨/日半机械化选厂正式投产，成立机选工段，属瓦子坪坑口领导。当时只有破碎设备，后增加整套重选设备，成为80吨/日机械化选厂，1956年3月投产，8月改为矿直属单位——第二选矿车间。1958年再次扩建，日处理能力达到125吨。至1963年，该厂投产九年，共处理出窿矿石322322吨，生产钨金属量533.53吨，按1957年不变价格计算，为国家创造财富300余万元。后因采矿中段下降，该厂于1964年停产拆除。在此之前，曾将1954年的手选废石，全部进行处理，回收有用金属。

1956年9月，由长沙有色冶金设计院设计，在矿区东部汉背建成250吨/日机械化选厂，命名为第一选矿车间。此后手选全部淘汰，机选能力达330吨/日（包括二车间）。1958年，汉背机选厂扩建为500吨/日，并新增精选工艺（包括磁选、浮选和细泥处埋），正式生产钨精矿出厂，不需将高锡钨运往外地加工。

▲选矿厂

三、冶炼遗址

湘东钨矿冶炼厂始建于1958年。1958年8月，党中央提出以钢为纲，大抓铜铝。9月，中共湖南省委分配湘东钨矿生产粗铜350吨，中共湘潭地委又增加100吨。为完成450吨粗铜生产任务，10月初，湘东钨矿立即筹建炼铜厂。全矿职工和家属自力更生，艰苦奋斗，仅用70天时间，就建成了一座年产4000吨粗铜的冶炼厂，进行火法炼铜。从10月至年底，职工利用业余时间检回的和组织二百多人下河洗出的铜砂，即达三百余吨。但由于仓促上马，技术落后，指标都达不到要求，效益较差，而技术好、设备先进的大炼铜厂却吃不饱，等米下锅。因此，经上级批准，炼铜厂于1959年8月停产下马。

为综合利用精选溢流沉砂中的有用金属，保护环境减少溢流污染危害，湘东钨矿于1974年初开始进行三氯化铁浸铜试验，在中南矿冶学院帮助下，年底完成了小型试验和部分试验室扩大试验，提出了试验报告。嗣后经湘潭地区计划委员会和冶金工业局批准，同意用三氯化铁浸出法综合利用钨矿精选溢流沉砂回收电铜、电铁，并投资120000元。因陋就简，随即建成了年产十吨电解铜的试验工程主体流程，1975年底进行半工业性试验，至1979年10月止，断断续续三年多，试产电解铜6.5吨，电解铁粉1.4吨。1976年下半年，根据湘潭地区革命委员会的指示，又拨款180000元，招收集体工人120名，兴建年产30吨电解铜的试验工程，对外称“湘潭地区湘东冶炼厂”，对内称“湘东钨矿冶炼车间”。按设计预算需资金57.8万元，除地区两次拨款30万元和本矿综合利用产品（三氧化钨）盈利留成10.3万元外，不足部分由本矿自筹。1977年动工，至1979年10月止，共兴建厂房及宿舍3572平方米，外购和自制设备41台，已用资金54.252万元。1976年二季度，湖南省冶金局指示，“全省各钨矿的难选低度钨都送交湘东钨矿处理”。因此进行扩建，投资额29.8万元，年处理能力扩大到600吨，年产三氧化钨80～90吨，正式成立冶炼车间。

▲冶炼厂

四、机修遗存

湘东钨矿机修工作，是随着矿山机械化程度不断提高而逐步发展的，是在“小而全”的指导方针下日臻完善的。1954 年三季度，为维修 50 吨 / 日半机械化选厂设备所需，在腰陂里安装了 C111 车床和钻床各一台，机修开创于此。1956 年，随着动力厂和 250 吨 / 日机械化选厂的投产，在汉背建立了修配工段，属选矿车间领导，业务属设备室指导，规模甚小，只有八呎皮带车床一台，C620 车床一台，牛头刨床一台，工人 42 人，负责全矿部分零件的制造，配件自给率在 10%左右。同时，将半节山坑口空压工段改为机械工段，负责井下风、水、电的供应和设备维修，一、二车间分别设立机修组，负责选厂日常的维修工作，从此全矿机修网初步形成。1958 年，修配工段扩大，1959 年初成立机修车间，当时有职工 239 人，其中学徒 174 人，但是设备简陋，只有一台 C620 车床，两台皮带车床，一台 B650 牛头刨床，一台立式 G25 钻床，一座一吨的冲天炉，年机修产量 44 吨，产值八万元。三年“大跃进”，配件供应关系全被破坏，配件来源中断，供应奇缺，矛盾的解决，唯有自力更生。于是自制 3 米土龙门刨床、土立式铣床、土落地车床，这些工作母机的制成投产，对培训技术力量、扩大配件品种起了一定作用。60 年代以后，机修车间的规模不断扩大。1961 年至 1966 年，增加了轻便龙门刨床、万能外圆磨床、万能升降台铣床、插床、空气锤等十台设备，而且学徒均已出师，技术水平不断提高，虽然人员逐步减少，1962 年减少为 143 人，1965 年减少为 101 人，产量产值却成倍上升，并试制成功 YT-25 风钻活塞，从此风钻配件逐步自给。1966 年，机修车间产量达 279 吨，比 1959 年提高 5.3 倍；产值 38 万元，比 1959 年提高 3.7 倍；配件自给率达 40%，其中凿岩机配件自给率达 70%以上，1968 年，机修车间与变电工段合并，成立机电车间。70 年代，随着井下机械化程度的提高，矿山设备增多，与此相适应，机修工作有较大发展。1971、1972 两年，自制车床、刨床、工具磨床、简易镗床、滚齿机、铸钢电炉、工频炉等 15 台设备，购入外圆磨床、内圆磨床，共有主要设备 34 台，基本成龙配套，并新增电镀、精密铸造、电弧炼钢等工艺，填补了缺门，机修能力提高 50% 以上。1973 年，机修产量高达 458 吨，创历史最高水平，比 1966 年提高 64%；产值达 79 万元，比 1966 年提高 108%；配件自给率达 70%。1980 年，机电车间拥有机修设备 46 台，占全矿机修设备的 76.7%，职工 240 人，其中机修工人 172 人，分车工、钳工、电工、木模、刨铣、磨工、锻工、铆焊、铸铁、精铸、热处理等 16 个班组，每天两班作业，生产能力为 360 吨，风钻零件全部自制，选矿配件除高锰钢件和大型铸件外都能自给，配件自给率达 75%，而且能制造成套矿山设备。

▲机修厂

五、管理与生活遗存

在计划经济时代，湘东钨矿与大多数国营厂矿一样，是采取厂矿办社会的模式，矿山包揽一切社会事务。除供销、邮政、食品供应由驻地茶陵县相关部门设立供销社、邮局、肉食站、湘运汽车站以外，矿山创办了医院、子弟学校、疗养所、俱乐部（电影院）等大部分社会事业，遗存了一批小而全的生活与管理遗产。

（一）湘东钨矿矿部

湘东钨矿矿部是一幢典型的苏式建筑，因为是红砖建筑的，当地人们习惯叫它“红楼”。建于20世纪50年代，是援华的苏联专家按照苏式风格设计而成的，占地面积约800平方米，共两层，属于半砖木结构。湘东钨矿党委、矿部及机关各科室均在此楼办公，现为株洲市市级文物保护单位。

▲矿部全景

（二）湘东钨矿职工子弟学校

湘东钨矿职工子弟学校创办于1956年下半年。当时，矿山技术改造即将完成，生产逐年发展，职工家属来矿居住者日益增多，子弟读书问题务必解决。因此，党委决定在半截山地区开办子弟小学，设初小班级，招收7至10岁儿童入学，规模很小，仅3个教员，几十个学生。同时，在汉背地区兴建两栋校舍，计501平方米，并购置课桌椅等学校用具，交给茶陵县教育部门，由县派3位教员，开办汉背小学。1958年下半年，矿接管汉背小学，改为湘东钨矿职工子弟学校，半截山设分校。为满足职工子弟入学的要求，学校规模逐年扩大。1959年增设高小班，1967年创办初中，1970年开办高中。此后职工子弟7岁入学到高中毕业，可以不离开矿山，这方便了职工群众，有利于提高青少年一代的文化科学水平。

▲湘东钨矿职工子弟学校

▲湘东冶金技工学校校门

▲湘东冶金技工学校学生证

（三）湘东冶金技工学校

▲湘东冶金技工学校毕业证

1960 年 4 月，根据湖南有色局的指示，筹办湘东冶金技工学校，经费由上级拨款，工作人员由矿调配代管。随即招收本矿职工子弟和家属 30 余人为学员，进行劳动建校，将原炼铜厂改造为校舍，并开垦大量荒地种蔬菜。下半年从桃源县招收一批高小文化程度的农村青年入校，学制三年，分采矿、选矿、车工、钳工、电工五个班。1961 年，桃林、株冶、桂阳三个冶金技校相继撤销，转来学员 100 余人。至此，全校共有学员 300 人。

1962 年，中央提出精减人员，下放职工，湖南有色局决定保留湘东冶金技工学校，不予精减下放。当时处于困难时期，生活物资供应非常紧张，技校学员无供应指标，只好从分配给全矿职工的指标中抽出一部分给技校，矿党委对此有意见，不愿把技校继续办下去。湖南有色局鉴于此，便决定将湘东技校迁往衡阳市，与衡阳钢校合并。但是，湘东技校负责人不同意迁衡阳市，坚持要办在矿山。党委不同意办，校负责人不肯迁，逼得湖南有色局无可奈何，一声令下“解散”，工作人员由本矿分配工作，学员下放回家。1979 年，为解决职工子女就业问题，曾多次申请恢复湘东冶金技工学校。后经省冶金局同意，省劳动局批准，下半年恢复湘东冶金技工学校。利用高陇疗养所的房屋为校舍，并新建了三层教学大楼一栋，学制两年，招收学员 149 人，均系高、初中文化程度的城镇青年，其中本矿职工子女占 73%，计 109 人。分液压、采矿、通风、选矿四个班。1980 年又招收 101 人，其中本矿职工子女占 82%，计 83 人。分采、选两个班。至 1990 年，技校共学员 250 人，工作人员 43 人，两年开支 219100 元，列入营业外项目。

（四）湘东钨矿职工医院

湘东钨矿职工医院的前身是1951年10月设立的职工保健站。职工保健站有医师、药剂士各1人，配有一般常用药品，对矿山职工和民窿工人实行免费治疗。1953年成立卫生所，设病床6张，有工作人员12人，其中医务人员7人。并在瓦子坪设保健站，配医师、助产士、药剂士各1人。按照职工要求，发挥祖国医学传统，1956年增设中医、中药。随着生产建设的发展，职工人数增多，医疗事业逐步扩大，1958年卫生所工作人员增加到37人，病床20多张，添置X光机和化验等设施。1961年病床增加到40张，同时，抽调老工人中的草药医生到卫生所工作，利用草药治疗一般跌打损伤和虫蛇咬伤，疗效较好。1963年2月，经湖南省有色局批准，职工保健站更名为湘东钨矿职工医院。由于院址处于偏僻山坡，道路崎岖，不通汽车，抢救伤病员甚感不便，因此，1966年下半年迁于马路附近。职工医院最盛时有病床100张，工作人员75人，分门诊、住院两部。门诊部设西医内科、外科、妇产科、放射科、理疗科和中医，分早、中两班看病；住院部分内科、外科、传染科和妇产科，每日三班都有医生、护士值班。为方便职工看病，在半截山设保健站，在四工区、515工业广场和冶炼车间分别设医疗点，使患病职工可就近治疗。

▲湘东钨矿职工医院门诊部

（五）湘东钨矿工人俱乐部

俱乐部始建于20世纪50年代初矿开发时期，俱乐部三个大字由最年轻的地质技术员蒋远志书写，一直保留至今。它是湘东钨矿的文化中心。俱乐部设计采用当时比较先进的苏式风格，可容纳500人以上，有影院、文艺演艺功能，也是矿里大型会议举办地。俱乐部也是全矿区广播的播放中心，矿区广播延伸到了矿山的每个角落，每天早中晚定期播音，转播中央广播电台的新闻联播及世界各地重要新闻，播放矿区生产、生活中发生的真人真事、好人好事，播放矿山新闻、资讯、政策，插播经典曲艺、音乐。这丰富了矿山人的生活，一定程度造就了矿山人乐观、进取、坚忍、奋发的品质，塑造了矿山人重情重义、友爱团结的集体主义精神。

▲俱乐部

为了满足职工群众看电影的需要，20 世纪 70 年代后期，矿党委组织职工家属自力更生新建汉背露天电影场，同时还建有蘑菇亭、水磨石桌凳，是职工家属散步、休息、乘凉、锻炼身体的好场所。

▲汉背露天电影场

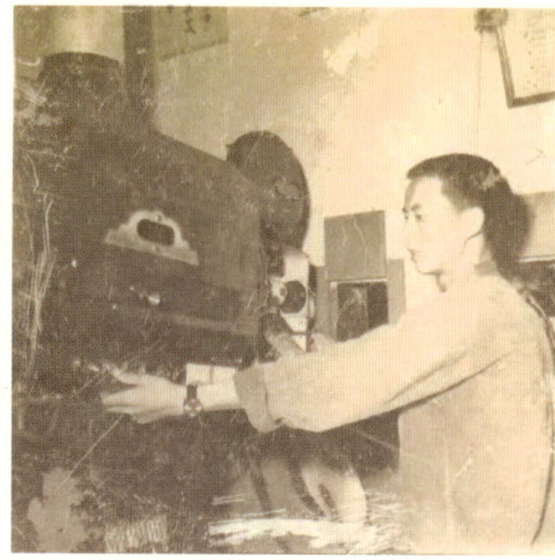

▲师傅正在放电影

▲九公里矿工公墓（李陵湘 / 摄）

（六）矿工公墓——九公里

九公里，是湘东钨矿矿工公墓的简称，因位于 322 国道古城站至湘东钨矿矿区公路九公里处而得名。此处距矿本部约三公里。建矿初期，由于机械化程度不高，井下作业粉尘多，职工多罹患职业病——矽肺病[1]。故井下工人因病逝世较多，病逝后集中葬于此。久之便形成了湘东钨矿职工公墓。

[1] 矽肺病为硅肺病的旧称。为保留相关史料原貌、体现时代特征，本书均使用旧称，如“矽肺”“矽肺二期”“矽肺三期”“矽肺病”。

第三章　湘东钨矿技术工艺

湘东钨矿位于湖南省茶陵县北东部，迄今已有 70 多年的工业开采历史。矿区内地层简单，仅在北东部出露有二叠系和泥盆系的沉积岩或碳酸盐岩，并遭受热接触变质作用。第四系沉积物沿河道分布。矿区内出露有邓阜仙岩体的全部三期花岗岩，其中与成矿作用关系最密切的被普遍认为是第二期，即燕山早期花岗岩。湘东钨矿属于典型的石英脉状钨矿床，矿区内含矿石英脉有上百条，具开采价值的有数十条，主要分布在矿区的中南部及北西端。矿脉在空间上分布并不均匀，而是自北向南集中成四组，即北组脉、中组脉、南组脉和南南组脉。湘东钨矿的地质特征决定了它的采矿、选矿和冶炼技术与工艺。

一、采矿技术

根据我国长期以来开采的钨矿床赋存形态、产出地形和位遥，钨矿床绝大部分在地平面以上，因此开拓这部分，几乎全采用平窿与溜矿井的开拓方法。此较大型的矿，采用主平窿、辅助竖井及若干溜矿井开拓方法。深部开拓，以竖井开拓方法为最多，亦有采用斜井开拓的。目前脉状钨矿床的开采，是以单一矿脉为主，细脉带虽进行开采，但为数不多。开采方法，有窿采及露采两种。窿内开采，目前采用的采矿方法，有留矿采矿法、支柱采矿法、充填采矿法、下向阶段法及小中段等采矿法，其中以留矿采矿法采用最广。湘东钨矿属于典型的燕山早期花岗岩石英脉状钨矿床，因此采取窿内开采，主要采矿方法是支柱采矿法、留矿采矿法、分层崩落法和充填采矿法。

▲风钻工正在井下作业

（一）支柱采矿法

支柱采矿法即在围岩不稳固的情况下，用较规则的支柱架设支撑采口区，并在支撑上铺设工作台板。湘东钨矿矿岩极不稳固和极不稳固类型的矿块，曾广泛采用过本方法。因支柱结构类似坑道的棚子，棚子中再予加固，故得名为加固棚子支柱法。采区结构及回采做法：采区长 50 米，高 50 米，两端各掘有 3 米 ×1.2 米的先进天井，留顶底柱各 3 ～ 4 米，底部每隔 6 ～ 8 米掘 2 米 ×1.2 米的漏斗。底柱上部掘 2 米 ×1.4 米砂巷，砂巷内架设加固棚子，天井两侧留一线 2 米 ×4 米的壁柱，并有 2 米 ×1.2 米的联络道通往采区。回采由砂巷向上分梯段进行，爆破出矿后，沿走向每隔 0.8 ～ 1 米架设四皮棚子，每支四至五架棚子，即用四根长 4 ～ 5 米，直径 15 ～ 16 公分的圆木置于棚子四角，用横贯木及立柱支撑加固。为防止片帮冒顶，围岩不稳固处，上下盘需用半圆木顶住两旁，采下矿石通过用木板钉设溜矿板及矿石溜子从斗口放出。其余工艺与其他采矿方法基本相同。

优点：在矿岩极不稳固的条件下，可以立即支护控制片帮冒顶；利于控制采幅，贫化率较低。

缺点：坑木消耗过大；采矿强度大及劳动生产率低；施工速度慢，不能发挥凿岩作业效率，不适合机械化开采；矿块昼夜生产能力低，不能满足生产要求；回采率低，粉矿多损失在支柱间隙中；采准工作量大；成本高。

（二）留矿采矿法

凡自下而上进行回采，把采下来的矿石利用矿石自重定期放出 30%～ 40%，其余暂时留存在采空区中，这种采矿法叫作留矿采矿法。此法要点是由下向上回采，将采下的一部分矿石暂时留贮在采场内，只将 30%～ 40%矿石放出，一直采到顶柱为止，将采矿场采完后，即进行大量放矿。此法及其变形方案，在本矿采矿方法中占有很大的比重，曾广泛地应用于各矿脉，生产工艺简单，劳动生产率高。

1. 采区构成要素

采区长度 50 ～ 100 米，平均采幅 1.4 米，除通风井巷及低品位地段外，一般不留顶、底、壁柱。天井布置方式有三种形式：两端先进天井，采区较长时，中间架设一至二个顺路井；一端先进天井，一端顺路井，采区长度超过 60 米时，增设中央顺路井；中央先进天井，两端各一个顺路井。有的采场则利用相邻已采区的顺路井作先进天井。

2. 切割、回采工艺

底部结构有不留底柱的和留底柱的两种。不留底柱的，有平顶木材假巷漏斗结构、三角形假底结构及混凝土假巷木漏斗结构、块石砌三角假底无漏斗结构。留底柱者，从沿脉平巷向上掘漏斗，规格 1.8 米 ×1.5 米，从第二层起向两侧刷大喇叭口，共上掘三层，第一、二层及第三层的掏槽眼崩下矿石用装岩机装运，随后钉斗放第三层帮炮，再在天井内 3 ～ 5 米高处沿脉拉砂巷，贯穿各漏斗。砂巷高 2 米，宽 1.4 ～ 1.6 米，漏斗间距 4 ～ 4.5 米。

木材假底切割，自平巷向上挑顶两层，高度 2.5 米，第一层爆破后，打第二层炮眼，而后出矿，再抬楼和钉木漏斗口，漏斗间距 3 ～ 3.5 米。第二层爆破、出矿、平场后，即完成切割工作。

混凝土假底切割，挑顶总高度 4 米，出矿后，架设金属模架、模板，先浇灌两墙，而后装拱顶模板，轧钢筋，浇灌拱顶。两墙一般不布筋，拱顶按 200 毫米 ×200 毫米网度布筋，主筋直径 12 ～ 14 毫米，副筋直径 6 毫米。假巷净断面 2.2 米 ×（1.8 ～ 2）米（高 × 宽），拱顶厚 500 ～ 800 毫米，混凝土配比为 1 ∶ 2 ∶ 4，水灰比 3 ∶ 5 ～ 4 ∶ 5。人工搅拌，风动绞车提料。

采用直线工作面回采，用 01-43、01-45 及 YSP-45 型钻机向上打眼，眼深 1.4 ～ 1.6 米，每分层上采高度 1.2 ～ 1.4 米，用自制铵松蜡炸药，土引串联火雷管起爆。每个采场三台钻（稳固类型两台），每昼夜三班作业，一个循环，即一班凿岩、支柱，一班爆破、通风，一班松石、出矿、平场。

顺路井随回采工作面上升，每 1.2 ～ 1.4 米支一架井框，长 2 米或 3 米（有提升格），宽度不小于 1.4 米。采矿支护根据矿岩稳固情况而定，稳固类型不支护，即普通留矿法；中等稳固类型用横撑及丛柱支护，叫作横撑、丛柱支护留矿法；不稳固类型用井框或垛积井框支护，则叫井框、垛积井框支护留矿法。

（三）分层崩落法

分层崩落法多用于矿岩极不稳固的急倾斜中厚和厚矿床中，薄矿脉中则很少运用。为了解决本矿 10 号脉矿岩极不稳固的采矿方法问题，曾在 1958 年进行过试验。试验矿块长 36 米，高 32 米，矿脉倾角 70 度左右，平均脉宽 1.13 米，矿脉有分枝、复合、尖灭交替等现象，脉石性脆，围岩破碎，极不稳固。采区两端各有一个 3 米 ×1.2 米规格的先进天井，井内分人行和放矿两格。回采前先造假顶，其结构是最下一层为直径 20 公分，长 5 米，采用 12 号铅丝扭结的地梁交叉铺于进路底板，其上盖一层用 14 号铅丝编织的竹筏，竹筏上堆一公尺厚废木，上部用废石充填，回采工作从上部开始，由两端天井向采区中央用 01-30 钻机、气腿子和 BK-12、Φ=40 ～ 42 毫米的一字形硬质合金钎头打眼，对拉进路；进路的断面为 2.4 米 ×1.6 米，爆破后，矿石用人力挑运至天井溜矿斗内，进路内采用碗口接榫的棚子支柱，棚子间距 0.8 ～ 1.0 米。采完一个分层后，进行回柱和放顶，支柱回收率达 75%，放顶前在棚腿及横梁上用一吋手摇钻钻孔，装上直径 25 毫米、长 100 毫米、重 50 克的小药包用电雷管爆破，炸断棚子，放落假顶。放顶工作一般尚顺利，并无悬顶突然崩落等不良现象。采矿队由三个凿岩工、三个爆破工、三个支柱工、六个运工组成，七至八天采完一个分层。

1964 年至 1972 年曾推广应用于六、七中段 10 号脉，七、八中段的 5 脉和东 6 脉等围岩极不稳固的矿块，采区长度改为 100 米，回采进路长 22 ～ 25 米，天井规格为 4.4 米，两个放矿格，一个提升格，利用风动绞车提升材料，用 13 及 14 千瓦的电耙出矿，假顶材料改用杂木及茅柴。因此，提高了采矿工效，降低了作业成本，改善了劳动条件，在保证安全生产、降低贫化损失方面，显示了一定的优越性。

（四）充填采矿法

为了有效地回采南组脉主要井洞的保安矿块和 6 号线以东地压活动区及近距离平行脉，从 1973 年起湘东钨矿试验和推广了水平分层胶结充填法和水平分层干式充填法（胶结底板和两侧）。

1. 采区构成要素

采区长一般为 150 ～ 200 米，高 50 米，采幅 1.4 ～ 1.6 米，一般不留顶、底、壁柱。沿走向长每 50 ～ 60 米掘有先进天井，作充填下料井。

一个长采区一般布置了三个充填井，四个顺路井，两者交错布置，相距 25 ～ 30 米，最大不超过 35 米。

2. 切割、回采工艺

采区底部用混凝土发拱，做法与留矿法底部发拱相似，仅顺路井口预留 5.5 米长不发拱，顺路井长 5.5 米，宽 1.4 ～ 1.6 米，中间为人行及电耙钢绳格，两侧为放矿格。

胶结充填回采工作自下而上水平分层进行，矿岩稳固者，两采一充（采两层充一次），矿岩不稳固者，一采一充。分层高度 1.3 米左右。

凿岩、爆破与浅孔留矿法同，胶结充填的作业顺序是：打眼—扒矿、清扫粉矿—支顺路井、密闭—充填—干固—爆破—松石、平场。干式充填的作业顺序是：打眼—扒矿、清扫粉矿—支顺路井、密闭—充填废石—胶结底板及顺路井两侧隔墙—干固—爆破—松石、平场。

采场耙矿及充填料的耙平用 14 千瓦电耙，绞车安在顺路井内平台上，每上采二至三个分层上移一次。充填料由水泥、山砂及 13 ～ 15 毫米的废石组成。混凝土配比（重量比）为1 ： 4.5 ： 7.5，标号 75 左右。充填时，先将干料按配比卸入配料斗，再将水泥卸入搅拌槽，加水搅拌成水泥浆，流入配料斗，然后开斗放料，直接充入采场，用电耙在采场来回搅拌，填平采场。

干式充填的回采工艺与胶结充填基本相同，区别在于以干料为主，胶结料为辅。充填时，先充入干料（13 ～ 50 毫米废石及山砂），后胶结底板（0.3 米厚）及顺路井隔墙。这种包饺子式的干式充填方法，简化了单纯干式充填法砌隔墙、铺垫板等复杂工艺，对提高充填效率和充填质量、减少采下损失起了很大作用。

二、选矿工艺

钨的选矿是根据钨矿物种类、品、浸染程度等矿石特性及伴生矿物组成情况，采用不同的选矿方法和工艺流程得出适于冶金需要的钨精矿及一些伴生矿物精矿。重选、浮选、抬浮脱硫、磁选、电选、焙烧以及化学处理等方法在钨的选矿中都需要综合地采用，以达到综合利用矿石的目的。由于黑钨矿具有密度高、浸染粒度又多较粗大和性脆等特点，所以重力选矿是处理黑钨矿石的常用且最有效的方法。通常分粗选和精选两部分。选前常采用预选。粗选几乎都采用阶段磨矿、多段重选流程，精选常采用重选、浮选、磁选、电选以及焙烧挥发、浸出等选矿方法的联合流程。在重选过程中的矿泥，可采用重选、浮选、磁选或联合的选矿方法得出较低品位的粗精矿。在处理黑钨矿泥所产出的一些低品位钨精矿和在精选加工中产生的一些不宜于继续用机械选矿方法处理的中矿时，可用化学方法处理生产三氧化钨、偏钨酸铵、仲钨酸铵等产品。

▲选矿车间皮带班女工手拣废石

湘东钨矿的选矿工作，随着矿山的技术改造，由手选逐步发展为机选，工艺流程不断改进而日趋完善。1951 年 8 月接管矿山时，作业分散，出矿不集中，粗选无固定地点，设备简陋，仅有竹筛、木桶，而且不分工种，混合作业，洗选附属于采矿，无统一的操作规程及洗选程序。为维持矿山生产，迫不得已沿用土法选矿，工效甚低，浪费很大。1952 年 4 月接收民窿，固定生产工人，始确定工种，采、选分开，成立洗选组。1953 年划分粗选、精选。1954 年上半年，主要窿口均修建洗选棚，部分矿石集中处理。下半年成立两个手选工段，新建手选厂五个，采用分级手选台，工艺流程比过去完善得多了。1955 年一季度，腰陂里新建 50 吨 / 日半机械化选厂正式投产，成立机选工段，增加整套重选设备，成为 80 吨 / 日机械化选厂，1956 年 3 月投产，8 月改为矿直属单位——第二选矿车间。1958 年再次进行扩建，日处理能力达到 125 吨。至 1963 年，该厂投产 9 年，共处理出窿矿石 322322 吨，生产钨金属量 533.53 吨，按 1957 年不变价格计算，为国家创造财富 300 余万元。后因采矿中段下降，该厂于 1964 年停产拆除。1956 年 9 月，由长沙有色冶金设计院设计，在矿区东部汉背建成 250 吨 / 日机械化选厂，命名为第一选矿车间。此后手选全部淘汰，机选能力达 330 吨 / 日（包括二车间）。1958 年，汉背机选厂扩建为 500 吨 / 日，并新增精选工艺（包括磁选、浮选和细泥处理），正式生产钨精矿出厂，不需将高锡钨运往外地加工。1959 年 719 窿口粗选厂增加手拣皮带，使处理能力扩大至 600 吨 / 日，废石率从 23%上升到 42%左右。1964 年 515 窿口新建 800 吨 / 日粗选厂投产后，719 窿口老粗选厂随即停产，索道拆除，矿石从 515 平窿用电机车运到粗矿仓。1970 年重介质选矿投产，粗选能力提高到 1000 吨 / 日。1973 年利用难选低度钨生产三氧化钨水冶系统建成，从此选矿流程和工艺经过多年改进而完善了，成为具有手选、重介质选、重选、浮选、磁选、细泥回收、焙烧、水冶等联合流程的中型选矿厂，产出黑白钨精矿、铜精矿、锡精矿、三氧化钨等产品，钨精矿一级品率已达 100%，钨选矿回收率达到 85%左右。根据湘东钨矿原矿性质，其选矿工艺及流程如下：

（一）碎矿流程

本矿原设计流程，没有粗选丢废作业，出窿矿大块手碎后，经索道运至重选进行碎矿，采用两段开路碎矿流程。第一段用 250×500 老虎口碎至 -40 毫米；第二段用 355×685 对辊机碎至 -20 毫米进重选。为了扩大处理能力，提高入选品位，1956 年采用扒栏丢废（+150 毫米），1959 年增加 +50 毫米的皮带手选作业，碎矿流程和能力未变，日处理能力扩大至 600 吨。1964 年，由于采矿中段下降，719 老粗选厂停产，在 515 窿口新建日处理能力 800 吨的粗选厂投产，采用三级正手选（+100 毫米、+60 毫米、+25 毫米），两段两闭路碎矿流程。第一段采用 250×500 老虎口一台闭路碎至 -25 毫米；第二段采用 355×685 对辊机二台闭路碎至 -13 毫米。废石率保持在 45%～50%。1966 年开始进行重介质旋流器选矿试验。1969 年起为适应重介质选矿，结合扩大处理能力，逐步增加碎矿设备，完善碎矿流程。1970 年 4 月重介质选矿正式投产。目前已采用手选加重介质选矿的丢废方式，基本形成四段两闭路的碎矿流程，日处理能力已达 1000 吨。第一段采用 600×900 老虎口一台开路碎至 -150 毫米，手选出大部分废石；第二段采用 250×500 老虎口一台闭路碎至 - 60 毫米；第三、四段采用两台 Φ1200 圆锥破碎机分别作中细碎，闭路碎至 -13 毫米，进重介质旋流器丢废，产出合格矿石进重选。为提高选矿回收率，在手选废石的同时，选出富块矿，采用跳汰、摇床单独加工，产出块钨送磁选加工处理。

（二）重选工艺流程

原设计流程为一段闭路磨矿，两级跳汰，三级淘洗，产出含三氧化钨 16% 的混合毛精矿，回收率 85%。1959 年投产后，回收率较低。为了扩大处理能力，提高回收率，1958 年改一段闭路磨矿为二段开路磨矿并新增摇床，处理能力提高至 360 吨 / 日左右，回收率达到 86% 左右。1964 年随着粗选改为两段闭路碎矿，重选改二段开路磨矿为两段闭路磨矿，水力分级机前加跳汰并逐步增加摇床，调整设备，基本形成三级跳汰、五级淘洗选别流程，处理能力达到 450 ～ 500 吨 / 日，回收率提高到 91%～ 93%。

为加强铜金属的回收，1958 年开始进行重尾磨矿浮铜，后因电力紧张，开开停停，未正常生产。1966 年后，两台球磨正常投产，基本形成 380 吨 / 日的浮铜能力，铜回收率较投产前提高 10% 左右。1975 年为了适应北组脉出矿，并利用重尾已磨矿浮铜的有利条件，新增重尾浮钨作业，使重选作业回收率提高约 0.5%。

（三）精选工艺流程

原设计没有精选作业，产出混合毛精矿。1958 年自行设计，建成精选工段投产，分别采用抬浮（粗粒）和浮选（细粒）脱铜，磁选产出黑钨精矿；用抬浮（粗粒）和浮选（细粒）分离白钨精矿和锡精矿。由于矿石性质复杂，流程不够完善，只能生产老三级品。为了提高钨精矿的产品质量，1961 年在湖南冶金研究所的支持下，进行精选流程改进试验，于 1963 年投产。改进主要内容是重选跳汰精矿；破碎分级抬浮脱铜；磁选调整流程，-80 目部分由先磁后浮改为先浮后磁；并增加氧化焙烧作业。通过上述改进，钨产品质量显著提高，消灭了老三级品，并产出部分一级品。1965 年起，为适应冶金部新颁布的钨精矿质量标准，在湖南冶金研究所的协助下，又一次进行提高产品质量的试验工作，主要内容是增加氧化焙烧和酸浸除铜作业，强化磁选。1966 年投产后产品全部达到新标准二级品，并产出 16%以上的一级品。此后由于各方面的情况，钨一级品率长期徘徊在 10%～40%。1977 年以来，再次改进精选工艺。粗粒级（+60 目）磁选黑钨，采用抬浮强化脱铜；细粒级（-80 目）由浮铜—浮白钨—磁选流程，改为浮铜—磁选—摇床—浮白钨流程，1977 年投产。至 1978 年钨一级品率已达 100%，同时锡精矿品位也大幅度提高（由 40%提高到 60%）。为了减少溢流损失，提高金属回收率，净化溢流水，1978 年 10 月新装了 Φ418 米浓密机，处理精选溢流水，投产后溢流水基本澄清，返回使用，沉砂送水冶生产三氧化钨。为了充分利用本矿精选作业中产生的难选低度钨，1973 年基本建成利用难选低度钨生产三氧化钨的水冶系统。1990 年已建成 600 吨的年处理能力，可产三氧化钨 80 ～ 90 吨。

（四）细泥工艺流程

1963 年以前，粗选处理能力较低，脱泥条件差，没有浓密设备，仅用六槽浮选机浮铜，五台 6-S 型摇床选别。细泥流程，极为简单，处理能力小，回收率很低。1964 年新建粗选厂投产，处理能力加大，脱泥条件改善，新装了 Φ12 米浓密机，浓缩粗选矿泥。同时，新增了匀分槽，喷水长槽，使细泥处理能力和回收率得到提高，但精矿品位却有所降低。1965 年以后，推广弹簧摇床，精矿品位显著提高，回收率也有所提高。1970 年以后，为适应粗选处理能力，逐渐增加了弹簧摇床，完善了选别流程。1990 年共有弹簧摇床 20 台，处理能力已达 50 ～ 75 吨 / 日，精矿品位稳定在 50%左右，回收率 45%左右。

（五）精矿脱水流程

原设计所产高锡钨，粒度较粗（-13 毫米），采用沉淀池脱水，铁板烘干。所产铜精矿，由于粒度较粗（大部分 +60 目）也采用沉淀池脱水，铁板烘干出厂。1965 年精选流程改进后，铜精矿粒度变细，原有脱水流程已不适应，故改为浓密机（Φ3.6 米）——过滤机（5 平方米）脱水。为了改善劳动条件，1970 年自制圆筒间接加热干燥机，代替铁板干燥，实现干燥作业机械化。

三、冶炼工艺

由于钨矿石性脆，加之本矿矿石性质比较复杂，因而在精选过程中产生了一部分含钨比较低、含杂质高、粒度极细的矿泥（简称“难选低度钨”），其粒度 -200 目的占 85％～ 90％，主要成分除钨（占 14％～ 20％），还包含铜、锡、硫、砷、二氧化硅、磷、锰、钙。这些极细的矿泥，用现行选矿工艺处理，回收率很低，大部分金属随水流失，不仅浪费资源，而且污染水源。为回收难选低度钨，湘东钨矿于 1971 年首先进行苏打烧结法生产三氧化钨的试验，由于采用反射炉烧结，劳动条件差，回收率甚低。为改变这种状况，提高回收率，改善劳动条件，于 1973 年 7 月采用烧碱浸出法处理难选低度钨生产三氧化钨的试验，效益较好，10 月间建成年处理能力 300 吨的水冶系统，划归选矿车间三工段管理。1976 年第二季度，省冶金局指示，“全省各钨矿的难选低度钨都送交湘东钨矿处理”。因此进行扩建，投资额 29.8 万元，年处理能力扩大到 600 吨，年产三氧化钨 80 ～ 90 吨，正式成立冶炼车间。从 1974 年至 1980 年，共处理低度钨 2255 吨，生产工业纯三氧化钨 363.8 吨，产值达 727.6 万元，水冶回收率已达 80％。水冶系统建成后，过去难于处理的低度钨得到了利用，这是一种变废为宝，化害为利，综合利用矿产资源的有效途径。

20 世纪 80 年代以来，湘东钨矿冶炼经过更新技术，扩建改造，发展较快，产量不断提高，品种不断增加，质量有新的突破。至 90 年代初，冶炼生产能力达到年产仲钨酸铵 800 吨，与 80 年代初期比较，翻了两番。品种有三氧化钨、仲钨酸铵、钨酸钠和蓝钨等。1992 年，冶炼车间改为冶炼厂。1994 年，为适应市场对钨产品的需求，湘东钨矿决定组建仲钨酸铵产量 500 吨 / 年的冶炼二厂，投资 195 万元，利用原茶皂素厂房及部分设备进行改建，从设计施工到建成投产只花 3 个月时间，1995 年 1 至 5 月进行调试，6 月正式生产。原冶炼厂改为冶炼一厂。

湘东钨矿冶炼以钨细泥为主要原料。20 世纪 70 年代初建厂时，采用经典方法生产工业纯三氧化钨。70 年代末，引进离子交换技术形成两个生产系统。80 年代中期，开始使用部分黑钨精矿作原料。1990 年引进热碱球磨技术，建成一条独立处理黑钨精矿的仲钨酸铵（APT）零级品生产线。1995 年初，冶炼二厂以白钨精矿为原料的生产线建成投产。至此，矿山水冶方法基本齐全。

（一）水冶难选低度钨生产三氧化钨

生产原则流程是：先将结晶母液按一定的固液比加入浸出槽，再按原矿品位加入适量固碱，然后加入原矿，蒸汽间接加温沸腾浸出 8 小时后，稀释澄清，虹吸上清液，浸渣洗涤两次，过压滤机过滤，滤渣待回收其他金属；浸出液进行浓缩至比重 1.45 以上时，让其自行冷却使钨酸钠结晶，结晶母液返回浸矿，其结晶体加水加热溶解沸腾后，加入稀盐酸中和至一定碱度，再加入氯化镁溶液，继续搅拌加热，沸腾 1 小时，净后液进行压滤和洗涤，洗液返回作溶解钨酸钠结晶体用；将净化后的钨酸钠溶液输送至合成槽中，加入硫化钠溶液进行除钼，再用盐酸中和，然后加温到 80 ℃以上，随即加入氯化钙溶液，生成钨酸钙沉淀（即人造白钨），大部分钼生成硫代钼酸钠，留于母液中，用软化水洗涤三次，除去大部分硫酸盐、氯化钠、砷酸盐等杂质；其人造白钨，加入工业盐酸，直接加温至 80 ℃以上，加硝酸铵搅拌，加硝石，沸腾半小时进行酸分解，分解生成钨酸，在吸滤器酸选一次，再用 90 ℃软化水抽滤淋洗至钨酸中 pH 为 5 止；合格钨酸放入耐火砖电热风箱内，以 300 ～ 400 ℃温度干燥，然后经 800 ～ 850 ℃煅烧成三氧化钨产品。

但上述钨水冶处理工艺，一般只能生产工业纯三氧化钨（含三氧化钨 99.5%），还不能适应国际市场销售的要求，且酸分解作业劳动条件差，环境污染严重。为了提高产品质量，生产化学纯三氧化钨（含三氧化钨 99.95%），打入国际市场，同时改善劳动条件，消除酸雾对环境的污染，1979 年，湘东钨矿进行了离子交换工艺取代净化，合成白钨。白钨分解等作业工序的小型试验和半工业性扩大试验，获得较好的成果，并应用于生产，不仅产量稳定，质量达到化学纯（含三氧化钨 99.95%），而且劳动条件也有所改善。

（二）黑钨精矿生产线

将黑钨精矿和固碱按工艺要求加入到热碱球磨机内，然后送电升温到规定温度，保温两小时后，将热碱球磨机内的矿浆排到稀释槽内，用板框压滤机将钨酸钠溶液和渣分离，渣弃去，钨酸钠溶液配制成一定浓度交前液，并进行第二次过滤，然后进行离子交换和结晶而制成仲钨酸铵。

（三）钨细泥生产线

将钨细泥计量加入到调浆槽内调浆，用振动球磨机磨矿待用。向常压浸出槽中加入NaOH溶液，升温，然后将磨好的矿浆缓慢加入浸出槽中浸出。浸出好后的矿浆加压滤洗涤水稀释到适当的浓度再压滤，并用水洗涤滤渣。洗水送到浸出岗位，渣弃去，滤液即钨酸钠溶液送到浓缩结晶槽进行浓缩。当母液浓缩到规定要求时，停止浓缩，抽出母液送到浸出工序，配制NaOH溶液回收NaOH。钨酸钠晶体用水洗涤数次后，用水溶解并过滤。滤液配制成交前液，进行离子交换和结晶制成仲钨酸铵。

精矿和细泥的交前液从进入离子交换开始，其工艺都是相同的。交前液送入离子交换柱交换，然后用淋洗剂淋洗除杂，用软化水正反洗并洗到规定的pH值，再用解吸剂解吸。后段液和始出液及洗水返回使用，而高峰液送入结晶槽结晶。根据用户要求，改变工艺条件，可以生产中、粗颗粒APT。用远红外线干燥机干燥APT。需要生产三氧化钨则送煅烧炉煅烧。需要生产蓝钨则送蓝钨炉煅烧。各种产品分别经掺和机掺和，用振动筛过筛并包装，经计量取样检验合格后出厂。

（四）白钨精矿生产线

冶炼二厂采用白钨精矿酸法冶炼生产仲钨酸铵。将白钨精矿用振球磨机磨矿，调好浆待用。按白钨精矿中的钨金属量计算出HCl量加入酸分解槽内，直接加温，缓慢向酸分解槽中加入调制好的矿浆，继续加温到100 ℃，加入适量的氧化剂，再升温到规定的温度保温，过滤，将废酸母液抽干后用热软化水将酸洗涤干净，然后废酸和洗水排至废酸池沉淀处理后再外排。钨酸调好浆后，升温，向氨溶槽内加入适量的氨水，再缓慢地向氨溶槽内加入钨酸浆，并按要求保温、搅拌后按工艺要求进行深度净化。氨溶净化完毕后，过滤。氨溶渣洗涤两次后回收送冶炼一厂。钨酸铵溶液进行二次过滤，二次滤液送结晶槽结晶出APT，再过滤，并用软化水将APT洗涤，母液和洗水进行二次结晶后，按白钨合成工序合成白钨，白钨再返回酸分解。APT产品进行干燥。产品出厂前配比掺和，过筛装桶。

（五）技术改进与发明

湘东钨矿冶炼是依靠科学技术不断进行改造而逐步发展起的。1979年，冶炼用离子交换法替代水冶经典工艺，生产流程缩短，回收率和质量有较大幅度的提高，但由于工艺不完善，各项经济技术指标不够稳定。1982 年，湘东钨矿与湖南冶金研究所合作，研究试验“钨细常压碱浸离子交换法”工艺流程取得成功，改变了过去只能生产工业纯三氧化钨（含量 99.5%）的状况，能够稳定地生产化学纯三氧化钨（含量 99.95%），各项生产指标都上了一个台阶。此项目获湖南省科技进步三等奖，有色金属工业总公司科技成果三等奖。

1984 年，长沙公司决定将全省钨矿山的难选低度钨集中到本矿冶炼厂进行处理，以提高钨矿资源的综合利用，又与湖南冶金研究所合作，进行全省钨细泥水冶工业试验，于年底取得成功，荣获有色总公司科技成果三等奖。通过这次试验，冶炼工艺更加完善，技术更加成熟。由于能适应处理全省钨矿山的钨细泥，扩大了原料来源，生产成本下降，经济效益提高。1986 年，冶炼厂进行扩建改造，年产三氧化钨能力由 200 吨提高到 400 吨，翻了一番。

为了适应市场需要，提高市场竞争能力，冶炼围绕质量、品种、效益，深入进行科学试验和技术改进，取得了较好的效果。1986 年底，试制中颗粒三氧化钨取得成功，能为用户提供 1602.20 g/cm^3 的中颗粒产品，尔后，又试制成功细颗粒三氧化钨。1987 年，完成了 APT 结晶母液合成人造白钨的试验，冶炼实收率有了提高。1988 年，与株洲硬质合金厂合作，开展产品降 Sn、Sb 的试验取得较好效果，产品中 Sn、Sb 含量由原来的 10 ppm 左右分别降至 2 ppm 左右和 5 ppm 以下。1989 年，冶炼引进热碱球磨工艺，建成一条独立的处理黑钨精矿的生产线，1991 年投入生产，冶炼生产能力年产 APT 达 800 吨。1991 年，WO_3 和 APT 一度滞销。同年 8 月，客户急需钨酸钠，质量要求较高。湘东钨矿立即组织冶炼攻关，在两个月时间里，完成钨酸钠 138 吨，既满足了客户需要，又开发出了新品种。1994 年，蓝钨炉试制成功，冶炼一厂生产出了高质量的蓝钨产品。1994 年第四季度，冶炼二厂建成以白钨精矿为原料年产 APT 500 吨的生产线，1995 年第二季度投产。至此，本矿冶炼生产规模达到年产 APT 1300 吨，形成了可利用多种原料，生产多品种、多品级钨初级中间产品系列的能力。

附录 1　湘东钨矿钨细泥常压碱浸一离子交换工艺 [1]

此工艺由湘东钨矿、湖南冶金研究所研制。湘东钨矿采用常压碱浸—离子交换工艺处理，经过年处理量为 600 吨规模近两年的运转，表明本工艺可行，金属回收率为 82.2%，产品仲钨酸铵全部达到国家化学纯标准，废水经过处理全面达到国家工业排放标准，成本下降 10.07%，每吨产品降到 5043 元，由于回收率的提高及作业成本的降低，

[1] 原文载于中国有色金属工业总公司科技部编:《1981—1983 有色金属科技成果获奖项目汇编》，1984 年 8 月，第 231 页。

按年产140吨仲钨酸铵计算，每年可增加纯利润14万元。

流程特点：

（1）对黑白钨混合矿采用高浓度，大用量，余碱循环，强化浸出，钨的浸出率高，接近加压浸出水平。

（2）本工艺交换料液中WO_3浓度在50克/升以上，提高了降杂效果，同时使稀释用水量和废水量大为减少，这在钨冶炼工艺中达到了一个新的水平，交换后采用分步淋洗，使杂质得到有效的分离。

外排废水采用离子交换回收钨以后，加石灰乳沉淀、硫酸中和处理。离子交换回收钨已用于工业生产。

湖南冶金局、湖南有色金属工业公司于1982年10月组织了鉴定，认为：常压碱浸—离子交换工艺首次成功地应用于难选钨细泥生产。实践表明，工艺流程先进合理，设备简单，操作方便，劳动条件好，回收率高，作业成本低，产品质量符合国家WO-2标准，经济效益显著，达到同行业先进水平。

附录2　三氯化铁浸出法处理湘东钨矿的铜钨中矿[1]

三氯化铁浸出法系在常压的容器内，用三氯化铁水溶液氧化硫化矿粉，使有色金属（铜、镍、铅、锌、铋、银等）转入溶液中，硫化物中的硫氧化成单质硫，然后从溶液中提取有价金属，从浸出渣中提取单质硫及其他未溶的金属（如金，部分银、钨等）。由于避免了有色金属火法冶炼过程二氧化硫污染大气的问题，故三氯化铁浸出法亦称为无污染冶金方法。

国内外研究实践指出，此法可处理低品位精矿和等外精矿，可以综合利用多种有价元素。处理对象主要有硫化铜精矿、硫镍铁矿、铅锌混合精矿、铜锌混合精矿、铜钴混合精矿、铜镍冰铜、砷铋锡混合精矿等。国内已用此法处理铋精矿的小规模生产，处理铜钨中矿、铜精矿的小型试验及扩大试验已在进行；国内外大部分的实验室研究和中间工厂的研究，主要集中在铜精矿上。主要困难是迅速有效而经济地再生三氯化铁。

湘东钨矿选矿精选作业中，产出的精选溢流沉砂（简称“铜钨中矿”）的主要成分是三氧化钨（15%～18%），铜（5%～7%），锌（3%～4%），砷（2%～3%），硫（10%～15%），银（500～1000克/吨）。用氢氧化钠浸出法在该中矿中提取工业纯三氧化钨，但消耗药剂较多，又未综合回收其中的铜铁锌等有用金属。为此，我们在现场及长沙进行了三氯化铁浸出此种中矿并综合回收铜、硫、锌、铁等有价元素的试验，一年来通过小型与扩

[1] 原文载于《湖南冶金》，1975年第2期，作者为湘东钨矿、中南矿冶学院。

大试验，找到了一个因地制宜的工艺流程：铜钨选择浸出—铁屑置换—海绵铜熔铸阳极电解精炼—置换后液萃取脱锌—萃余液隔膜电解（再生三氯化铁和电积铁）以及浸出渣浮选和硫精矿柴油溶解提取硫。试验过程的主要技术条件和指标是：

1. 铜钨选择浸出

采用两段逆流浸出，浸出温度 108 ℃，氧化浸出及浸出液还原各 2 ～ 3 小时，三氯化铁用量为生成二氯化铜理论量的 1.5 倍时，铜浸出率可达 95%以上（渣含锡 0.3 %以下），钨在浸出时损失可小于 2%；扩大试验时由于浸出温度低手 108℃，铜浸出率分别达到了 81.5%及 87.8%，钨损失率小于 1%。

2. 浸出液的铁屑置换

在锥形置换器内用轻质铁屑置换浸出液，当温度 70 ℃以上，溶液流速 10 厘米 / 分以上时，可获得 95%以上的铜置换沉淀率，铁耗比一般在 0.9 ～ 1.2，很少超过 1.8。

3. 海绵铜熔铸阳极电解精炼

在硫酸铜 - 硫酸水溶液中对铜品位 77%、含砷高达 9%的阳极块进行电解，当电流密度 150 安培 / 米 ^{2}、温度 55 ～ 60℃、阴阳极距 30 毫米时，持续电解 120 小时，槽电压维持在 0.13 ～ 0.15 伏，电流效率一般在 98%以上，阴极品位 99.8%～ 99.95%。

4. 置换后液萃取脱锌

对含锌 5.21 克 / 升、铜 1.34 克 / 升、铁 133.4 克 / 升（其中 Fe^{2+}130.2 克 / 升）、pH 为 2 的置换后液用组成为 N235 25 %、T.B.P.（磷酸三丁酯）20 %、磺化煤油 55 % 的萃取剂（被 HCl 饱和）萃取，萃取相比 1 ∶ 1，经两级萃取后，锌铜的萃取率高达 99%；负载有机相经水洗，5% Na_2SO_4 或 5% H_2SO_4 溶液三级反萃后，锌的反萃率达 82.3%～ 95.8%。

5. 萃余液的隔膜电解

用萃余液作阳极液电解（石墨为阳极），再生三氯化铁返回浸出用；用萃余液和氯化氨配成 Fe^{2+}60 克 / 升和 NH_4Cl 169 克 / 升的阴极液，电解时在不锈钢阴极上获得脆性纯铁片，可进一步加工成粉末冶金用铁粉。电解时控制阴极液 pH 为 1.5 ～ 3 时，阴极电流效率可达 83%～ 85%，而阳极液当含有少量铜时，有利于提高阳极电流效率，一般可在 80%以上。当用阴离子均相树脂隔膜异极距 30 毫米，电流密度 280 安培 / 米 ^{2} 时，电压一般 4 伏左右。所得再生液浸出铜钨中矿时，铜浸出率达 97.5%。

6. **浸出渣中硫的提取**

采用水玻璃为抑制剂，煤油、丁黄药为捕收剂，2#油为起泡剂（首先将水玻璃加入矿浆中，浸出渣含硫 12.7%），调浆 10 分钟再送入浮选，同时加入煤油与丁黄药，2 分钟后加入 2 # 油，刮泡至气泡停止。一次粗选一次扫选结果，尾矿含硫降至 3.0% 以下，其中钨分配率 75%，产出率 68.5%；硫精矿含硫 22.4%，分配率 66%，产出率 26.2%，硫精矿经柴油提硫后再返回炼钨。

鉴于实验室小型试验和扩大试验时间短，规模不大，周期不长，以及试验条件的限制，对硫、银、锌的回收和设备防腐等问题考虑不够或不便考察，还不能全面地、准确地评价其经济技术效果。为了进一步验证小型试验结果，全面考察其经济技术效果，为今后的设计和生产提供依据，1975 年，拟在现场进行日处理能力 0.7 ～ 1.0 吨溢流沉砂的工业性试验，配合进行一些必要的小型试验，争取年底提供部分试验产品。

四、矿山机修

矿山机修的任务是为本矿的机械修理、零部件的制造服务。湘东钨矿的机修工作，是随着矿山机械化程度不断提高而逐步发展的，是在“小而全”的指导方针下日臻完善的。1954 年第三季度，为维修 50 吨 / 日半机械化选厂设备所需，在腰陂里安装了 C111 车床和钻床各 1 台，机修开创于此。1956 年，随着动力厂和 250 吨 / 日机械化选厂的投产，在汉背建立了修配工段，属选矿车间领导，业务属设备室指导，规模甚小，只有八呎皮带车床 1 台，C620 车床 1 台，牛头刨床 1 台，工人 42 人，负责全矿部分零件的制造，配件自给率约 10%。同时，将半截山坑口空压工段改为机械工段，负责井下风、水、电的供应和设备维修，一、二车间分别设立机修组，负责选厂日常的维修工作，从此全矿机修网初步形成。

▲机修厂四车间

1958年，修配工段扩大，1959年初成立机修车间，当时有职工239人，其中学徒174人，但是设备简陋，只有1台C620车床，2台皮带车床，1台B650牛头刨床，1台立式G25钻床，1座1吨的冲天炉，年机修产量44吨，产值8万元。

1968年，机修车间与变电工段合并，成立机电车间。70年代，随着井下机械化程度的提高，矿山设备增多，与此相适应，机修工作有较大发展。1971、1972两年，自制车床、刨床、工具磨床、简易镗床、滚齿机、铸钢电炉、工频炉等15台设备，购入外圆磨床、内圆磨床，共有主要设备34台，基本成龙配套，并新增电镀、精密铸造、电弧炼钢等工艺，填补了缺口，机修能力提高50%以上。1973年，机修产量高达458吨，创历史最高水平，比1966年提高64%；产值达79万元，比1966年提高108%；配件自给率达70%。1980年，机电车间拥有机修设备46台，占全矿机修设备的76.7%，职工240人，其中机修工人172人，分车工、钳工、电工、木模、刨铣、磨工、锻工、铆焊、铸铁、精铸、热处理等16个班组，每天两班作业，生产能力为360吨，风钻零件全部自制，选矿配件除高锰钢件和大型铸件外都能自给，配件自给率达75%，而且能制造成套矿山设备。其中研制的几种矿山机械先后获得冶金部奖励并加以推广。

（一）PYT-2C型双机液压凿岩台车

PYT-2C型双机液压凿岩台车是1973年在仿制PYT-2型双机凿岩台车基础上改进制造的。到1978年，经多次改进，成功地使PYT-2型台车发展为PYT-2X型，再改进到PYT-2C型台车，受到兄弟矿山的欢迎，先后为河北铜矿、广东石人嶂钨矿、辽宁五龙金矿、

▲PYT-2C型双机液压凿岩台车

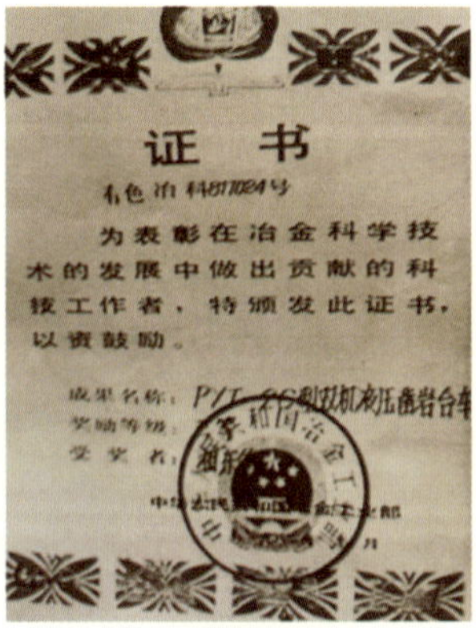

证　书

为表彰在冶金科学技术的发展中做出贡献的科技工作者，特颁发此证书，以资鼓励。

▲荣誉证书

湘西金矿、谭家山煤矿等八个矿山制造 11 台 PYT-2C 型台车，还为川口钨矿、东波有色矿、湘潭锰矿改造了 5 台台车。因此，1979 年 11 月冶金部在我矿召开了全国有色矿山平巷机械化掘进经验交流会，部领导和会议代表对 PYT-2C 型双机液压凿岩台车很满意。本矿机电车间因改进台车有功，冶金部奖励 3 台机床（C516A 立式车床、T618 镗床、Y54A 插齿机），价值 150900 元。1980 年，由冶金部组织技术鉴定会议，确定将 PYT-2C 型双机液压凿岩台车，列为定型产品。PYT-2C 型台车采用了箱形车体结构，具有较好的刚性和稳定性；采用了增压泵与叶片泵组成的双泵并联液压站，可利用风或电驱动。这种台车具有偏心卡轨器和顶向气顶稳车装置，可根据需要选用。它的技术参数合理，结构紧凑，造型美观，操作方便，工作可靠，易于维修，故障少，制造容易，造价低，能满足一般平巷掘进凿岩工艺要求，是中小型冶金矿山一种较好的平巷掘进设备。1982 年荣获冶金部科技成果三等奖和湖南省政府三等奖。

（二）YYG-80 型导轨式液压凿岩机[1]

湖南省湘东钨矿与长沙矿山研究院、株洲矿机厂、天水风动工具厂合作研制成功的液压凿岩机，是一种高效率的新型凿岩设备。这种凿岩机的穿孔速度快，比风动凿岩机提高 1 ～ 2 倍，动力消耗低，为风动凿岩机的 1/3；并具能量利用率高、粉尘浓度低、工作面清晰、劳动条件好等特点。获冶金部科技成果四等奖和湖南省政府二等奖，填补了省内空白。

液压凿岩机的钻速高，一般可比风动凿岩机钻速提高 2 倍多，没有排气，消除了排气噪声，消除了水雾油雾，工作环境得到改善，采用高压油为动力，所有运动部件都浸在油液中工作，润滑条件好。它可以钻较深和直径较大的炮眼。湘东钨矿采用 YYG-80 型导轨式液压凿岩机与 CGJ-2Y 型台车配套使用，掘进成巷 662m，累计穿孔 31100 m，钻孔直径 Φ40 ㎜ 时，平均钻速 1.01 m/min，是相同条件下风动凿岩机钻孔速度的 2 倍。液压凿岩机与风动凿岩机一样，也由冲击机构、转钎机构及排粉机构等组成。液压凿岩机的冲击机构包括活塞、缸体和配油机构，工作原理与风动凿岩机相似，通过配油机构，使高压油交替作用于活塞两端，并形成压差，迫使活塞在缸体内作往复运动，完成冲击钎子、破碎岩石的功能。活塞的冲击力可通过改变供油压力或活塞冲程进行调节。它的旋转机构与风动外回转凿岩的结构基本相同，它用液压马达驱动，并经减速齿轮减速，带动钎子回转。液压凿岩机可用压气、水或汽水混合物进行排粉，为了提高凿岩速度，多采用压力高、流量大的冲洗水排粉。供水方式有中心供水与旁侧供水两种。中心供水

[1] 刘宝家，李素梅编:《节约能源 1000 例》，科学技术文献出版社 1983 年版，第 125 页。

时，活塞中空;旁侧供水时，钎尾有径向水孔。液压凿岩机多为高频重型导轨式凿岩设备，一般要和凿岩台车配套使用。它利用台车上的导轨和推进机构实现推进。

（三）XDS-4 型梭式列矿车

1984 年，中国有色冶金总公司下达研制 XDS-4 型梭式列矿车任务，到 10 月份，湘东钨矿已生产了 2 台样机，经工业性试验与 1986 年技术鉴定，证明机械性能良好，生产效率高，适合机械化线配套使用。1987 年到 1990 年，共生产 37 台，充实完善了机械化作业线。

（四）CGJ450-2Y 轻型全液压掘进钻车

1988 年，湘东钨矿承接 CGJ450-2Y 轻型全液压掘进钻车样机任务，同年，经中国有色冶金总公司组织技术鉴定，获总公司科技进步四等奖和湖南省政府三等奖。

第四章 湘东钨矿之人文视野

湘东钨矿所在地湘赣边邓阜仙地区，是一块红色的热土，它是井冈山、湘赣革命根据地的一部分，也是南方三年游击战争时期的游击区域，王震将军的南下支队返回中原途经邓阜仙地区，留下革命的火种。这一切，使湘东钨矿拥有了难以抹去的红色情缘。在其开发的100年里，特别是在共和国成立以来的50多年里，涌现了一批批红色战士和建设矿山的优秀人物，他们既有从解放区来的南下干部，也有从军队转业参加建设的战士，还有各类学校培养的专业技术人员以及众多的普普通通的劳动者。他们是共和国的第一代产业工人，为新中国的建设开掘急需的战略物资，将青春和汗水贡献给了祖国的矿业事业。历史将铭记他们。

一、湘东钨矿的红色情缘[1]

“军叫工农革命，旗号镰刀斧头。匡庐一带不停留，要向潇湘直进。地主重重压迫，农民个个同仇。秋收时节暮云愁，霹雳一声暴动。”[2]湘东钨矿所在地邓阜仙不仅历史悠久，而且还是毛主席领导井冈山斗争时期老革命根据地。1927 年毛主席率秋收起义部队进军井冈山，创建了井冈山革命根据地，鉴于茶陵地处湘赣要冲，是井冈山西边的门户和屏障，是湘赣粤交通要道，有着重要的战略地位和良好的自然条件，又有较好的党的工作和群众工作基础，毛泽东便萌发了“经营茶陵”的战略思想，于是在 11 月中旬，工农革命军攻克茶陵，成立了中国第一个红色政权——茶陵县工农兵政府，由工人出身的谭震林担任主席，同时，还建立了县赤卫大队、县工会、县农会等组织。[3]从此，包括邓阜仙山区在内，茶陵成为井冈山革命根据地的一部分。

▲茶陵县工农兵政府旧址

[1] 本部分据刘斌盛，谭定祥，李回荀著:《茶陵历史与文化丛书·茶陵之最》（民主与建设出版社，2015 年版）及株洲市地方志编纂委员会编:《株洲市志·人物》（湖南出版社，1997 年版）等资料撰写。

[2] 中共中央文献研究室编:《毛泽东年谱（1893—1949）》上，中央文献出版社，2013 年修订本，第 220 页。

[3] 中共中央文献研究室编:《毛泽东年谱（1893—1949）》上，中央文献出版社，2013 年修订本，第 225 页。

（一）谭余保湘赣游击队驰骋邓阜仙

▲谭余保

1934年8月，红六军团在任弼时、肖克同志的率领下，奉命退出井冈山革命根据地，向湘鄂赣苏区进军，以牵制敌人对中央苏区的进攻，并相机打击敌人，湘赣省苏维埃苏区政府主席谭余保率领湘赣省委游击大队以毗邻茶陵县的莲花棋盘山为革命根据地，在湘赣边区坚持艰苦的游击战争达三年之久。

棋盘山与邓阜仙同属武功山脉，作为罗霄山脉中段武功山峰之一的邓阜仙由于山高林密、富裕殷实，是红军游击队休养生息的绝妙住处，因此湘赣省委游击大队经常活动在邓阜仙一带。谭余保（1899—1980），湖南茶陵人，曾在毛泽东领导下工作，并有工作接触。1926年参加革命。1927年2月加入中国共产党。曾任中共茶安酃特区区委书记和茶陵县苏维埃政府主席。1932年8月，当选为湘赣省苏维埃政府副主席兼财政部部长。1933年4月任省苏维埃政府主席。1934年1月，任湘赣省工农兵代表团团长，率团参加在瑞金召开的第二次全国工农兵代表大会，当选为中华苏维埃共和国中央执行委员。

谭余保在湘赣省苏维埃政府工作期间，父亲、妻子、儿子和小女儿先后被反动派杀害，更坚定了他革命到底的决心。当时，苏区肃反严重扩大化。湘赣省苏维埃政府主席袁德生被无端地指控为“AB团”分子遭杀害，省委书记王首道被诬为右倾而撤职。谭对袁、王等深表同情。省儿童局局长胡耀邦和王恩茂、谭启龙3名“红小鬼”也被人说成是“AB团”分子，政治保卫局决定将他们抓起来。谭余保不顾个人安危，明确提出:“这三个‘红小鬼’，是放牛娃出身，年纪小，不会是‘AB团’分子，不能抓！”他的意见得到中央巡视员冯文彬的支持，三位同志幸免于难。

1934年8月，工农红军第六军团奉令从湘赣边界突围西征，由陈洪时、谭余保、彭辉明等组成新的湘赣省委，继续领导湘赣边界的革命斗争。他们组织队伍，转入武功山区。这时“围剿”湘赣边区的敌人有3个正规师，加上各县反动民团，共6万多人，10倍于红军和游击队的数量。敌人长驱直入，分进合击，三里一碉，五里一堡，将原来连成一片的苏区分割成10多块。还强化保甲制度，实行“十家连坐”，推行“自新自首条例”。红军和游击队的钱粮、医药、弹药、被服及伤病员安置极度困难。几个月时间，省军区司令员彭辉明等大批指战员牺牲，省委书记陈洪时、政治保卫局局长刘发荣、红四团团长李宗保、政委旷珠权等相继叛变，整个湘赣革命根据地岌岌可危。在湘赣边界革命红旗将要倒下的危急关头，谭余保于1935年7月果断地通知四散的同志到茶陵、攸县、莲花3县交界的棋盘山集中，召开有40多人参加的会议。他在会上分析敌强我弱的形势，宣布陈洪时、刘发荣等人叛变的罪行，指明革命的前途。在与上级断绝联系的情况下，会议根据他的提议，撤销原有机构，成立中共湘赣临时省委、省军政委员会和游击支队司令部。他被推举为临时省委书记兼军政委员会主席、游击支队政委，主持制定“保存力量，稳步发展，以待时期”的战略方针，成立中共茶攸莲（茶陵、攸县、莲花）中心县委，起草《告群众书》。这次会议是湘赣边界革命从失败走向艰难发展的起点。

棋盘山会议后，散落在湘赣边界各地的红军和游击队编成3个大队，继承和发扬工农红军打仗、筹款、做群众工作的优良传统。谭余保随茶攸莲中心县委进入攸县东部漕泊山区，开展工作。他们打垮敌人的催粮队，设立3个秘密联络点，处决5个叛徒，建立“白皮红心”曲面政权，变没收地主土地为允许地主收租收息，组织群众抗移民并村，还里应外台捣毁敌人的碉堡。谭余保将漕泊的经验及时推广到其他地方，先后恢复和发展了莲安萍（莲花、安源、萍乡）中心县委、萍宜安（萍乡、宜春、安源）中心县委及九陇山、铁镜山、七古山等地的中共组织，游击队也由3个大队增加到4个大队和1个教导队。

游击队经费非常困难。1936年3月，他派人将和记钨矿（湘东钨矿前身）矿主、茶陵八团龙头铁厂厂长周纪勋（茶陵八团乡梯垄村人。1918－1925年，先后任四区高等小学校长、县团防局局长、县财政局局长。后弃政从商，兴办实业，发迹后购置大量田产山林，成为境内第一大富豪）“请”到江西棋盘山上，动员他支持游击队，促使周纪勋为游击队筹办枪支、弹药、电筒、被服等价值万元的物资，改善了游击队的装备和生活条件。两年多时间，游击队先后在安福县严田、洲湖，吉安县官田、油田，永新县达屋，茶陵县高陇、腰陂等地，取得多次战斗的胜利，巩固了湘赣边界游击根据地。全国解放以后，土地改革时，因周纪勋支持湘赣游击队有功，谭余保写信给中共茶陵县委，指出“对周纪勋应按开明绅士对待”，故周纪勋未受到批斗，得以安度晚年。

1937年10月2日，国共两党为合作抗日达成协议，将南方8省13个地区的红军和游击队改编为新四军。遵照中共中央东南分局的指示，散驻在各地的湘赣游击队于当年11月下旬集中到莲花县陇上，进行整训。谭余保先后到莲花、茶陵、攸县，与3个县的县长协商解决游击队整训时的有关事宜和释放政治犯的问题。1938年1月，游击队400

多名战斗人员编为新四军一支队二团一营，开赴华东抗日前线。谭余保率80余名地方工作人员留在湘赣边界，准备建立抗日根据地。他被任命为中共湘赣边界特委书记。9月，谭余保奉命赴延安，参加中共六届六中全会。1945年6月，谭余保随刘转连等率领的南下第二支队向华南挺进。至河南新安时，日本宣布无条件投降，他奉命折赴冀察热辽边区，任中共热河省委副书记。次年因病转到晋察冀边区，一面休养，一面协助中央组织部做甄别平反工作，直到1949年南下。1949年11月，谭余保抵达长沙。1950－1963年，先后任湖南省人民政府副主席、副省长、监察委员会主任、省纪检会副书记、书记、省委副书记、书记兼党校校长等职。

▲周仁杰将军

谭余保的老部下、原海军副司令周仁杰将军1983年荣归茶陵故里时曾深情回忆说:“邓阜仙是一个好地方，我们在那里打过游击;那里开矿的工人兄弟对我们很好，很支持我们。”

（二）王震将军南下支队游击邓阜仙山区[1]

▲王震将军

进入1944年，抗日战争形势已经渐趋明朗。为了加快抗战胜利的脚步，毛主席决定调派一部分优秀干部，南下华南地区创建抗日根据地。1944年9月1日，中共中央决定，以三五九旅的10个连及干部4～6个连，组成“国民革命军第十八集团军独立第一游击支队”（简称“南下支队”），下设6个大队，全军约4000人，由王震（司令员）、王首道（政委）、谭余保（因病未成行）率领向豫鄂湘粤敌后挺进。11月10日，南下支队正式出发，开始了艰苦卓绝的南下征程。经过半年多艰苦的跋涉后，1945年3月，进抵湖南平江，改名为“国民革命军湖南人民抗日救国军”。8月初在湘潭盐埠与中共湖南省工委书记周里等会合，并在此召开了联席会议，决定成立中共湘中地委，由周里兼任书记。同时将第四支队留在湘中，协助地方党组织宣传抗日，发动群众，团结和争取当地自卫武装，开展敌后游击战争。随后南下支队主力离开盐埠继续南进，越过（湘）潭衡（山）公路，抵达湘江边的

[1] 本文据株洲市党史研究室编:《共铸湘东人民的英勇抗战魂——株洲人民抗日救亡活动综述》改写，原文载于《株洲鉴往》，方志出版社，2017年版。

小花石、龙船港，在当地群众支持协助下，用木船渡过湘江，经淦田、龙凤、石皮口、石门关到达衡山南湾（今衡东县）时，王震根据中央电报，命令留在湘中的第四支队随后跟进，周里等也随队南下。南下支队路经之地都张贴《国民革命军湖南人民抗日救国军司令部布告》和标语，宣传共产党团结抗日的主张，揭露国民党独裁专制、消极抗日、贻误国事的丑恶行径。8月下旬，南下支队进抵湘粤赣边界。由于日本投降，时局发生变化，中央军委电令王震、王首道向新四军第五师靠拢。随后，南下支队从广东南雄地区北返。

随后跟进的第四支队，在徐国贤、周里等率领下从资兴彭公庙进入酃县的船形墟。此时，中村、水口和县城都驻有国民党的主力部队，于是决定迂回向南前进。部队在当地群众的带领下，从船形出发，经长旺、沿潭、小江、盐池、何仙亭到大教坪，后经板桥到中村、水口之间的梅岗、桃村、自源，作了短暂的休息，后又经石门、小横溪、荷树坳、马道里到达下村圩的云里村，在下村云里遭到国民党部队追击，第四支队奋起反击，把敌人击退，并缴枪数支。接着由下村云里经枫油山到达桂东的八面山。9月2日，在江西上犹墩头，第四支队与主力部队会合，继续北返。1945年9月9日（农历八月初四）清晨，南下支队从永新穿过长泥坳进入茶陵境内，经过茶陵县秩堂、高陇、湘东等地，离开茶陵进入江西莲花的六市乡。南下支队在茶陵境内行程25公里，历时1天多。中途在古城休息了约40分钟，下午3时左右到达上麻园和仓下，一部分部队在这里宿营，第二天早晨才走，另一部分当天就离开了茶陵。南下支队途经邓阜仙，在这里播下解放全中国的火种，邓阜仙山下的仓下、麻园村还有一批年轻人参加了南下支队。

南下支队中有不少茶陵人，如龙舒林、刘长希、冯祖武、刘汉才、谭天哲等。当他们路过自己的家乡时，向自己的亲属和广大人民群众宣讲革命形势，宣传革命道理，给茶陵人民以极大鼓舞。他们警告地方上的土豪劣绅、政府人员不得为非作歹，灭了敌人的威风。彭家祠是刘长希的家乡，当他到家时，因离家10年，母亲认不出他了，见他身着军装，一开始还唤他“老总，老总”。后来搞清是刘长希回来了，群众纷纷围拢来，打听这，打听那。他便向群众宣传革命道理，解除了群众中一些人的忧虑。在官头冲里，部队碰到乡公所3个抓壮丁的警察，缴了他们的枪，教育后放他们回家。在古城柞树下，遇到4个所谓“抗日自卫队员”派民伕，部队将他们带到江西萍乡，才让他们回家。

这支英雄部队在南下征途中不畏艰险，所向披靡，像一把钢刀，插进敌人心脏，解放了许多县城，给予日寇、伪军以严重的打击。部队每到一地都张贴布告，宣传和贯彻党的方针、政策，撒播革命种子，鼓舞了广大人民为争取解放而斗争的革命热情。

（三）胡耀邦同志来矿讲长征史

1962 年 11 月至 1964 年 6 月，胡耀邦从中央来到湖南，任中共湖南省委书记处书记兼湘潭地委第一书记。与他搭档的是华国锋，任中共湖南省委书记处书记兼湘潭地委第二书记。在湘潭地区工作的近两年时间里，胡耀邦深入调查研究，密切干群关系，给当地干部、群众留下了深刻的印象。胡耀邦的主要任务是深入实际进行调查研究，地方工作主要由华国锋抓。为此，胡耀邦经常轻车简从，直接深入田间地头和群众家里，他的足迹遍布了湘潭地区的山山水水，在他任职期内，进行了 13 次大规模的走访调研。在充分调查研究的基础上，他与地委其他同志一道制定了恢复和发展工农业生产的一系列工作措施，调整农村生产关系，发展以粮为主的多种经营，落实自留地政策，有效调动了农民的生产积极性。

1963 年 6 月下旬的一天，时任团中央第一书记并兼任湘潭地委第一书记的胡耀邦同志到湘东钨矿视察，给干部职工作报告，讲长征史。

胡耀邦是长征时期的“红小鬼”。1934 年 10 月 10 日夜，秋风冷雨，灯火闪动，瑞金沉浸在紧张而庄重的气氛之中。其时，中国共产党人中的一大批精英，正从这片热土上迈出艰难的步伐，开始了后来称为二万五千里长征的战略大转移。在这支 8 万余人的队伍里，就有曾被称为“红小鬼”、时任少共中央分局秘书长的胡耀邦。胡耀邦参加革命后多年从事中国共产党领导下的青少年工作，为党的青年工作贡献了力量。从 1930 年到 1934 年，胡耀邦先后任乡团支部书记，团区委委员，少共湘东南特委技术书记，湘赣省儿童局副书记，少共中央局儿童局刊物编辑，中央苏区反帝拥苏总同盟宣传部部长兼青年部部长，少共中央局秘书长等职，积极动员广大青少年参加和支援革命斗争，为根据地团的建设做了大量工作。

胡耀邦是在 10 月 9 日下午才得知中央机关人员要随中央红军转移，并得知自己被分配在二纵（又称红星纵队）中央工作团（第一团）任共青团总支书记的。得此消息后，他极为兴奋，在驻地的小木屋里跳了起来，并当即向少共中央局领导表示坚决服从分配，努力完成上级交给的任务，在行军和作战中好好锻炼自己，做一名合格的红军战士。他还说，过去很羡慕他的表兄杨勇（时任红三军团第五师十四团政委），参加革命就到了作战部队，真枪实弹与敌拼杀。他在湘东特委、湘赣省委工作时，曾几次要求去前线，都未能如愿。这次既有艰巨的行军任务，又有紧张的作战任务，是个求之不得的锻炼自己的好机会。为此，他急切地等待着出发的命令。

▲油画《红军过草地》/ 张文源

作为一名团总支书记，胡耀邦首先要协助团部做好出发前的组织和政治思想工作。为此，他抓紧一切时间与工作团的团员和青年逐一谈心，鼓励他们在行军和作战中争当模范英雄，争取在征途上加入党的组织。在他的鼓励下，团员们都向党组织和团部写了决心书，有的还咬破手指写了血书，表示要紧紧跟随党中央和中央纵队，完成伟大的战略转移任务，接受党团组织的考验。

为了当好普通士兵，胡耀邦按照作战部队的要求，领取了一套军装、一支步枪、四颗手榴弹和一袋干粮，加上背包等足有二十多斤重。他最爱读书，转移时用两个木箱装书：一箱是马列主义书籍和中央有关文件；一箱是他费了很多心血买到的《三国演义》《西游记》等名著，还有他在《列宁青年》《湘赣红旗》上发表的文章和主编湘赣省儿童团机关刊物《时刻准备着》的有关资料。带不走的书和报刊资料，大部分都送给了列宁学校和当地干部群众。

10 日上午，他随团领导深入各驻地看望了待命的全体工作团员，帮助解决了服装和干粮不足等问题。下午，他又去向几位因身体原因留在苏区的同志话别。当天，他还抽时间上街，买了一些辣椒干、老姜等食物，供途中抵御风寒用。一切准备就绪后，胡耀邦坐在小木屋里，一边再次阅读《共产党宣言》，一边等待着出发的命令。

长征途中，胡耀邦在三军团政治部做民运工作和青年工作。在攻打娄山关的战斗中，他不幸负伤，身上一直留有敌人的弹片。毛泽东主席曾称赞他是“热爱学习、朝气蓬勃的红小鬼”。红军胜利到达陕北后，胡耀邦同志先后担任少共中央局秘书长、宣传部部长和组织部部长。抗日战争时期，不到二十四岁的胡耀邦，经毛主席推荐，担任中央军委总政治部组织部部长。解放战争时期，他历任冀热辽军区代理政治部主任、中国人民解放军晋察冀军区第四纵队和第三纵队政治委员、第十八兵团政治部主任，先后参加了保卫张家口，解放石家庄、太原和宝鸡等重要战役，为我国抗日战争和解放战争的胜利作出了重要贡献。1949 年 9 月作为中国新民主主义青年团的代表，胡耀邦出席了中国人民政治协商会议第一届全体会议。中华人民共和国成立后，任中共川北区委员会书记兼川北军区政委、川北行政公署主任。1952 年秋任中国新民主主义青年团中央委员会书记处书记。1956 年当选为第八届中央委员。1957 年任中国共产主义青年团中央第一书记。

胡耀邦同志在给湘东钨矿干部职工的报告中，重温了长征故事，鼓励工人们艰苦奋斗，战胜生活艰难，创造光明的前景。在胡耀邦的鼓励下，全矿干部职工深受教育，决心战胜一切困难，为新中国急需的国防物资拼命工作。当年，湘东钨矿干部职工团结一心，共渡难关再次摘取国家“金马奖”，以实际行动向胡耀邦同志交出了合格的答卷。

二、湘东钨矿的早期领导群体

湘东钨矿的早期领导人，是以山西、河北等地的南下干部为主体的。1949 年 2 月 3 日，中央发出了《关于调度准备随军渡江南进干部的指示》，指出："东北局除一部分城市工作干部外，华北局除 8000 干部外，中原局除皖西及豫皖苏分局的一部分干部外，其余所担任抽调之全体干部，均应准备随林彪、罗荣桓南下，使用于湘、鄂、赣三省及两广方面。东北局、华北局担任的干部，须于三月集中，并训练完毕。"

根据中央指示，湖南和平解放以后，华北局决定以晋中区党委为主，动员组织大批干部成建制南下，支援新区政权建设和生产恢复建设。晋中南下工作团即晋中南下区党委，书记武光，副书记兼宣传部部长周小舟，行政公署主任牛荫冠。共配备了 6 个地委、36 个县委、200 多个区级班子，各级均配备了工会、农运、青年、妇女和武装干部，还有医务、炊事、通信和警卫人员，共计 3070 人。许多干部刚刚从前线回来就接到南下通知，有些人还在前线就已确定南下，有的没有来得及向父母、亲人告别就踏上了南下的征程。

晋中南下工作团多为工农干部。为此，晋中南下区党委报请华北局，从华北大学抽调了部分青年知识分子补充到南下干部队伍中，一同随军南下。由平津地区优秀知识分子组成的四野南下工作团，8600 余名优秀青年学生，也同时期脱下西装、长袍、裙子，穿上军装，随着大军南下。

4 月 28 日至 5 月 5 日，晋中南下队伍分批离开石家庄。当时河南安阳、新乡还没有解放，平汉铁路尚未通车，只能靠步行和乘马车前行，经威县、南宫、濮阳等地抵达开封，经过短暂的休整于 5 月中旬到达河南巩县。

巩县整编后，共设置了 3 个地委，即原南下区党委和行署机关及一、二、五地委合并共计 1500 人，将进入长沙地区，地委书记为武光，副书记罗其南，专员张干丞；原南下三地委和六地委合并共计 1100 多人，将进入衡阳地区，地委书记为傅生麟，副书记谢竹峰，专员刘君实；原南下四地委共 200 多人，将进入会同地区，地委书记葛琛，副书记刘昌，专员孙国治。

6 月 28 日，南下干部经郑州、安徽到达武汉，听取了湖南省委负责同志的形势报告，进一步明确：南下干部入湘后，要迅速组织建立政权，筹粮支前，剿匪安民，恢复生产。

7 月 23 日和 25 日，中共长沙地委和长沙专员公署先后在岳阳成立。8 月 5 日湖南省宣布和平解放。10 月，赴会同地区的南下工作团四大队 380 人进入湘西，24 日到达芷江。27 日，晋中南下工作团四大队二中队从芷江到达洪江，县委书记杨明显、县长王云波等人，成为会同县委、县政府的第一批领导干部。

截至 10 月 28 日，南下会同地区的干部，全部到达指定位置并开展工作。在行军途中留在郑州的女干部，于 1949 年 10 月底前分别按计划到达目的地。至此，以晋中区党委为主，太行区、冀中区、察哈尔省的干部共同参与组建的“晋中南下工作团”，按照中央和华北局的指示精神，历经 9 个多月，行程 3000 多公里，胜利完成了随军南下入湘的特殊使命。从晋中三地委分别南下的两批女干部，也先后于 1950 年 1 月进入湖南。

湘东钨矿成立以后，最初的干部群体就是这些南下干部。直到“文化大革命”爆发，1967 年 1 月实施军事管制，由军代表行使管理权力。老干部和“造反派”作为代表参与“抓革命促生产”领导小组及革命委员会。

（一）第一任矿长董益中

董益中，1920 年 12 月出生于河北省抚宁县。1935 年至 1942 年 11 月，先后在家务农、外出做工。1942 年 11 月至 1944 年 4 月在冀东迁、卢、抚、昌联合县三区任协理员。1943 年 9 月加入中国共产党。1944 年 5 月至 7 月在冀东十二地委党校学习。1944 年 7 月至 1949 年 5 月先后担任迁、卢、抚、昌联合县三区组织委员、宣传委员，抚宁县三区区委书记、区长，县委城工部副部长，北京市冀北电力公司工会劳保部部长。1949 年 5 月随军南下。1949 年 8 月至 1950 年 3 月任湖南特矿处军事代表。1950 年 3 月至 1951 年 3 月任湘锰矿务局行政科长。1951 年 3 月至 1953 年 1 月先后任龙湘管理处主任、茶陵管理处（湘东钨矿前身）主任。董益中是湘东钨矿的组建者，他在解放初期接管过几个矿山，对矿山工作有较多的经验，因此对组建新矿山企业得心应手，不到三个月时间，地跨三个县的湘东钨矿就组建完成了。1953 年 1 月，湘东钨矿成立，董益中任湘东钨矿矿长。1954 年 8 月，中南钨矿局成立后，董益中调任中南钨矿局生产处长，先后任中南有色局生产技术处副处长、中南钨矿局生产处处长、湖南省冶金局生产处处长。1960 年 4 月中南钨矿局撤销后，他继任湖南有色金属管理局副局长和湖南省冶金工业厅副厅长。1962

年10月至1966年任桃林铅锌矿党委书记。1966年12月至1971年1月任省冶金厅副厅长。1971年1月至1983年5月任省冶金厅副厅长、党委副书记。1983年5月至1984年8月任省冶金厅顾问、中国有色金属工业长沙公司筹备组组长。1984年8月任有色长沙公司正厅级顾问。1985年12月离休。

董益中出身于农民家庭，年轻时就向往革命。在异常艰苦复杂的抗日战争时期，八路军到达当地，时任村干部的董益中积极为军队筹集军粮、物资。日伪军来犯时为我军带路，因表现积极于1943年10月被吸收入党。以后历任区委委员、组织干事、区委书记、区长、县委城工部副部长等职，经受了血与火的考验，为中国人民抗击日寇，为新中国的解放事业献出了青春，表现出坚强的斗志、坚定的革命信念和对党的无限忠诚。

中华人民共和国成立后，百废待兴，董益中和一大批南下干部来到湖南，积极投身到火热的社会主义建设事业。先后到湘潭锰矿、龙山锑矿、湘东钨矿、中南有色局（钨矿局）、桃林铅锌矿、省冶金厅、有色长沙公司工作，无论是在矿山基层还是在机关领导岗位上，董益中勤政廉洁，作风朴实，深入基层，注重调查研究，坚持实事求是；他为人憨厚，平易近人，关心群众疾苦，严于律己，宽以待人，为广大职工所爱戴。他为湖南省有色冶金工业的奠基和发展，呕心沥血，奉献了毕生精力，是湖南有色冶金战线的元老和功臣，2005年去世。[1]

（二）第二任矿长罗西芳

罗西芳，男，1917年出生，山西省五台县人。1941年参加革命工作，同年2月加入中国共产党。1949年随第四野战军南下进入湖南。第四野战军四十六军一五九师四七五团于1949年7月上旬从湖北孝感县肖家巷出发，17日从嘉鱼过江后，由蒲圻经临湘县向岳阳县城挺进。19日晚，部队抵达城陵矶。解放军四七五团侦察排由杜德贞等当向导，先期进入岳阳城，到县政府见到了国民党岳阳县县长兼自卫团长许新猷，当面听取许新猷表示起义的心愿。随后，中共岳阳中心区工委召集在城委员和有关人员（含君山自成垸人员）会议，部署第二天迎接解放军进城的任务。20日上午8时，中共湘北工委书记谢介眉和原县长许新猷，以及民主人士，工、农、商、学各界代表，手执红旗到城郊迎接解放军进城，并在县政府操坪召开欢迎大会，民主人士周鳌山致欢迎词，四七五团政委王衍铎在会上宣布岳阳和平解放（包括境内东部）。21日，中央人民广播电台报道了岳阳解放的消息。25日，由山西晋中区盂县、五台县组建的南下工作队在赵冰岩、罗西

[1] 节选自《冶金人物志·有色金属卷和黄金卷》编委会编著:《冶金人物志·有色金属卷和黄金卷》,冶金工业出版社,2008年版,第366页。

芳等率领下从云溪镇搭小船，当天晚上七点多到岳阳，在北门渡口起坡，从北门进城到达岳阳。次日接管旧县政权，建立新政权，赵冰岩任县委书记，罗西芳任县长。1951 年 11 月至 1953 年 4 月，罗西芳任中共岳阳县委书记。

新中国工矿事业发展很快，便从地方各级党政领导干部中抽调人员到企业中来边干边学。罗西芳就是从县委书记中抽调出来的。为了让第二任矿长有一个熟悉情况的过程，董益中、罗西芳两位矿长共同管理矿务有一年半之久。1953 年 5 月起，罗西芳任湘东钨矿矿长，对湘东钨矿初期发展贡献巨大。1953 年秋天，为了摸索矿山管理经验，罗西芳率领工作组到邓阜仙的北矿区金竹垅工区蹲点，调查了解工人生产情况，研究如何提高工效和节约材料，特别是节约黄炸药（即甘油炸药）。因为这种炸药是从苏联进口的，成本高，大家都把它看得很珍贵。罗西芳在掌握大量情况以后，才召开全工区职工大会，一方面听取大家的意见，一方面有系统地发表他自己的看法。他通过这种工作方法使自己很快由外行变成内行。在他的任期内，湘东钨矿以邓阜仙矿区为重点进行基本建设：其一，建设了上山公路 11 公里，解决交通运输问题；其二，建设柴油机发电站和空气压缩机站，解决能源和动力问题，这样就为矿山机械化生产创造了先行条件。1955 年，罗西芳调中央二机部冶金设计院，1977 年离休，1978 年定居石家庄，1987 年病逝。

（三）第三任矿长陈麟

陈麟，1926 年 7 月 4 日出生于黑龙江省呼兰县，1947 年进入东北抗日军政大学学习，1948 年任哈尔滨军工部联合一厂分厂厂长，同年加入中国共产党。1949 年 8 月，陈麟随东北军工部南下湖南，在湖南衡山钨矿任军事代表并接管了该矿。1950 年民主改革后转入地方工作，任衡山钨矿矿长，1952 年任湖南瑶岗仙钨矿矿长。1956 年任湖南湘东钨矿党委书记兼矿长。陈麟曾在衡山工程处任军代表期间，正确地执行“三原”政策，把旧矿山转变为新矿山，取得出色的成绩。陈麟调任湘东钨矿矿长时，正是湘东钨矿由手工生产转变为机械化大生产的关键时刻，充分施展了他的才能，为湘东钨矿机械化生产建立了基础。1957 年后，因病请假作较长时期的治疗。1958 年任湖南冶金研究所党委书记兼所长，1963 年调任长春黄金设计院副院长、院长、党委书记并兼任古林金属学会秘书长。

（四）第四任矿长刘鸿恩[1]

刘鸿恩，是 1954 年从地方调来矿上任计划科长，1955 年至 1958 年任副矿长，主管

[1] 刘鸿恩资料不详，此文根据片段回忆撰写。

经营。1959 年任矿长，至 1964 年调离，是任期最长的矿长。他文化程度不过初中水平，但很有才气，善于思考，尊重知识。1956 年秋天，矿本部从高陇迁到邓阜仙东南侧的山谷里，地名汉背，日处理 250 吨矿石的选矿厂和柴油机发电站以及机修车间都建在这里。1957 年是日处理 250 吨机选厂投入生产后的第一年，钨砂年产量突破千吨大关，相当于前五年产量的总和。但由于磁选设备尚未配套完成，高锡钨不能及时精选成钨精矿，半成品大量积压，流动资金周转不灵，利润和成本计划都将难以完成。刘鸿恩对此很着急，派人到赣州请求中南钨矿局财务处解决资金问题。中南钨矿局财务处提出解决问题的两个办法：一是争取人民银行增加流动资金贷款，以中南钨矿局的名义致函湖南省分行，约请人民银行驻矿分理处主任和湘东钨矿计划财务人员一道去长沙同省分行洽谈。这个办法行通了，省分行决定增加贷款 40 万元。另一个办法是将一部分高锡钨毛砂委托长沙加工厂加工或销售给该厂。年末，刘鸿恩亲自带领供销科负责人同长沙加工厂洽谈成功，销售了一部分高锡钨毛砂，全面完成了 1957 年的计划。

三、何继善：湘东钨矿走出来的院士

美国著名地球物理学家弗兰克·莫里森曾说，在地球物理学界，既懂方法原理，又懂研制仪器的，世界上只有两个人，中国的何继善是其中一个。

在我国，何继善堪称为地球“号脉”、给地球做“CT”的第一人。他是我国电（磁）法集大成者之一，中国工程院首批院士。但是，你能想象吗？这位誉满全球的科学家却是真真实实从矿工队伍里走出来的。

湖南省浏阳市大围山脚下有一个叫桥亭的小山村，这是何继善的出生地，1934 年 9 月，何继善就诞生在这里。村子不大，家里很穷，何继善高中没念完就失学了。为了养家糊口，他来到湘东钨矿，在矿山化验室工作了 4 年，从事矿砂检验工作。他亲身体验了爬坑道取砂样的辛苦与艰难，何继善立志要寻找一条勘探地下宝藏的新途径。

▲何继善

“学习是我最大的渴望。”何继善强烈渴望能接触到更多有用的知识，他开始自学。矿上没有电，只能点电石灯，电石有杂质，产生的气体臭不可闻，常常被熏得眼泪直流。何继善就在这样的环境中埋头苦读，读完了高中的课本。1956 年，党中央提出“向科学进军”的口号，何继善再次受益，依靠自学，他以同等学力成功考上长春地质学院，何继善的身份从一名矿工变成了大学生。开始，他学的是地球物理专业。后来改学金属物理勘探。他是带薪学习的学员，每月除吃、用外，还有较多的节余，可以买很多书。每当回想起大学生活时，他总是满怀深情地说:“是矿里送我上大学的，我永远忘不了矿工兄弟。”4 年后，他成为全年级唯一各科全优的学生。毕业后便来到中南矿冶学院（现中南大学）地质系任教，就此深深扎根。

何继善始终没有忘记，他在矿坑里立下的志向，从大学期间就萌生各种想法，寻找各种办法。他发明了“双频激电法”，简单来说，就是将两种频率的电流同时输入地下，同时测量两种频率的电流形成的电位、振幅等。这样，不同矿产与岩石就鉴别出来了。

工作之后，何继善继续潜心研究了 20 余年。藏在深山里做实验，躲在田埂上学习。为了探索地球勘探的新理论、新技术，他变卖过自己的衣物，筹钱买电子元件。为了实地检测，他带着自制仪器，和学生们几乎攀遍了我国的崇山峻岭。

何继善长期致力于应用地球物理理论、方法与观测系统的研究。他创立和发展了双频激电理论，形成以伪随机多频地电场理论为核心的，包括电流场与金属矿晕理论、防洪工程隐患综合探测方法理论、公路桥梁等建筑工程质量监测技术、小波与地球物理信号处理等在内的学术体系和方法技术，该体系具有国际先进水平。他发明和研制出了一系列具有中国特色和国际先进水平的地电场观测仪器，先后获国家发明奖、国家科技进步奖和 30 余项省部级奖励。研究成果在我国 29 个省、区推广应用。

1986 年 3 月，刚晋升为教授的何继善携“双频激电法”在国际上首次亮相，即引起了世界地球物理界的轰动。被称为“变频法之父”的地球物理学家维特教授对何继善说:“我们落后了，中国在这方面已超过了我们。”

运用“双频激电仪”寻找地下水的成功率在 95%以上。地质部门采用“双频激电法”，在甘肃找到了金矿，在河北找到了银矿，在新疆发现了铅锌矿……仅我国，它“扫描”出的矿产，价值就在 2000 亿元人民币以上。

给地球“号脉”，不仅要发现资源，更要治疗“顽疾”。为了解决管涌探测难题，保护堤坝安全杜绝水患，何继善创立了探测堤坝管涌渗漏隐患的“拟合流场法”，研制出世界上首台能在汛期恶劣环境下，快速准确探测堤坝管涌渗漏入水口的“普及型堤坝管涌渗漏检测仪”。10 多年来，何继善先后奔赴全国 10 多个省份，测定了 110 多处江堤管涌和 20 多处水库大坝渗漏点，准确率 100%，避免了重大经济损失。

针对我国大中型有色金属矿山资源储量的严峻局面和特殊的地质条件，何继善率先提出了“生产矿山地质—地球物理理论”，形成了以地球物理、遥感、地球化学等多方法相结合的寻找新的接替资源的完整的理论方法体系。在湖南湘东钨矿、湘西金矿，新疆的萨尔托海金矿等矿山找到了新的矿体，仅在湖南省就获得超过30亿元的社会经济效益。

何继善的理论、方法和技术在许多工程勘探领域也得到了拓展应用。在工程勘查、路基、桥梁选址、高速公路质量检测、地下水资源勘探等方面有广泛的应用成果，取得了显著效益。他的理论和方法还在玻利维亚、伊朗、阿联酋等国家推广应用，受到国际专家的高度赞誉。

何断善领导开展了防洪减灾工程综合治理关键技术研究，特别是堤坝的渗漏和管涌探测方法技术和配套的仪器设备研究已达国际先进水平。该成果已在水库查漏、堤坝管涌探测方面获得了极大成功的应用。1999年汛期已在湖南、湖北的20个堤垸成功探测了近百个管涌渗漏点，极大减少了抗洪抢险的人财物消耗，为确保人民生命财产的安全作出了重大贡献。此研究成果受到当时科技部、水利部的广泛关注。

作为“863”项目820主题的专家组成员，何继善先后考察我国的黄海、东海和南海等海域，提出了开展海洋电磁法的研究建议并设计了完整的方法体系。

何继善对电磁场理论在医学中的应用有独特见解，他发明的“磁激生骨仪”在多所医院推广应用，1992年获中国武警总队科技进步二等奖。

何继善主持完成了50余项科研项目，获国家、省部级奖24项，1986年被授予“国家有突出贡献的中青年专家”称号，1993年获第三届“李四光教师奖”，1997年获“湖南光召科技奖”。培养博士后、博士、硕士研究生40余人。发表论文及专著百余篇(本)。[1]

---

[1] 据周阳生等主编；中共湖南省委组织部，中共湖南省委知识分子工作领导小组编写:《湖南优秀专家传略》(湖南人民出版社，2001年版，第17页)和《何继善:从矿工队伍里走出来的科学家》(光明网，2017年7月15日)。

四、湘东钨矿工匠群英谱

董业健

1921 年 1 月出生，湖南长沙人，1943 年毕业于湖南大学，核工业湖南矿冶局高级工程师。长期从事矿山采矿工作，1953 年 4 月任湘东钨矿矿山管理委员会委员、职工教育委员会委员。对湖南湘东钨矿和国营七一一矿的采矿方法进行了研究和改进，实现了高强度留矿采矿法的工艺和管理，实现了我国纤石充填法新工艺——电扒出矿充填、人工矿柱、水泥砂浆垫板等。

叶锡辉

1933 年 2 月出生，广东兴宁人，高级工程师，1955 年毕业于中南矿冶学院采矿系采矿专业，曾任湘东钨矿副总工程师，从事矿山生产技术和管理，组织和参与分层崩落、充填、小中段中深孔崩矿采矿法等 10 多次试验，对脉状矿床开采有经验丰富，曾提出垛积井框留矿法及长采区多顺路井横撑井框留矿法改革建议，经试验成功得到推广应用。“$MTCr_{15}Mn_2W$ 高铬铸铁砂泵耐磨件的研制”，获中国有色金属工业总公司成果二等奖，取得“卫生保健被套”实用新型专利。先后被评为省科协“讲、比”竞赛先进个人，省金属学会优秀学会工作者。

张恒政

1935 年 12 月出生，辽宁大连人。1954 年毕业于沈阳有色金属工业学校地质专业，1962 年在中南矿冶学院进修 2 年。湘东钨矿高级工程师。曾在湘东钨矿推广应用“教理法”取样代替手工刻槽取样，此法一直被采用。主编《湘东钨矿勘探总体设计》《湘东钨矿探采对比报告》《湘东钨矿地质志》等。参与湘东钨矿大型稀有金属铌钽矿床的勘探并参与主编地质报告。

李寅宾

1933年5月出生，湖南株洲人，高级工程师，1952年毕业于湖南工业学校矿冶专业，曾任中国有色金属工业总公司湘东钨矿副总工程师、市金属学会理事。在湘东钨矿采矿方法试验中担任主要成员。在围岩不稳固的急倾斜薄矿脉中试验“横撑留矿法”取得成功，这是在围岩石不稳固的急倾斜薄矿脉中应用留矿法变型方案的初次尝试。曾负责湘东钨矿井下机械化的技术工作，实现井下装岩、运输机械化、装配两条机械化掘进线，一条吊罐天井线，一条主平巷运输线，大大减轻了工人的劳动强度，进入全国先进行列。设计湘东钨矿三期开拓工程，主持四期开拓设计，为深部探矿及生产衔接打下了基础。

苏贵忠

1934年12月出生，湖南衡山人，中专学历，高级工程师。曾配合冶金部长沙勘测公司完成“南组脉8号勘探线东部山坡稳定性研究”。主持过矿山勘测工程设计。提供竖井工程设计，北组脉开拓设计，南组脉13中段以下深部勘探等工程设计。参加湘东钨矿钽、铌矿勘测及资料提供工作。发表《湘东钨矿地压活动特点及控制》等论文6篇。合作完成“邓阜仙钨矿边、深部成矿预测及外国找矿方向研究”项目，1990年获有色总公司科技进步三等奖。

张学渊

1935年3月出生，四川遂宁人，高级工程师，享受政府特殊津贴。1955年重庆大学地质系金属与非金属勘探专业毕业。从事地测技术和技术管理工作。组织、领导和完成大型钽、铌矿详细地质勘探及黑钨矿找矿勘探。多次编制矿山长远规划。完成选矿试验大样各阶段物质成分变化、考察等工作。主编地质、研究报告多份，主要有《湖南茶陵县湘东钽、铌矿区，金竹垅矿详细勘探地质报告》等。发表论文8篇，代表作为《邓阜仙花岗岩体稀有、有色金属矿床地质特征》。参与“邓阜仙钨矿边、深部成矿预测及外国找矿方向研究”，报告获有色总公司1990年科技进步三等奖。

颜治江

1929 年 11 月出生，湖南湘潭乌石人，中共党员。1951 年到湘东钨矿工作，分配在井下做矿工，不多久因工作出色，被调到生产科做调度员。他热爱钨矿，把一生的精力投入工作中，矿山的山山水水都留下了他的足迹，因工作的需要，每周都要井下生产一线了解情况，掌握第一手生产资料，他每到一个工段、一个工作面都是详细记录，回到生产科认真汇报。长年累月的付出，他熟记了从办公室到“515”“719”“金竹垅”等各条路，有多少台阶，有多少步伐，有多少弯道，熟悉各个窿口里面的布局，一旦生产出现异常情况，他都能准确无误指挥，不会出现差错。钨矿的生产和生活用水是从白水龙乡七队深山的泉水，沿山用水泥石头砌的水槽引到矿里的大水池，每年都要对水槽进行维护，砍掉水槽旁边的树木杂草，这是一项既辛苦又细致的工作，他都会主动要求去，虽然安排了民工，作为带队他都会亲力亲为，早出晚归，任劳任怨，严格要求，清除的树木杂草要求放在离水槽规定以外的位置，掉到水槽的杂物一点点都要捞出来，保证水流的畅通。1986 年夏季的一天，由于工作人员操作不当，引起矿九公里油库油罐起火，他正在家吃饭，听到广播里播音员的救火的通知，饭还没有吃完放下碗，就去了现场救火。他说自己是一名共产党员，保护国家财产，必须奋不顾身冲在前。助人为乐，帮助他人是常事，矿山夏季蛇多，有一次有人被毒蛇咬了，听说医院抢救要输血，他二话没说跑到医院献血。他勤劳善良，邻里关系很好，每天只要有时间就把屋前屋后，附近的各条道路打扫得干干净净。他的一生虽然没有惊天动地的丰功伟绩，但平凡工作中却彰显出他两袖清风、一身正气，以及勤恳敬业、无私奉献的精神。

程意文

1941 年 2 月出生。1958 年参加工作，在机电车间学徒，完成了铇、铣、钳等多个机械行业工种的学习。1972 年加入中国共产党，同年参加上级交给的生产半自动步枪的任务，主抓施工并设计了拉床、立铣适合军工生产的设备，完成了生产任务。1974 年被选送到北京钢铁学院在广西大厂开办的液压技术进修班学习。1976 年在加速矿山机械化建设中，湘东钨矿被列为矿山机械化全省和全国重点，程意文与长沙矿冶研究院、株洲风动厂共同设计研制了我国第一台 YYG-80 型全液压凿岩机，1981 年通过鉴定，获得省级二等奖，填补了我国液压凿岩机的空白。1980 年晋升为助理工程师。1984 年，为提高平巷掘进快速出碴能力，与东波有色矿共同开发研制了搭接梭式矿车，大大提高了出碴能力，经中国有色金属工业总公司鉴定，获得重大科技成果四等奖。1987 年，为了适合中、小型平巷掘进要求，设计了一种中、小型全液压凿岩台车，与湘潭风动机械厂生产的液压凿岩机配套，在冷水江锡矿山进行了工业试验，于 1989 年通过了中国有色金属总公司的鉴定，获得重大科研成果四等奖。1988 年晋升为工程师。在《有色金属》《矿山机械》等杂志上发表论文多篇。

殷日红

女，1942 年 11 月出生，湖南醴陵人，中共党员，湘东钨矿“铁姑娘车工班”班长。1958 年招工到矿山当车工学徒，她勤学苦练，工作扎实，技术出色；1970 年作为思想好、技术过硬骨干抽调到军工生产线；1971 年，机电车间成立女子车工班，殷日红同志担任班长，她以身作则、率先垂范和姐妹们团结一心争当先锋，年年都超额完成生产任务，产品优良率 100%；1975 年班组集体提前三个月完成了全年生产计划，被矿党委命名“铁姑娘车工班”，荣获湘潭地区先进集体荣誉。殷日红同志多次被评为先进工作者、优秀共产党员，她爱岗敬业、钻研技术、工作勤奋，数十年工作在生产一线，是矿山女职工中的杰出代表。

眭裘

男，1940 年 10 月出生，湖南永州人，1958 年参加湘东钨矿工作，钳工高级技师，1962 年至 1967 年在部队服役期间被评为“五好战士”，并光荣加入中国共产党。他在工作中坚持自学，学习和掌握了机械制造相关专业知识，逐渐成长为有理论知识水平和丰富实践技能的技术人才。在矿山工作几十年，他工作积极，技术精湛，担当重担，先后参与军工生产线研制和半自动步枪试制，负责机修厂设备管理维护工作，多次主持车床、铣床、磨床等机床大修，作为技术能手多次受派支援其他单位，攻克技术难关，他设计制造了自动钻孔机、扦床、竹木加工线等专机设备。他为人正直，关心爱护青工学徒，严格要求他们学会技术、干好工作，言传身教带出了一批技术骨干。他为矿山机械制造，设备管理维护作出了贡献，多次被评为先进工作者、优秀共产党员，在矿山享有“钳工王”美誉。

贺平仁

男，1940 年 10 月出生，湖南湘乡人，中共党员，机械工程师，曾任湖南省七宝山硫铁铁矿副总工程师。1961 年毕业于湖南工业学校机械制造专业。同年被分配到零陵技工学校任教，1962 年下放至湘东钨矿当工人，先后在湘东钨矿三工区做井下车运工，在机修车间做钳工，1964 年后在坑口工区和机械动力科负责机械设备管理维护，矿山机械研制等技术工作。1970 年，他主动请缨承担 4L-20/8 空压机仿制改进设计任务，将 L 形整体结构改为主体组合式，突破了制造加工难关，使湘东钨矿能自力更生制造出多台 20 立方米空压机，解决了矿山北组脉开拓对空压机需求的难题。他负责矿山高天井（高度 110 米）钢绳罐道卷扬机提升系统的设计和施工，设计巧妙，结构简单实用，使用安全可靠，提升效率高，为矿山节约 8 万余元。1980 年，他主持平巷掘进双机液压凿岩台车重大改进研制的整体设计和标准修订工作，经过改进的定名为 PYT-2C 型双机液压凿岩台车性能良好，操作方便，可靠性高，提升了凿岩效率，减轻了劳动强度，降低了现场粉尘浓度，在 1980 年 6 月冶金部组织的 PYT-2C 型凿岩台车技术鉴定会上，他代表湘东钨矿宣读《PYT-2C 型凿岩台车设计计算》论文并通过了论文答辩，受到与会科研人员好评。1982 年 PYT-2C 型凿岩台车科研成果冶金部科技成果三等奖。贺平仁紧密结合矿山实际，主持制定和修改了全矿采掘设备的管理办法，建立了设备技术档案和操作规范，组织了设备操作人员和维护人员技术培训，提高了全矿设备管理水平。

周笑生

男，1938 年出生，湖南攸县人，中共党员。他 1956 年进入湘东钨矿工作，先在选矿车间担任运输索道司机，1964 年，索道工段撤销后调入车间二工段“雷锋青年班”（重选一班），他工作能吃苦肯钻研，逐渐掌握棒磨、摇床、浮选操作技能，成为多面手，被评为“五好职工”（政治思想好、完成任务好、遵守纪律好、经常学习好、团结互助好）并担任了重选二班班长。周笑生作为操作手参与了“弹簧摇床改进工艺”“浮选—重选工艺”等技术试验，为提高选矿实收率、产品质量等级作出了成绩，他服从指挥勇挑重担，在选矿车间搬迁、设备安装调试中作出了贡献。他多次被评为先进工作者、优秀共产党员，1978 年至 1982 年连续五年获矿劳模和标兵称号。

葛光华

男，1928 年出生，湖南双峰人，1954 年进入湘东钨矿工作，中共党员。他参加工作以来一直在选矿粗选工段工作，工作踏实埋头肯干，服从领导工作分配，他先后担任过工段几个班的班长，每到一个班都能让班组同志团结一心争当上游，出色完成生产任务，是选矿车间有名的“老黄牛”。葛光华爱岗敬业，视工友为兄弟姐妹，大公无私处事公道，虽然没有什么文化，但对粗选工段工艺流程、设备维修、质量把控了然于心，在职工中有很高威信；他在平凡而繁重劳动岗位上勤勤恳恳干了几十年，先后七次被评为矿“劳动模范”。

谢和安

男，1930 年 6 月出生，湖南涟源人。1951 年 2 月在龙湘管理处（新邵龙山锑矿）参加工作，1952 年 1 月调入茶湘管理处（湘东钨矿），是矿山第一批固定生产工人之一。他先后在邓阜仙北部牌坊石从事手锤炮工和半截山坑口风钻工工作；他吃苦耐劳，手锤进尺定额 0.6 米 / 班，他常完成 0.9 米 / 班以上；1954 年，他被评为湘东钨矿首次劳模大会劳模和中南钨矿局劳动模范，并光荣加入中国共产党；他以劳模和党员身份继续扎实工作，发挥了很好的榜样作用。由于当时劳动条件相对恶劣和忘我牺牲拼命工作，他身体受到很大伤害，1963 年被诊断为矽肺二期，而后按政策要求办理了离岗长休，他在长休期间仍然为矿山各项事业做些力所能及的工作，于 1979 年诊断为矽肺三期后办理正式退休，1987 年 11 月在矿山病逝。谢和安同志是热爱党、热爱矿山、奉献矿山的第一代矿工人的缩影，第一代矿工为矿山奉献了青春甚至生命，为矿山建设作出了巨大贡献。

黄新辉

男，1961 年 10 月在湘东钨矿出生，祖籍湖南宁乡，中共党员。1979 年在矿山职工子弟学校高中毕业，同年 11 月应征入伍，曾参加南疆边境战斗，1983 年 1 月退伍回矿山工作。他退役不退志，保持部队优良作风和荣誉感，积极投身矿山人民武装建设和经济保卫工作，曾担任矿人武部长、100 迫击炮预备役连连长，多次被评为矿先进工作者、优秀共产党员，1992 年被评为茶陵县“十佳民兵”，1995 年被湖南省军区评为“学雷锋先进个人”，1998 年荣获“广州军区人武之星”荣誉。

余慈纯

女，1938 年出生，湖南长沙人，1957 年 7 月从长沙女子师范学校中师毕业参加工作，1959 年调入湘东钨矿子弟学校，从事小学阶段教学工作并一直担任班主任，每周完成 20 课时教学任务，整整 30 年，为矿山教育事业作出了贡献。她热爱关心学生、和蔼可亲、因材施教、为人师表，赢得了学生及家长们的尊敬，她多次被评为矿优秀党员、先进工作者，先后获县、市优秀班主任，株洲市“三八”红旗手荣誉，出席中共株洲市第六次代表大会。

彭光海

男，1957年出生，湖南双峰人，中共党员，采矿技师。1975年12月顶职参加湘东钨矿工作，先后在四工区、三工区担任平巷掘进队队长，值班区长、副区长；1979年6月支援三工区参加“六百米掘进”大会战，7月份调入三工区任掘进四队队长，参加工区8月份“千米掘进”大会战，同年7月、11月作为湘东钨矿代表队员之一，在瑶岗仙钨矿、桃林铅锌矿举办的省选拔赛和全国平巷机械化掘进操作技术竞赛中分别取得第一名、第二名。他热爱矿山，从事井下工作，吃苦耐劳，甘于奉献，在平凡艰苦岗位上取得了出色成绩，在北组脉817，南组脉409、414，深部探矿二九〇等平巷掘进中，都留下他辛勤工作的身影。他多次被评为矿先进工作者、标兵、劳模、优秀共产党员，还获“有色长沙公司劳动模范”“株洲市优秀共产党员”荣誉称号，他是矿山第二代矿工中的杰出代表。

成新华

男，1964年1月出生，湖南湘乡人，中共党员，1981年7月长沙有色工校毕业后分配至湘东钨矿参加工作，大学本科学历，有色冶金工程师。曾当选中国钨协会员、湖南省有色金属学会理事，曾任湘东钨矿副总工程师、湖南湘宁钽铌矿业开发有限公司副总经理、湖南有色集团湘东钨业有限公司副总经理、中钨高新材料股份有限公司高级专员。曾主持用难选钨细泥生产零级品APT项目和离子交换法除钼的工艺研究及工程设计，主持湘东钽铌矿选矿工业试验室组建及工艺试验，全过程参与宁夏东方钽铌公司合资开发湘东钽铌矿项目的可行性研究及设计，主持或参与过湘东冶炼新产品钨酸钠、偏钨酸铵及蓝钨的研发及工艺生产，主持或参与过湘东钨矿转产开发项目钨粉及钨条项目的市场调研及可行性研究和工程设计，参与过湘东钨矿北组脉资源的选矿工艺研究及400吨/日选厂的设计及建设管理。所著《从溶解液中降碱制取钨酸钠的试验研究》收录进中国有色金属学会首届青年学术年会论文集《有色金属科学技术进展》。

杨林

男，1930年出生，黑龙江省龙江县人，1949年随中国人民解放军第四野战军南下湖南，湘东钨矿成立后进入机修车间木模班。木模专业是一个非常细致，技术要求严谨的工种，没有一定的技术功底和悟性是干不好这个工作的。他通过勤学苦练，刻苦钻研，短期内技术突飞猛进，并逐渐养成勤动手脑、精益求精、力求完美的工作作风，深得工友的赞赏，多次评为先进工作者。鉴于他的出色表现和技术功底，调入井下任采矿支柱班班长。采矿支柱工作是一个高危工种，但他不惧危险和困难，并很快进入工作状态，带领全体成员超额完成各项生产任务，得到了工区、矿领导的高度赞扬，多次评为生产标兵。由于工作的需要，组织上又把他调到采矿班当班长，采矿工是钨矿工种中最危险、最辛苦的工种，但杨林没有退缩，勇敢地接受这一挑战！为了多干快上，经常是手握钻机，加班加点，超额完成任务，得到全矿通报表扬。不幸的是，在一次掌子面紧张工作中，杨林受了重伤，不得已脱离采矿岗位，伤愈后，安排到采矿磨样组工作。“文革”期间，他刚正不阿，不畏强权，保护善待受冲击的宫工程师、张政技术员，还为被打倒的老矿长鸣不平。“文革”中后期，调入子弟学校，负责全校的木制品维修，包括门窗、桌椅、板凳、书柜等工作，全面完成了学校交办的各项任务。“文革”结束后，组织上把杨林调入保卫科炸药库干守卫工作，他忠于职守，保证了炸药库的安全，直到从钨矿退休。

第五章　记忆湘东钨矿

湘东钨矿是新中国成立最早的钨业基地之一，在中国有色金属开发的历史上占用重要的地位。它开采的优质钨矿，为共和国初期的经济建设和对外贸易作出了重要的贡献。从建矿之始到因资源枯竭而关闭，一代代建设者在此挥洒汗水，其中不乏最后献身于此莽莽群山中者。他们的工作、业绩、成就，不但铸就了湘东钨矿的辉煌，成就了新生的共和国的重工业基业，也为新中国钨业历史留下了难以忘怀的记忆。

一、火红的年代：回忆湘东钨矿

湘东钨矿创业片段[1]

✪姜国盈

1950年夏天，《新湖南报》刊登中南军政委员会工业部有色金属管理总局湖南分局招聘会计人员的广告，引起我特别注意。当时我对“有色金属”这个名词很陌生，便产生一种好奇心。这年秋天，我从故乡邵东来到长沙，向金湘分局报名。经过考试，我被录取了！

（一）

录取后，分局为我们办了15天学习班。最后的一天，见到了分局局长许兴同志。他向我们作了简短的讲话。许局长50多岁，和蔼可亲，说话诚恳，像一位慈祥的长者。他首先讲怎样为人民服务，提出五点要求：克服雇佣观点和纯技术观点；克服官僚主义作风，不贪污、不腐化，廉洁奉公；有错改错，开展批评与自我批评；实行工厂管理民主化，虚心向群众学习；以新的人生观、新的思想去研究问题。接着他讲了新老干部的团结问题，他说：“新干部是解放后参加工作的同志，有事业热忱，文化程度高，有技术、有工作能力，但是劳动观点不强；老干部对革命忠实负责，大部分是工农出身，善于联系群众，最大的缺点是文化程度低，理论水平不高。”他接着说：“新老干部应该团结，互相学习，互相尊敬，互相帮助。”最后他要求我们打消顾虑。他说：“我局对各位一定信任，绝无宗派主义，不久的将来，你们就是各个单位的骨干力量；工作是长期的，决无失业之虞；工作基础在下面，大家都要到厂矿去工作；工资待遇问题，试用一个月后，根据工作能力与技术水平决定，大家不用担心。”许兴局长把党的宗旨、方针、政策、

[1] 钨业回忆录编委会：《钨业的崛起》，二七〇制印厂，1993年4月，第247-252页。

工作方法和工作作风，用最亲切简明的语言表达出来，使人产生不可磨灭的印象。学习结束后，我被分配到衡山工程处。此后在钨矿工作了 38 年，在临近退休的时候加入了中国共产党，并且在矿山安度晚年。

（二）

衡山工程处设在当时衡山县的杨林镇（今属衡东县）。我在衡山火车站得知到杨林大约有 45 公里。上午 8 点起程，到杨林已经是黄昏了。我走进一家旧店铺，一位年约 40 岁的事务员很亲热地安排我上楼住宿。楼上有几间小房，每间有几个床铺连起来，可以睡五至六人。楼房的后面是一间小厅堂，再进去就是厨房。此外还有几间小房子作储藏室和电话室。工程处的职工开会、学习、吃饭、住宿都在这家旧店铺里。少数带家属的职工在外面租民房住。第二天，到办公室报到，那是两层楼房的小庭院。工务课、会计课、总务课都设在这里。工程处主任和军代表也在这里办公。我到会计课，任材料会计，材料库和钨砂库都设在谭家祠堂。材料品种不多，也很原始，主要是钢条、钢锤、铁板、黑炸药、土引线、木材、洗砂筛、植物油，这是手工开采钨砂的常用物资，其中植物油是井下点灯照明用的。工程处管理的矿山很分散，有川口、三角潭、荒垅、塘江源四个工区，近的 5 公里左右，远的 20 公里左右，其中川口工区最大。在各工区设有材料和钨砂分库，材料上山和钨砂下山都靠人力挑运。杨林不通汽车火车，只有一条水道通湘江，可行木帆船。材料除本地采购的外，都是从长沙水运到这里。钨砂也从这条水道运到长沙。同事赠送给我一本《经济部资源委员会重工业建设基金所属机关统一会计制度》，中华人民共和国成立初期的工业会计制度大都是参照这本制度结合新的情况制定的，直到 1952 年完成清产核资以后，才开始采用苏联的会计模式。

工程处主任胡锡禄同志是一位 50 多岁的老工程师，他原来就是第二特矿处的技术骨干。他态度严肃，寡言少语，有较强的事业心，经常在百里矿山中来回察看，采集矿石标本，编写矿山地质概况。军代表陈麟是 26 岁的青年，文化水平相当于高小到初中的程度，他很机智、沉着、勇敢、活泼。星期天，他常到宿舍同职工聊天。他比较详细地了解职工的家庭、生活和思想情况。我第一次上川口矿区是跟他一起去的。工区办公室是租的一栋老民房，由一名主管工程师负总责，有管理、医务、库工、勤杂等人员共约 10 人。那时仍沿用旧社会的包砂制，矿工还未成为工程处的正式工人，而是亦工亦农式的，有六七百人。工程处对他们进行技术指导，供应工具和材料，产出的钨砂按质作价交给工程处。军代表领导政工人员在矿工中做政治思想工作，组织学习，调查研究，物色人才，在矿工中提拔干部，为民主改革和工资改革做准备。1951 年在杨林和各工区新建办公室和职工住宅，年底工程处改名为衡湘管理处。这时管理处的职工已增加到 60 多人（不包括直接生产的矿工），其中按“三原”政策留用的人员约占 50%，解放军转业来的人员约占 10%，在军政大学、革命大学受过短期革命教育后分配来的约占 10%，解放初期大中专毕业生分配来的约占 5%，以招聘、推荐等方式招收来的约占 10%。由于事业扩大，各种人员都感不足，分局又从高中和初中毕业生中招收后备人员，或进行短期培训，或边干边学，这样分配来的人员大约也占 10%。在矿工中选拔的人员约占 5%。1952 年底，衡湘管理处同茶湘管理处合并组成湘东钨矿，矿部机关设在茶陵邓阜仙矿区。胡锡禄调分局任总工程师，陈麟调瑶岗仙钨矿任矿长。还有一部分工程技术人员调往全国各地支援大规模经济建设。除此以外，留下一部分人员在川口矿区组建湘东钨矿的川口分矿，其余人员都到茶陵邓阜仙另行分配工作。“三原”政策至此已完成它的历史使命。

（三）

1953 年春天，我在杨林办完衡湘管理处的年度决算后前往茶陵，从东陵乘汽车前往高陇途中，看到一座大山在云雾缭绕中时隐时现，有人喊道：“那就是邓阜仙！”汽车奔驰约半小时，在高陇下车，在公路旁有一栋老旧的两层楼民房，这就是茶湘管理处租作办公、仓库和宿舍用的，它已成了湘东钨矿的转运站和接待站。这里离邓阜仙 30 多华里，步行要 3 个多小时。新落成的两层办公楼在邓阜仙东北侧的山沟里，地名叫东冲。钨矿的机构设置是仿照苏联的，有 10 多个科室，是一个独立核算的企业单位，比以前的管理处有较大的自主权。第一任矿长董益中是湘东钨矿的组建者。他在解放初期接管过几个矿山，有较丰富的矿山工作经验，因此对组建新矿山企业得心应手，不到 3 个月时间，地跨 3 个县的湘东钨矿就组建完成了。1953 年底，矿本部搬到高陇的新建办公大院。由于企业发展很快，便从地方各级党政领导干部中抽调人员到企业中来边干边学。第二任矿长罗西芳就是从县委书记中抽调出来的。为了让第二任矿长有一个熟悉情况的过程，董益中和罗西芳两位矿长共理矿务有一年半之久。中南钨矿局成立后，董益中调任中南钨矿局生产处长，中南钨矿局撤销后，他继任湖南有色金属管理局副局长和湖南省冶金工业厅副厅长。1953 年秋天，我参加了罗西芳率领的工作组到邓阜仙的北矿区金竹垅工区蹲点，调查了解工人生产情况，研究如何提高工效和节约材料，特别是节约黄炸药（甘油炸药）。因为这种炸药是从苏联进口的，成本高，很珍贵。罗西芳在掌握情况以后，才召开全工区职工大会，一方面听取大家的意见，一方面有系统地发表他自己的看法。他通过这种工作方法使自己很快由外行变成内行。在他的任期内，以邓阜仙矿区为重点进行基本建设。首先建设了上山公路 11 公里，解决交通运输问题；其次建设柴油机发电站和空气压缩机站，解决能源和动力问题。这样就为矿山机械化生产创造了先行条件。

第三任矿长陈麟，在衡山工程处任军代表期间，正确地执行“三原”政策，把旧矿山转变为新矿山，取得出色的成绩。这次从瑶岗仙钨矿调回来，正是湘东钨矿由手工生产转变为机械化大生产的关键时刻，正好施展他的才能。可是他在 1957 年因病请假作较长时期的治疗。这段时期，虽说由党委书记于一民暂时兼代矿长职务，但于一民忙于做党的工作，特别是那时已开展党内整风运动，不可能有较多时间处理矿长的事务，所以许多实际工作落在副矿长刘鸿恩的肩上。1959 年，陈麟改调事业单位工作，刘鸿恩便正式接替为第四任矿长。

刘鸿恩 1954 年从地方调来矿任计划科长，1955 年至 1958 年任副矿长，主管经营，1959 年任矿长，1964 年调离，是任期最长的矿长。他大约比我小 6 岁，文化程度不过初中水平，但很有才气，善于思考。尊重知识。1956 年秋天，矿本部从高陇迁到邓阜仙东南侧的山谷里，地名汉背。日处理 250 吨矿石的选矿厂和柴油机发电站以及机修车间都建在这里。1957 年是日处理 250 吨机选厂投入生产后的第一年，钨砂年产量突破千吨大关，相当于前五年产量的总和。但由于磁选设备尚未配套完成，高锡钨不能及时精选成钨精矿，半成品大量积压，流动资金周转不灵，利润和成本计划都将难以完成。刘鸿恩对此很着急，派我到赣州请求中南钨矿局财务处解决资金问题。财务处会计朱廉听了我的汇报，立即提出解决问题的两个办法：一是争取人民银行增加流动资金贷款，以中南钨矿局的名义致函湖南省分行，这个函件要我带回矿，约请人民银行驻矿分理处主任和我一道去长沙同省分行洽谈。这个办法行通了，省分行决定增加贷款 40 万元。另一个办法是将一部分高锡钨毛砂委托长沙加工厂加工或销售给该厂。年末，刘鸿恩亲自带我和供销科负责人同长沙加工厂洽谈成功，销售了一部分高锡钨毛砂，这样就全面完成了 1957 年的计划。

湘东钨矿建矿早期的四任矿长，在当年是普普通通的企业领导者，为新中国的钨矿事业无私奉献，确确实实是当之无愧的社会主义企业家。

扎根在矿山[1]

✪周继苏（泰国归侨，湘东钨矿退休职工）

我 1932 年 2 月 8 日生于广东省博罗县湖山村。我的父亲周田是个木工，母亲刘玉是个没有文化、勤俭持家、生活朴素的家庭妇女。我有 7 姊妹，我排行第 7，由于我家生活贫穷，无法养这么多人。我听母亲讲过，我有一个姐姐送给了人家，还有 3 个姐妹因无钱治病很早就离开了人间。只留下我和一个哥哥一个弟弟。[2] 父亲身体不好，很少外

[1] 原文《说说我的一生》，载于周祥新编著：《株洲归侨华侨纪事》，中国文史出版社，2006 年版，第 110-123 页。

[2] 此处似有笔误。作者原文如此，为保留原貌，未予更正。

出做事，全靠我母亲做些小贩生意来维持全家生活。

苦难的童年

我 8 岁那年，父亲有病在床，无钱治，不久就死了，终年 54 岁。父亲一死，我家负担越来越重。有一天，哥哥把家里刚孵的小鸡和老母鸡拿去市场卖，连我母亲都不知道，后来才知道是拿卖小鸡和母鸡的钱作路费跑到香港去打工。哥哥去香港一个月，不仅没找到事做，还得了水肿病。回到家中卧床不起，因无钱治病，刚 24 岁哥哥就死了，死时因无钱买棺材，乡亲们和我把几块床板做成棺材，才处理后事。哥哥一死，我们母子 3 人相依为命，家里一贫如洗，一日两餐难以维持，如果日子这样过下去，只有死路一条，怎么办？不能活活饿死。唯一办法只好讨米去了。我开始一个人到离家不远的地方要饭，第一次讨饭也比较顺利，讨到一碗多饭。以后就每天去讨，广东人习惯早餐不吃饭，有钱人家就去饮早茶，穷人只吃两餐，中餐十点半，晚餐五至六点。在解放前讨米的人太多了，三五成群。当快吃中餐的时候，我就提前到富裕的人家门口等，等他们吃饱饭后剩余的饭菜就给点你，如果没剩余就白等了。我每天讨来的饭，除了自己吃一点以外剩余留给母亲和弟弟充饥，碰到有讨不到的时候，就挨饿了，有谁可怜你呢？我还清楚地记得，有一天晚餐没米，我由于饥饿过度就晕倒在地，母亲真急了，她到好心人家讨了一碗饭喂给我吃，才苏醒过来。第二年弟弟已有 8 岁，穷人家小孩很懂事，他要求说:“哥哥，我也和你一起去讨饭。”兄弟两人有时一去半夜才回，我母亲在家非常着急。有一回我和弟弟去牛头村讨饭时，半路上碰到 3 个年纪比我大点的小孩，拦在路上问我:“你是哪一村的？”我说是“湖山村的”。他见我是外乡人，就拳打脚踢打了我一顿。我们哪敢还手，只好由他打了。我们跑到了牛头村一户比较富裕人家讨米，那户主见我和弟弟实在可怜，给我一点东西吃。他对我说:“你家生活困难，不如把你的弟弟给我做儿子，减轻你的负担。”当时我想，如果送给人家做儿子，能吃饱饭，也是一件好事。当晚我回家告知母亲，母亲听了，就哭了起来，而且哭得很伤心，母亲说:“我再苦也舍不得把弟弟送给别人做儿子，到底是自己的亲生骨肉。”我的眼泪一滴一滴在流，我们的命真苦呀！不知哪年月才有好日子过。有一次，我和弟弟到中岗村讨饭，由于天黑不知从哪条路回家，迷失了路，恰巧碰到一个好心人，他将我带到一间破庙里，当时我想一个人回家，但天又黑，伸手不见五指，我很害怕，弟弟又不知在哪里，正好破庙里有很多讨米的人，我就和他们在一起过夜。第二天一早我就回家，见弟弟已回家，我就放心了。谁知那天晚上我母亲去赶场也没有回来，那天晚上 3 人各住 1 个地方。

在旧社会穷人讨米真是太苦了。冬天我和母亲弟弟 3 人共用一张破棉被，睡到半夜经常被冻醒。母亲生下我以后没穿过一双鞋一双袜。由于天气寒冷，母亲脚上生了冻疮，可怜的母亲痛得叫苦连天。为了一家生活，还要东跑西奔，真是苦呀！有一次，母亲去外地卖柴火，不幸在路上碰了几个土匪把我母亲身上的 30 块钱抢走了，母亲奋力反抗，结果还挨了一顿打，母亲哭得很伤心。唉，今后哪里有钱做小本生意呢？幸好我有个好舅父，舅父得知被抢一事，就拿出几十元给我母亲继续做小本生意，逢年过节舅父还送一些米和其他食品给我们。

自从母亲遇土匪后，我再没有去讨饭了，帮人家放牛，有吃无工钱。有一天，一个财主婆叫我去菜园帮她拔草，中午吃饭时，她不准我同她们一起吃饭，只装了一碗饭给我坐在地下吃，我做了半天的事，肚子很饿，三口、两口就吃光了，再到饭盆里装饭时，没想到财主婆说："你本来是个叫花子，给你一碗饭就不错了！"当时我敢怒而不敢言，只好忍着算了。第二天上午，她看我没来帮她做事，她便问："为什么不来？"我说："帮你做事，连饭都吃不饱，我不想干了。"后来，我和同村年纪差不多的小伙子去捕鱼，我的水性很好，捕鱼技术也不错，一天捕得三四斤，捕回的鱼，大的就把它卖掉，小的就留下吃，生活有些好转。冬天不能去捕鱼时，就另找事做。有一天经人介绍到石龙镇一家金店当学徒，我想学门手艺也好，有了技术不怕赚不到钱，我就同意了。第二天由母亲陪同去的。到了石龙镇，天快黑了，老板娘见我来了，就对母亲说，你儿子来得正好，快先帮我挑担水。看见这两个桶很大装满了起码有七八十斤，那年我只有 15 岁，加上平时吃不饱，哪有气力，有什么办法呢？只好能挑多少就挑多少，到河里挑水来回要半个多小时。水挑完后，老板娘叫我拜师父，首先点燃三根香，叩三个头，这是收徒弟的规矩。3 年学徒有吃无工资。那天晚上我也不知老板家做什么喜事，来了很多贵宾，搞了很多菜，那晚我确实吃饱了饭，我和店里几个佣人一起收拾碗筷打扫卫生，快到午夜十二点钟了，我想睡，他的佣人对我说："现在不能睡！""为什么？""老板正在打麻将，还要做夜宵给他们吃。"我一直忙到午夜一点多钟才睡，第二天五点多钟又起床做事。天天如此。我真的吃不消了，我只做了 3 天就跑回家。见到母亲，我就痛哭起来："妈妈，我实在吃不消了。"母亲见我哭得这样伤心，就同意我不去了。

出国当学徒

1947 年春，我的姑妈和姑丈从泰国曼谷回家探亲，见到我家如此贫穷，向母亲建议要我跟她去泰国学一门手艺。我姑妈生了 6 男 6 女，在泰国有两间机械厂、一间铸造厂。我 6 个表哥个个技术精通，除了请少数工人外一般都是自己包干。由于生活所迫，我只好离乡背井，随姑妈去泰国学艺。同年 4 月份由我姑妈陪同去香港，我的姑丈帮我办了手续，我在香港待了两天，晚上 6 点多钟上船，到泰国的船票等于泰铢 2000 元，在船上姑妈对我说："亚苏，你的船票暂时帮你出，等你出师赚到钱再还给我。"我在 1951 年出师时如实还给了姑妈。在船上整整坐了7天7夜，我从小没有出过门，坐在船上一望无边，只看见天上的太阳很小，看到一座山，头发晕，茶饭不思，好像病了一样。7天后的下午约四点钟才到泰国码头靠岸。我的二表哥和三表哥已到码头来接我们。租了一辆马车，连人及行李送到厂门口。我进厂门看见有几台皮带车床、钻床、牛头刨床等，几个工人正在紧张地做事。晚饭后，二表嫂陪我坐三轮车到她家睡。

我是乡下人，从没到过大城市，一路上看到灯光明亮，一栋栋的高楼大厦，人来车往热闹非凡。第二天，姑丈带我去办入境手续，手续办好后才正式上班。我的工种是车工为主，但钳工、刨工都学。我的师父是广东人，名叫钟三庆，20来岁，讲得一口流利泰语，技术也很全面。我在泰国学徒期间是很辛苦的，早上八点上班，中午十二点吃饭，十二点半就上班，下午五点钟下班每天九小时。晚餐师傅们都回家了，当徒工的还要打扫卫生，将每台车床都要清洗得干干净净才下班。任务忙的时候还得加班加点。师父加班有加班费，徒工没有，连夜宵都没得吃。我在泰国学徒除了包吃外，月薪只有20泰铢，等于人民币2元，没有劳保和福利。出了安全事故，一般老板不管，严重的可能给少量药费，就不错了。在泰国学徒，不同在祖国，解放后国内徒工真幸福，首先有专门人员上安全课、技术课。我回国参加工作后我的徒弟很多。1958年，我一个月就收了20个徒弟，每星期不少于给他们上两节技术课和安全教育课，毫不保留地把所有技术传授给他们，使他们能早日出师。当然，我的情况不相同，因为老板是我姑丈，挨打受罪是没有的，批评几句是经常有。总之，当时学徒一般3年出师，如果3年学不会还要补师。每天，我站在师父面前看他操作，我师父对技术很保守，一问三不吭，在产品加工方法上很少告诉我，怕我将来的技术超过他。在我看加工关键的产品时，他就叫我去买咖啡、茶或做其他事情，回来后他的工件已加工好了。有一回他车螺丝的时候，我问师父挂轮的公式如何算。他说你以后就知道，不必多问。我后来就想一个法，要师父传授技术于我，起码要有一点物质刺激。一天晚上，我买了两张电影票请师父看电影，还请他吃夜宵。在酒足饭饱后，我请问师父车螺纹的挂轮公式怎么算，因为上世纪五十年代用的都是皮带车床，现在都是自动车床，看看车床上的螺纹表就知道了。那晚师父看我这样热情招待，有些感动，他说："很简单，车床丝杆是一过四牙你就乘一个四就是了。"他一讲我就明白，当时我心中想，一场电影、一餐夜宵换来一项技术值得。由于我勤学苦练，不到3年，我的技术进步很快，一般比较复杂的产品都能加工，很快得到老板的好评，月薪由原来20泰铢增加到150泰铢，第二、第三个月增加到350泰铢一个月。到1956年，我月薪已达到850泰铢，加上任务忙时晚上加班加点，平均每月有1000多泰铢。一日三餐还是吃老板的，我的日子一天比一天好起来。剩余的钱除了我留下一点日常生活费以外，逢年过节就寄给我年老的母亲。家乡早就解放了，母亲没有做小贩生意了。弟弟已去参军，按规定我母亲是军属，在大队里享受一等劳动力的待遇，生产大队年底分粮分物都有一份。母亲在家不愁吃不愁穿，日子好起来了，穷人翻了身。50 年代，凡是华人在泰国，都要办一个随身证，每年都要交 100 多泰铢。记得有一次，姑丈叫我出去买一条香烟，路上一个便衣警察就问:“你的随身证呢？”那时我已学会讲泰语，我说:“忘记带来。”不管三七二十一就把我抓上车。恰好碰到一个熟人，回去告知我姑丈拿来我的随身证，才把我放了。通过这一次教训，以后我一出门都把随身证带在身上以防万一。

在泰国生活几年，为了精通泰语，晚上我在一所业余学校读了一年多的泰文。讲课的老师是潮州人，通过一年来的苦练，我的泰语能讲 80%以上，泰文也认得一些。有时来一些客户送来一些设备到厂里修理，大多数是泰国人，我也能用泰语和他们对话。时间过得真快，不觉一去就是 9 个春秋。每逢佳节倍思亲。我很想念母亲，离家一别，我已 24 岁了，很想回家看看我的母亲。但离得太远，也不知什么时候能回到母亲身边呢？

扎根在矿山

1956 年 7 月，我无意中看到报纸上有一条新闻，周总理号召海外有技术的华侨回祖国参加社会主义建设。看到这一消息，我心情非常激动，离开祖国和亲人 9 年了，该回去看看祖国和母亲了。当晚整整一夜不能入睡，回去又怎能割舍 9 年来姑妈和姑丈对我的关怀，是他们传授技术给我，才有我的今天。转而又想，家中老母已 60 多岁，落叶归根，迟早要回去的。祖国建设需要技术人才，自己学有一套过硬的本事，车、钳、刨、钻都熟悉，而且又年轻力壮。回到祖国参加建设，为祖国作贡献，那有多光荣呢！想到这些，我下定了决心回国。

第二天我和一位工友商量，他就要我和他一起回国，而他的父母姐妹都是生长在泰国的，当时我很高兴，一起回去路上互相有个照应那多好。当时我没有准备这么快回去，还缺少路费。但我身上还有一条金项链，有 100 多克重。我就拿去卖了 2000 多泰铢，加上我表哥表姐送了我 800 多泰铢，还发了一个月工资，加起来共有 4000 多泰铢。买了一张船票 1500 多泰铢，剩余的买了些药品、布料、衣服等，带回家给祖国亲人。

1956 年 7 月办好了回国手续。7 月 24 日晚上 7 点多钟开船，整整坐了 7 天 7 夜，7 月 31 日 11 点左右抵达广东汕头市。码头上有好几百人敲锣、打鼓迎接船上一起回来的 2000 多人。上船后，当晚我就在码头上把带来的泰铢和港币兑换成人民币。第二天，我们好几个归侨一起去办理入境手续，在汕头玩了几天，就乘车去广州。途中，我在石龙镇下车。石龙到我家大约有 4 公里，要走一个多小时。因我急忙回来来不及和家中写信，所以没有亲人来接我，只好请了个挑夫把行李挑回家。回到家叫了一声“妈妈！”她老人家望着我发呆。可能一别 9 年，不认得我了，这也难怪，因我没写信告诉她。看我已长高了，头发梳得溜光，身穿雪白衬衫，脚下穿着一双雪亮的皮鞋；而9年前随姑妈出国时，我身穿一套旧棉布衣，一双旧布鞋，真是土里土气。母亲见我这身打扮，有点不相信。妈妈说："不是做梦吧？"我说："不是做梦，你的儿子真的回来了！"母子相逢抱头大哭。这不是悲伤，这是一场惊喜！当晚好多乡亲们到我家问长问短，连那个10年前我帮她到菜园拔草只给我一碗饭吃的财主婆，也来看我。她见我抽的大前门香烟，向我要了一支，我一见她来，就恨死了她，本想骂她几句出口气，但我想都是自己乡亲，又何必呢？过去的事，就让他过去吧！在家待了10多天。

我的朋友从广州写信给我，叫我赶快到广州会面。我乘石龙至广州的火车就到了广州，我的朋友已等我多时了。我和他坐三轮车到华侨事务委员会。下车后，有个茶陵汉背（地名）湘东钨矿派来的人事科长来广州招工，因矿山需要大量技术人才，我们一共来了20多位归侨，来自不同的国家，有钳工、车工、电工、铸工等，这个人事科长都要了。当时我的理想是在广州安排工作。我问他："湖南的地方条件好不好？"他说："湖南很好，有很多华侨，有大城市。"当时，他没讲在矿山，如果说是在矿山的话，我们都不愿意来。第二天我们去广州医院检查身体合格后，当晚人事科长买了广州至醴陵的火车票，每人先发40元人民币作为路费和伙食费、住宿费。当天晚上九点多钟开车，第二天早上九点钟到醴陵下车后，找好旅店，我们归侨坐的不是卧铺，所以都很疲劳，连中餐都没吃，就睡了，下午四点多钟才起来，一起吃晚餐。1956年的物资很便宜，我们每人只出五角钱就有八九个菜，非常丰富。第二天乘醴陵至高陇的汽车，下午四点多钟才到高陇。那时汽车不是烧汽油，而是烧木炭，车子走起路来和马车差不多，又是泥巴路。我们以为到了工作单位，谁知道人事科长说还未到呀，对面那座大山才是我们单位。这时，我们才知道是个矿山，我们归侨都埋怨那个人事科长骗了我们，不说真话。大家有些后悔。但对我来说不后悔，因我过去是受过苦的人。再者我的目的是回国参加社会主义建设，总比在旧社会讨米好得多。只要有吃有穿心里就满足了。

1956年8月25日下午，我们到达湘东钨矿。矿领导对我们归侨非常关心和热情，在生活上和工作上有什么要求都可以向矿党委领导提出。我们在职工食堂就餐时，什么菜都有辣椒，因广东人不吃辣椒的，吃不下饭。领导得知此事后就叫我们到食堂吃点菜。秋天过后矿山早晚有点凉，我们所有归侨长期生长在热带国家，一年360天都是单衣。我在泰国时不管春、夏、秋、冬都是洗冷水澡。因湖南的气候比广东冷得多，我们带回来的都是夏季衣服，连一件毛线衣都没有，想到合作社去买棉衣才知道要布票才买得到。领导得知我们的实际困难时，就和合作社的负责人协商，凡是归侨一律免票买棉布，没有钱可以记账，等发了工资再给。由于矿领导对我们归侨在生活和学习上的关心和照顾，我们也慢慢地安心在矿山工作，一心一意搞好生产，用实际行动来感谢党和同志们的关怀。我记得在20世纪60年代，我国粮食暂时供应不上，每月粮食要定量，一般工人每月定量30斤。为了让归侨吃饱吃好，能安心工作，我们每月粮食定量为45斤，每月还有2条香烟和白糖、猪肉和茶油等免票供应和照顾，归侨深受感动，都说还是祖国好。

我第一天上班不太习惯。我一进厂房时，看到只有几台设备，一台自动车床、一台皮带车床，还有一台牛头刨床，是中国大连制造的。我在泰国从来未使用过这种设备，对我来说是陌生的。工段长带我来到正在车床操作的一位师父跟前，这位工段长对我说，这是谢师父，由于我不会讲普通话，听不懂。好在这位师父是江西人，会讲广东话。他见我是个归侨，非常热情，就把这里的情况介绍给我听。他还带了一个徒弟，是湖南人。他讲话我一点都听不懂，由谢师父翻译给我听。头半个月，我只站在车床旁边专心看他们师徒操作，熟识一下这台车床的性能。谢师父38岁，对我很关心，在技术上从不保守。有时我不懂，他总是很耐心告诉我。通过他的指导和帮助，我很快就掌握这台车床的性能。接着，时间上由一班制转为两班制。我单独上早班，他师徒上中班。在师父的指导下，不到两个月，我的技术进步很快，加工出来的产品合格率达到98%以上，很少出废品，得到厂领导的好评。归侨的技术个个都比较好。生产设备出了故障，都能及时处理，使设备正常运转。在工作上不管天气好坏，随叫随到不分白天黑夜，埋头苦干，不完成任务不下班，受到矿党委领导的好评。有一次选矿厂在外地买回偏心轴，安装时发现这根轴同心度不对，无法装上，影响生产。矿领导非常重视，矿党委研究决定，派我去攻这个难关。我接到这个光荣任务后，又高兴又担心，担心的是搞得好就好，搞得不好人家就说你是有海外关系，破坏生产。我的工段长对我信心很足，说:“周师傅，胆子放大点，不要怕！”我吃了晚饭后穿好工作服，由工段长陪同一起上班，我把偏心轴夹在车床上过细检查，确实发现这轴同心度不对。有工段长陪同一起参战，我的胆子就大了。通过一个通晚的奋战，终于加工出来。第二天，就装上去投产使用，得到领导的表扬。在技术评级时，我被评为六级车工，归侨中我是最高等级，月薪70多元，等于一个正科长的工资。1961年又增加到月薪84元。

由于我们归侨刚踏回祖国的大门，大多数不懂政治，在党的培养和同志们的帮助下，我们不管在政治上还是技术上都有很大提高。工厂经常组织我们学习政治、文化、技术。矿党委对归侨家属也是很关心。1959年，我爱人得了肺结核病，在矿医院和茶陵没治好，眼看我爱人病情一天比一天严重。党委派了一辆货车专程送我爱人到醴陵然后转火车到长沙二医院住院。住院后两个多星期还不见好转。不久，长沙二医院发来一份电报，说我爱人不行了，赶快准备后事。我接到电报非常着急，当时我爱人只有21岁。第二天，我和岳母一起到长沙二医院探望，看到我爱人睡在病床骨瘦如柴，体重由原来的120斤减到74斤，我的心情非常痛苦。后来通过几个专家和教授会诊，吃了几副中药，病就慢慢地好起来，如果在旧社会早就死了。我真是感谢组织和领导对我们的关怀。出院回矿，矿领导还送我爱人到高陇疗养所休养半年，住宿和伙食都是公家开支。她本是一个归侨家属，又不是职工，按规定是不能享受的。我爱人原在矿医院当过临时护士，又当过代课老师，还在矿水泥厂当过化验工。1972 年矿领导为了照顾归侨家属，全矿归侨家属都转为正式职工，我爱人也转为正式工了。

难忘的时刻

✪袁宗庆[1]

1957 年 4 月间，文化部在北京召开全国电影发行放映先进工作者代表大会，当时，我在湘潭县第一电影放映队任队长。因我们一队完成放映任务处于全省榜首，先后被湖南省文化局评为先进单位、红旗单位；我本人也被湖南省文化局评为先进工作者，被湖南省人民委员会评为二等奖放映员。因而，我当选为代表，继出席湖南省电影发行放映先进工作者代表大会之后，又光荣地出席了文化部在北京召开的这一次规模盛大的全国先进代表会议。在会议期间，我虽然被评为全国电影发行放映先进工作者，属部级劳动模范，后湖南省人民政府又评我为省劳动模范，给了我很高的荣誉。但使我终生难忘的却是受到毛泽东主席、周恩来总理的亲切接见。4 月 10 日晚，文化部在北京饭店举行联欢晚会，招待出席 1949 年到 1955 年优秀影片获奖者代表及全国电影发行放映先进工作者代表大会的代表。周恩来总理尽管国事繁忙，当晚仍抽身来出席联欢晚会，与我们代表同欢共舞。音乐一停，人们都各自找地方休息。这时，我和藏族女代表李秀英却立即走到周总理身边。周总理见到我俩，就一把拉着我的手，走到著名女电影表演艺术家白杨坐的小桌旁坐下。我坐在周总理左边，白杨则坐在我的左边。周总理问我们是哪里的？干什么工作？我拘束地回答说："我是湖南湘潭的放映员。"周总理听我说是湖南湘潭的，便笑着说："长沙里手湘潭漂。"又指着白杨说："她也是你们湖南的。"听了周总理用风趣的湖南流行俗语谈话，我感到周总理平易近人，顿时便松弛了紧张的心弦。接着，湖北女代表吕守英、河南女代表周菊文也先后来到周总理身边。在这动人的一刻，首都的摄影师们迅速地为我们拍下一个珍贵的镜头——《周恩来总理和全国电影发行放映先进工作者代表们亲切交谈》。后发表在《中国电影 30 年》大型纪念册上面。当时，因怕人多了，没有机会轮到我发言，也怕过多地占用周总理的休息时间，于是，我抓住机会对周总理说：

[1] 袁宗庆，女，1955 年到湘潭县电影放映队工作，1956 年任第一电影放映队队长，1957 年 9 月任湘潭县电影放映联队首任队长，多次被省、地评为先进，并出席了湖南省第三届先代会，1958 年调湘东钨矿，继续从事电影工作，又多次被评为先进工作者，"文化大革命"后调湘东钨矿统计部门工作，由助理统计师晋升为统计师。

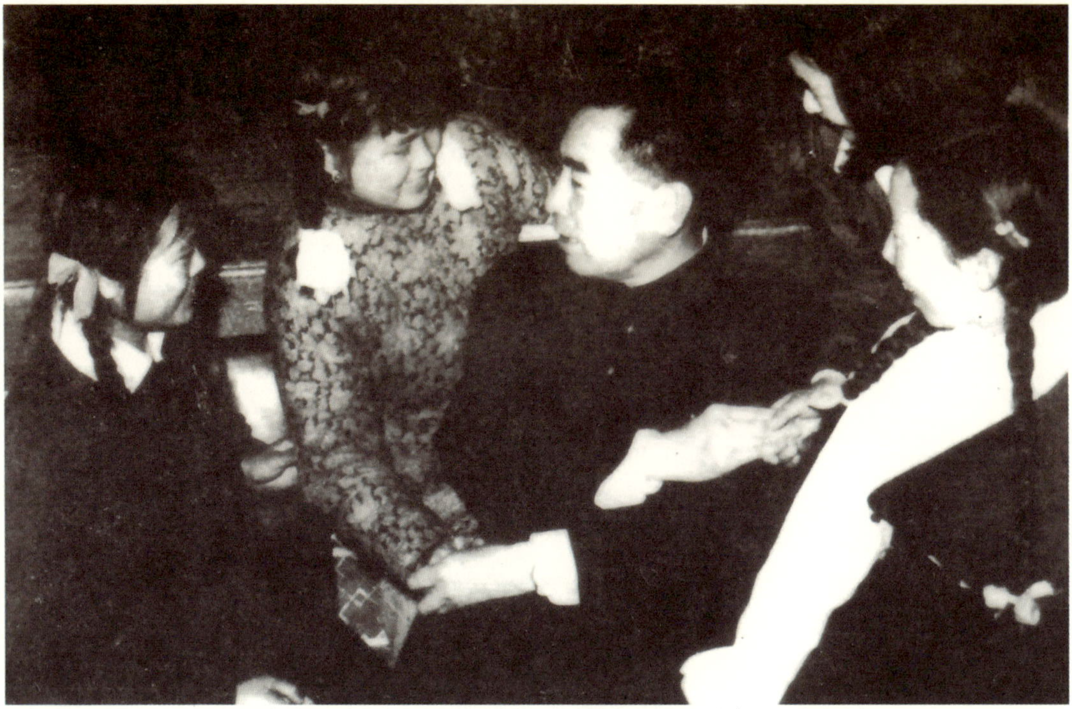

▲周恩来总理和全国电影发行放映先进工作者代表们亲切交谈（左一：袁宗庆）

"请总理向毛主席转达，我们湘潭人民向他老人家问好！"周总理点头说："我一定转告。"随即，周总理用十分肯定的语气，亲切地对我们说："你们的工作是很辛苦的！"音乐又开始播放了，香港著名女影星夏梦走来，邀请周总理跳舞。周总理起身离开座位，向我们点头告别，我们几位女代表依依难舍……

第四天上午，出席全国电影工作者联谊会成立大会的代表和1949—1955年优秀影片获奖者代表及出席全国电影发行放映先进工作者代表大会的代表，都整整齐齐地站在怀仁堂旁边的一个宽阔的草坪上，恭候着毛主席等党和国家领导人的接见。

"毛主席来了！"我盼望的幸福时刻终于来了，只见毛主席、周总理及朱德、邓小平、彭真等党和国家领导人从怀仁堂走出来。毛主席他老人家边走边向我们代表挥手致意。代表们都有节奏地拍手相迎，毛主席等党和国家领导人与全体代表合影留念，并与坐在前排的大会主席团成员一一握手。就在这时，周总理一边向队列扫视，一边高呼："湘潭的！湘潭的！黑妹子！黑姑娘！在哪里？快到前面来。"可能是周总理不知道我的姓名，因见我皮肤较黑，故此称呼我。我们湖南代表都站在第四排，也是最高的一排。听了周总理对我的呼唤，我激动得流出了幸福的泪水。代表们为让我能迅速地去见毛主席，都主动地闪开一条道。

我刚一来到毛主席身边，周总理便向毛主席介绍说："这位就是湘潭的黑姑娘！"毛主席伸出手来和我握手，并亲切地问我：“你是湘潭的？是城里的还是乡里的？”此时此刻，我虽有千言万语聚心头，却激动得连一句话也说不出来。只是握着毛主席健康的手，傻乎乎地望着他笑。毛主席见我这个样子，便笑着对我说：“我知道了，你是街上的。”“不！不！我是乡里的。”这时，我猛地回过神来，立即向毛主席回话。毛主席听了后，又对我点头说：“你们辛苦了！要更好地工作。”听了毛主席这句话，我的双眼又流出一串串幸福的热泪。因为，我深深地体会到，这句话虽字数不多，但感情深厚，意义深远。这是毛主席他老人家对我，对家乡全体电影工作者、文化工作者和对家乡百万人民的亲切问候、亲切关怀与殷切期望！

1957 年 4 月 14 日上午 10 时，啊，我终生难忘的时刻！

湘东钨矿开发的前后[1]

✪苏贵忠

“山不在高，有仙则名。”茶陵境内的邓阜仙也是因“仙”而闻名于世的。相传，唐天宝十三年（754）有个叫邓理芝的道人（字玉霞，道号白云道人，洛阳人氏）云游阜仙，结草为庐。宪宗元和元年（806），邓道人羽化升天，阜仙因而命名为“邓阜仙”。邓阜仙因“屹然高出天半，日出必先射焉”，故有“邓阜朝阳”之称。山上古木参天，郁郁葱葱，龙井甘泉，四季长流，鸟语花香，景色宜人。胜景有朝阳台、和风洞、钟山、七步石，古木井、仙人抛梭、北方岭、双石门等。昔日，孙某曾在此山攻读诗书，高中皇榜，一举成名，官至龙图阁学士，至今尚留有“孙龙图读书旧址”。故《茶陵州志》称，“茶陵胜迹，邓阜仙第一”。

山麓西南有个瓦子坪，这里山高坡陡，形势险峻，周峰壁垒，中坦一席。相传宋末年间，兵荒马乱，四境骚然，有寇结寨于斯，瓦砾留迹，因以得名。1919 年秋，水头道人陈锡麟，寻幽览胜，登高远眺，云海茫茫，气势磅礴，特商请仁源谢氏宗族，在瓦子坪兴建“清源寺”。在破土奠基时，得石，色黑质重，乌光夺目，莫能辨识，疑为“乌金”。后辗转送省化验，方知为“钨”，其事哄传。有长沙粟戡时于是年冬赴山勘察，认为有开采价值。而本地人士周龙藻、陈翔生等，见有长沙人远道而来，认为奇货可居，于 1920 年春，率先向谢氏宗族议定以 96 元银洋的年租，承批了瓦子坪及清凉山。复由周、陈以 240 元银洋的年租，转租给长沙的粟戡时，从中转手牟利。是年秋，粟戡时组织仁记公司，报经湖南省政务厅批准，在瓦子坪、清凉山正式开采。出砂颇旺，获利甚厚。大利所在，引

[1] 中国人民政治协商会议茶陵县委员会文史资料研究委员会编：《茶陵文史》第 7 辑，1991 年，第 89–94 页。

得眼红者群相趋之，1923年秋，又有腰陂、火田、高陇、秩堂等七个都的士绅们，借口邓阜仙乃茶陵一大名胜，不能由谢姓一族私行出租于人，联名告状，出面干预，大打官司。其时，适值谭延闿奉广州大元帅补中山之令，率军入湘讨伐赵恒惕；旋又奉电回师粤省。当谭途经耒阳时，七都人士闻讯，派出代表赶到耒阳，以同乡之谊，陈述邓阜仙开矿的诉讼案件，并请谭给予支持。殊知民国初年间，谭延闽任湖南都督时，粟戡时任外交司司长，两人有共事之谊，粟也找到谭延闾要求支援。这时，谭延闿只好充当调解人，劝告双方停止诉讼。并作出协议，共同开采，除提百分之十作为仁记公司的优先红股外，余股各占一半。议成之后，更名为和记公司。当时股金并无定额，若需资金，则由双方按股临时摊筹，所得矿砂，亦按股分配，各自运销。

1922年，继仁记公司之后而成立的咸泰公司因资金不足，出砂不旺，开矿仅半年即宣告停办。但次年该公司经过改组，更名振兴公司，继续进行开采。1925年又建立了两益公司。

及至1927年9月底，毛主席率秋收起义部队进军井冈山，创建了井冈山革命根据地。这时，邓阜仙一带成为游击区。由于战事频仍，上述和记、振兴、两益三个公司均告停办。

1934年春，红六军在任弼时、肖克同志的率领下，奉命撤离井冈山革命根据地，向湘鄂赣苏区靠拢，借以牵制国民党部队对中央苏区的进攻，并伺机寻隙打击敌人。这时，邓阜仙一带没有战事发生。为了继续进行开采钨矿，原两益公司的负责人，呈请茶陵县政府，改为官商合办，县占六成，七都地方的士绅占四成。此时，该公司申请贷款，向中国农民银行茶陵办事处借洋五千元，作为开办经费，再度更名为公记公司。接着，和记、振兴两个公司也相继复工。

由于国际贸易市场对钨砂的抢购，钨价一直看涨。1933年平均每吨钨砂价格仅280元（银洋），到次年竟涨到1357元，上涨幅度接近400%。因而矿商大有厚利可图，一时闻风而起，在邓阜仙掀起挖钨热潮。1935年先后建起大新、厚丰、阜民三个公司。1936年又成立了普益、安和两个公司。从此，邓阜仙的钨矿开采，进入鼎盛时期。各公司的矿工人数，这时共达800余人。直到1944年夏，日本侵略军进犯湘境，茶陵沦陷，邓阜仙各钨矿公司才纷纷宣告停办。

抗日战争胜利后，和记、振兴、阜民、厚丰等四个公司相继复工。由于资金不足，这些公司只好向“资源委员会第二特种矿产处”申请贷款，这样才勉强维持到1948年。至1949年4月，中国人民解放军胜利渡江，势如破竹地解放了南京、上海、武汉等地。湖南于8月间宣告和平解放后，邓阜仙各钨矿公司的矿商们纷纷离山，各公司相继停业，私资开采钨矿的时代结束了。

解放前，茶陵邓阜仙的钨矿开采，全属私商经营。各公司均系私资，不仅力量微薄，资金亦有限，因而致使钨砂开采得不到长足发展；特别是矿商们牟利心切，视钨矿为投机发财之道，不肯作任何长久性的规划，导致满山乱采乱挖，良好的天赋资源遭到严重损害。而且矿商们唯利是图，对矿工的生活福利甚至人身安全，缺少合理照顾，压抑了矿工的生产积极性，致使钨矿开采业务长期处于落后状态。那时的矿工，由矿商招集后，仅是几人或十几人结伴生产，他们沿脉伴岩，搭棚而居，自炊自食，夜以继日地从事艰苦的手工操作。生产工具除钢钎、铁锤之外，别无其他设备。在既无地质资料又无技术力量的情况下，只能是盲目开采，见矿挖砂，无砂则止，老窿废巷，犹如鼠穴，矿工从矿洞出入只能弯腰匍匐而行。故虽经过 29 个年头的开采，但采挖的仅是接近地表部分的矿苗，钨砂主脉尚被遗弃在地层深处。

中华人民共和国成立以后，为医治战争创伤，举国上下作了不懈努力。人民政府在进行社会主义改造的同时，大力整顿、恢复和发展各项生产。1950 年，中南工业部有色金属管理局湖南分局（简称金湘分局）汝城工作站，派人来到邓阜仙收购钨矿，并组织二百余人复工开采。工人自愿组合，几人或十几人为一棚，协力合作，自行采矿挖砂，售砂所得，全部归己，不再受棚头、矿商的盘剥，矿工的生产积极性提高了，钨砂年产量也恢复到 20 世纪 40 年代的生产水平。

由于钨砂的收购量日渐增多，而汝城工作站距茶陵的里程较远，对钨砂收购业务，有感鞭长莫及。因此，1951 年 4 月，金湘分局派技术员许道孚等四人来到邓阜仙，一方面成立收购站，继续收购钨砂；一方面勘察矿脉，现场指导开采。恰在此时，湖南省工业厅也派人来到矿区收购钨砂，同样进行情况摸底，并打算接管开采。于是，双方争夺矿工，而且互相抬高收购钨砂的牌价，这样彼此形成竞争，经过了一段短时期的摩擦过程。

后来，金湘分局鉴于邓阜仙的钨矿矿脉分布较广，蕴量颇丰，具有开采价值的现状，乃秉承中央巩固财政经济工作的统一管理和统一领导的方针，于是年八月间，派军事代表谷万刚、工程师李隆科，率领工作人员到达邓阜仙矿区，正式成立“茶湘管理处”，内设行政、工务、经营、会计四个科。其时，创办伊始，既无设备，也无房屋，更没有固定性的生产工人，一切工作要从头开始，真正千头万绪，困难重重。首先，他们从解决基本生活的设施入手，当年建筑房屋 1668 平方米（其中含住宅 1255 平方米），购置碾米机 1 套、汽车 2 辆，从而使住、吃两大问题基本上得到了解决。对于开采业务，虽仍袭用收砂制，但对民窿则采取补助方式，给民间矿工预借伙食费；如若出砂不旺，还酌情给予津贴，激发了矿工的生产积极性，使钨矿产量迅速恢复到 20 世纪 30 年代的原产量水平。

1952 年初，复由金湘分局委派董益中为茶湘管理处主任，组织机构相应扩大，内部调整分设为行政、人事、计划、业务、会计五个科，并从金湘管理处调来了大批工人和干部，把邓阜仙矿区划分为南、北两个矿场，并在锡田增设了收砂站。这时，湖南省总工会也派工作组进驻矿区，开展民主改革和“三反”运动。在纯洁职工队伍的基础上，矿区正式成立了工会组织，实行了劳动保险。当年，民主改革的主要活动一是，在这年四月份，将运动中涌现出来的积极分子——身体强健、技术较好、历史清楚的 80 余个临时工转为正式工人，从而扭转了过去那种“工人不同定、农忙种田、农闲做工，流动性大”的现象；二是，在这年五月份，在固定工人中，废除收砂制，废除以往那种平均主义的分配方式，实行按工种、等级支付工资、采用计件工资制；三是，改民窿生产方式，执行以“自办为主、民窿为辅”的生产方针，于四月十五日将三大主要矿脉接收过来，从整理旧窿着手，进行巷探工作，其余小脉仍划归民窿采掘；四是，建立生产责任制，如班长责任制、交接班制等。上述这些改革措施，破除了邓阜仙开采以来的一些陈规陋习，为矿区的进一步开发注入新的活力。

1953 年，是第一个五年计划开始的一年，也是大规模经济建设的起跑线。为了适应形势发展的需要，上级领导部门又对矿区管理机构重新作了调整，把原茶湘管理处与衡相管理处合并，成立了湘东钨矿，隶属重工业部有色金属管理局中南分局，1955 年又改属中南钨矿局，直接管辖川口分矿、邓阜仙分矿及锡田车间三个单位。迨至 1958 年精简机构时，下放了一部分干部，行政科室也缩编为十三个单位。川口分矿地属衡南县，另行建立川口钨矿，划归衡阳地区管理，锡田车间划归茶陵县管理。

忆培养提高劳动力素质工作[1]

✪陈超选（湘东钨矿工会干部，《湘东钨矿志（1919—1980）》主编）

茶陵邓阜仙矿区发现于 1919 年，开采始于 1920 年。中华人民共和国成立之前，均系矿商经营，共有八个公司。工人几个或十几人结伴，沿脉旁岩搭棚而居，从事艰苦之手工作业。中华人民共和国成立初期，矿商离山，公司停业，人民政府派人上山收砂，召集和组织二百余工人以民窿方式开采。

1951 年 8 月，中南工业部有色金属管理总局湖南分局派军事代表谷万刚、工程师李隆科率领工作人员接管，成立“茶湘管理处”。

1952 年初，金湘分局派董益中为茶湘管理处主任，并从龙湘管理处调来大批工人和干部。同时，湖南省总工会派来工作队，进行民主改革，开展反封建把头和肃清残余反革命分子的斗争，从政治上、组织上清理职工队伍，在此基础上，进行了四项大改革：一是将民主改革中涌现出来的积极分子和民窿工人中身强体壮、技术较好、历史清楚的

[1] 本文原载钨业回忆录编委会:《钨业的崛起》，二七〇制印厂，1993 年 4 月，第 430-434 页。

八十余人转为正式工人，扭转了过去矿山工人不固定、农闲做工、农忙种田、流动性大的现象；二是在固定工人中，废除收砂制，克服以往机会主义、平均主义的分配方式，实行按工种、等级支付工资，采用计件工资制，贯彻按劳分配；三是改变民窿生产方式，采取以自办为主民窿为辅的生产方针，接收三大主要矿脉，整理旧窿，开展巷探工作；四是建立生产责任制，如班长责任制、交接班制等。这些改革，破除了几十年来矿山的陈规陋习，为改造矿山、建设矿山作了准备。

1953 年湘东钨矿成立，隶属重工业部有色金属管理局中南分局，上级委派罗西芳为第一矿长，董益中为第二矿长。在第一个五年计划期间，进行了大规模基本建设和技术改造工程，五年内投资 672 万元，完成主要工程有 80 吨 / 日、250 吨 / 日两座机选厂，发电 120 千瓦的动力厂，12 公里公路，与采选机械化相适应的运输、供电、供风、供水系统；完成建筑面积 41700 余平方米。从此，湘东钨矿成为一座中型的机械化矿山，生产力有了很大的发展。

迅速采用新的科技成果，生产工具和工艺技术不断更新，恰恰是现代生产的突出特点。因此，对职工必须采用多种途径进行文化和技术教育，以提高劳动力的素质，适应新的生产力。过去矿山工人大部分来自贫苦农民，文化程度低，文盲占多半。为适应矿山建设的需要，必须提高工人的文化水平。因此 1953 年下半年湘东钨矿创办了职工业余学校，各坑口均配有文化教员。

1954 年 4 月，根据重工业部有色金属管理局中南分局颁发的《职工教育委员会组织细则（草案）》和《职工业余学校暂行实施办法（草案）》的规定，成立了湘东钨矿职工教育委员会，由党政工团和人事、技术、财务等部门负责人组成，委员 9 人。罗西芳为主任，程荣贵、耿仲文为副主任。下设职工业余学校校务委员会，耿仲文兼主任和校长，此后在瓦子坪、半截山和汉背三地继续兴建了专用教室，购置了课桌及教学用具，使业余学校日趋正规，参加学习的达 714 人，其中初小约 674 人，高小约 40 人。1956 年成立培训科，负责职工文化、技术和业务教育。随即充实职工业余学校力量，由人事副矿长郭梦祥兼校长；另配专职教导主任。专职教员增加到 6 人。加强组织发动，实行统一办学，入学人数成倍增加，达到 1550 人，占职工总数的 78%，其中扫盲班 677 人，高小班 768 人，初中班 105 人。经考试，这一学年摘掉文盲帽子的有 371 人，高小升入初中的 195 人。

业余学校发展了，师资严重不足，只得大批聘请兼职教师。兼职教师几乎全是技术人员和业务干部，他们本身的工作就繁忙，没有备课、改作业的时间。有时因兼职教师出差或开重要会议不能上课，只好到处拉夫，找人代课，严重影响教学质量。由于教学质量不高，学员学习兴趣大减，形成开学一窝蜂，期考时就寥寥无几了。要扭转这种现象，巩固入学率，必须提高教学质量。要提高教学质量，必须解决师资不足的问题。因此1957年经湘潭地区教育局介绍，从湘潭补习学校聘请十余名高中毕业生来矿担任临时教员，同兼职教师一样，按教课小时计发酬金。为保证临时教员的工资每月不低于35元（中专毕业生的定级标准），规定瓦子坪、半截山、汉背三所业余学校，在不同的日期上课，使临时教员能在三处兼课。此办法一箭双雕，师资问题解决了，经费开支又未增加，从此都是专职教师上课，有利于提高教学质量，有利于进行课外辅导，职工满意，入学人数增加到2333人，其中干部238人，工人1240人，家属和临时工855人。

针对当时领导干部出差多、开会多，语文程度较高，数学程度较低的情况，矿部开办了特别班，吸收副科级以上干部参加，采用初中语文课本、高小数学课本授课，并增加授课时间，着重个别辅导，外出开会带作业，回矿后补课。这是一套行之有效的办法，对提高工农干部的文化水平有益。在学习方面，罗西芳同志堪称模范。当时他一身三职：矿长、党委书记、湘潭地委委员，工作很忙，经常外出开会。他外出开会时，总是随身携带数学作业。在会议期间．有点空闲时间，别人不是跑百货公司采购东西，就是进电影院看电影，而他却留在宿舍里做数学习题。回矿后头一件事，就是交作业给教师批改。教师从批改作业中进行辅导和讲授新课，学教结合，进步很快。群众对罗矿长热爱学习的精神，形象地概括为两句话——“课本随身带，有空学起来”。在罗矿长的带动下，人事副矿长郭梦祥等许多干部都是“课本随身带，有空学起来”。职工中掀起了学文化的热潮。

与此同时，先后选送30名职工到大专、中专和工农速成中学深造。何继善同志就是其中的佼佼者。他是1956年由本矿选送考入长春地质学院的，由于他努力学习，刻苦钻研，在学术上有所创新，在技术上有所发明，被省人民政府誉为有突出贡献的专家学者，成为中南工业大学（现中南大学）教授、博导。

在开展文化教育的同时，采取多种形式、多种渠道大力组织职工学技术、学业务，提高职工的技术水平和业务素质。

开办短期学习班

提高职工的业务、技术水平，是矿山建设当务之急。1952年正式接收民窿以后，就选送25名职工到外地学习，其中学政治的12人，学业务的13人。

1953年8月成立了业余技术教育委员会，由生产副矿长耿仲文为主任，工会主席程荣贵为副主任，主管工程师和人事科长等为委员，组织技术人员编写教材，开办短期脱产采矿训练班一期，学员25人；矿本部和坑口都开办了业余采矿训练班，参加学习的有393人，使这些同志第一次获得了技术理论知识，学以致用，推广了“锥形掏心法”和“边掏心法”，提高了采掘工效。同时举办了业余会计训练班，学员31人，后来大部分同志承担了会计工作。1954 年至 1956 年，全矿有 191 人参加上级主管机关举办的短期脱产训练班学习，其中区长 69 人，会计 19 人，劳动工资 7 人，医务 5 人。

1956—1957 年，为实现采、选机械化的需要，本矿举办了 17 次专业训练班，在群众中大力开展技术、业务学习活动，涌现出一批操作技术能手，如风钻工谭年操作 45 钻，杨政化操作 30 钻，张汉元操作 38 自动平钻，各自创造了一套行之有效的操作方法，在全省有色矿山凿岩比赛中都取得了好成绩。由于第一代风钻工的传、帮、带，他们的好经验、好作风代代相传，在后来的全省、全国有色矿山平巷掘进机械化作业线操作技术表演赛中，我矿代表队次次名列前茅，受到冶金部的嘉奖。

订立师徒合同

以师带徒，是我矿的主要培训方式。采、选、冶炼和机电操作工，绝大多数是用这种办法培训出来的。在这方面，我们拟订了一套制度，经职工代表大会讨论通过。其办法是：①选择师傅，配好学徒，签订师徒合同，定期检查。②开展尊师爱徒活动，开展“三帮”“五好”竞赛，即师傅赛三帮：帮助学徒提高政治思想；帮助学徒学好技术；帮助学徒搞好生产。学徒赛五好：听党的话，政治思想好；刻苦钻研，学习技术好；鼓足干劲，生产劳动好；服从领导，劳动纪律好；尊敬师傅，团结合作好。③学习期满，由有关部门组成鉴定小组，根据师徒合同规定的应知应会标准，进行现场鉴定，合格者准予出师，定为三级，不合格者，则延长学习期，不予定级；成绩优异，操作熟练，超过定额者，经群众讨论，上级批准，则定为四级。④采掘队组实行计件工资制，为鼓励队组配学徒，并适当照顾学徒利益，特规定学徒基本工资由行政负担，超额工资按 60%计算，由队组负担。⑤实行师徒津贴。带学徒一人者每月津贴 6 元，带学徒二人者每月津贴 9 元，带学徒三人者每月津贴 12 元。这套办法行之有效，群众满意，促进了老工人传技术，新工人学技术，使全矿采、选机修的技术水平迅速提高，采掘工效、选矿实收率和机修能力都居全国钨行业领先地位。

我们以教育作为提高劳动力素质的主要手段，加强培训工作，把职工培养为合格的劳动者，使生产力中人这个最活跃的因素发挥应有的能动作用，生产力高速发展，提前 16 个月完成了第一个五年计划。与 1952 年比较，1957 年工业总产值（以 1952 年不变价格计算）增长 21.6 倍，钨精矿增加 16.8 倍，劳动生产率增加 3.1 倍，五年上缴利润 938 万元，比全部投资多 39.6%，比国家基建投资多 57.6%，经济效益非常显著。

用劣质原料生产优质冶炼产品

✪梁源栋（工程师，1994 年至 1998 年任湘东钨矿矿长）

由于钨矿具有脆性，而在钨矿的选矿过程中又经过各种矿石的破碎作业，故就必然会产生颗粒极小的矿石粉尘，这些矿石粉尘就会随着选矿废水流到收集池中，我们叫这种矿物为“钨细泥”。这种钨细泥含污品位在 20%～30%之间，占选矿物料总量约 5%，这种钨细泥因颗粒极小，所以用选矿办法极难回收，通常就只能堆放在一起待处理。又因其杂质含量大多太高，故不能作为产品销售出去。钨细泥是影响选矿回收率的老大难问题，也是全国乃至全世界的钨选矿都普遍存在的问题。选矿为了除去杂质（如锡等），用反射炉在 1000 ℃左右，加入氯化铵等化学药剂进行氯化焙烧，使其成为氯化物（如 $SnCl_4$）挥发出去，使钨精矿达到出厂标准，这样就会造成很多细颗粒矿粉进入反式炉的烟道中，这种粉尘我们叫“烟囱灰”，烟囱灰含钨量为 40%～50%，杂质含量也很杂很高，颗粒极细小，选矿也无法再处理。

冶炼就是用“钨细泥”和“烟囱灰”为原料生产优质钨的冶炼系列产品的。从 1972 年开始生产冶炼产品，至 2002 年湘东钨矿法定破产为止正好共 30 年。30 年来，冶炼车间（厂）的职工和工程技术人员克服了各种困难，工艺不断改进，产品质量不断提高。从最初的工业纯（99%以上），到化学纯（99.9%以上），最终达到分析纯（99.99%以上）的出口标准。产品种类有三氧化钨（黄钨）、仲钨酸铵（仲钨）、蓝钨等。30 年来共产销各类冶炼产品粗略估算约 7000 吨，平均每月 20 吨，产值约 2.8 亿元，每吨平均 4 万元，利税 1.4 亿元，每吨平均 2 万元，安排约 200 名下乡返矿知青就业，取得了较好的经济效益和社会效益。

1. 土法炼钨

1970 年，由王芳明（党支部书记）及梁源栋和吕锦生两位技术干部，带着约 2 吨栋钨细泥，到 601 厂（株洲硬质合金厂）一车间学习和试验钨细泥冶炼技术。在 601 厂总工程师胡北锐老师的亲自试验研究和帮助下，经过近半年的努力，终于确定了用劣质的钨细泥为原料生产工业纯三氧化钨（黄钨）的工艺流程。

工艺流程确定以后，利用原选矿酸浸除杂的废弃厂房，自己动手进行改造，用了约一年的时间建成年产 200 吨工业纯三氧化钨的工生产厂房，1972 年投入生产，用比较粗糙的工艺，用劣质原料生产的工业纯（含量 99%以上）的三氧化钨产品。虽然能销售出去，但因其质量相差，故其经济效益不理想。尽管如此，这毕竟为我们开创了利用劣质原料生产钨制品的先例，其意义是重大的。

2. 工艺升级生产优质的钨冶炼系列产品

1975年以后，先后由矿冶学院（中南大学）等大学分配来了几名冶炼专业的大学生，如颜敏文、贺松云、成新华、万富强、袁立根等。他们来矿后，努力学习，大胆实践，

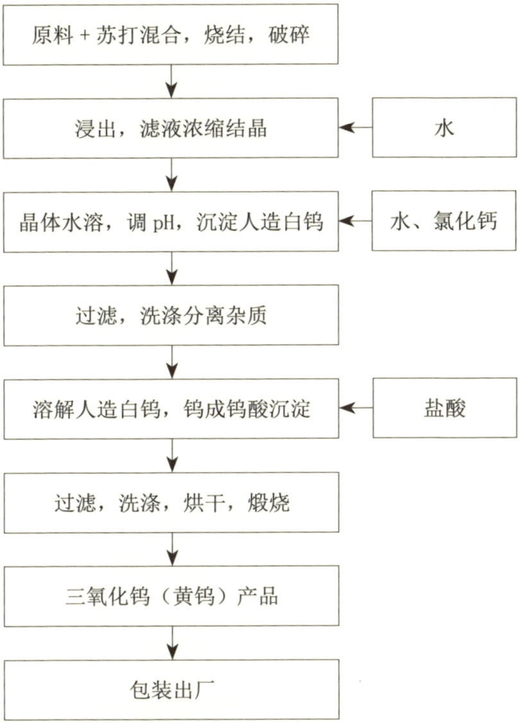

▲工艺流程示意图

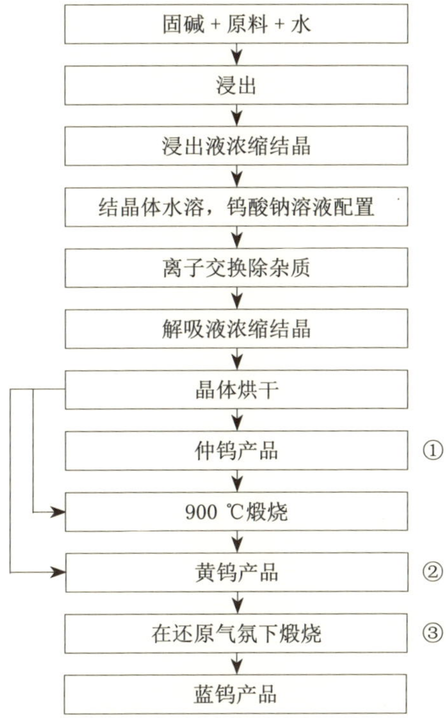

▲技术升级后的钨冶炼工艺流程示意图

经过约一年的试验和研究，终于制定了新的工艺流程。示意图如下：

新的工艺制定后，投入约一千万元建厂房，自制和购置设备，经过约一年的努力建成年产400吨的仲钨等钨制品生产规模的冶炼车间，在1977年投入生产。此工艺后来在湖南冶金研究所（现为研究院）余斌文高工等专家和中南大学老师的大力支持和热情帮助下，不断得到改进完善，成为当时国内利用劣质原料（只要钨含量在10%以上，杂质种类和含量不限制）生产分析纯（99.99%以上）的优质系列冶炼产品的首创冶炼企业，也为我矿难选矿物找到一条出路，对提高矿选矿回收率作出了较大贡献。

3. 酸法工艺

1994年以后，市场上仲钨和蓝钨出现供不应求的现象，价格也不断攀升，我们又利

用白钨矿为原料生产中钨矿、黄钨和蓝钨。工艺流程由冶炼工程技术人员集体研究，并通过实验进行验证。

其原理和工艺是：利用白钨矿易溶于浓盐酸的特点，以白钨矿为原料，用盐酸分解使白钨矿溶解得到钨酸，钨酸用氨水溶解后得到钨酸铵，通过重结晶的办法除去杂质并得到分析纯的仲钨，仲钨经煅烧得到黄钨和蓝钨。

此项工程由当时副矿长（1998 年后任矿长）的颜敏文冶炼高工组成一个班子，利用废弃的厂房和废旧设备，有计划地适当添置一些新设备，投资少，上马快。经过近一年的努力，建成年产仲钨 200 吨的酸法系统的冶炼厂（冶炼二厂）。

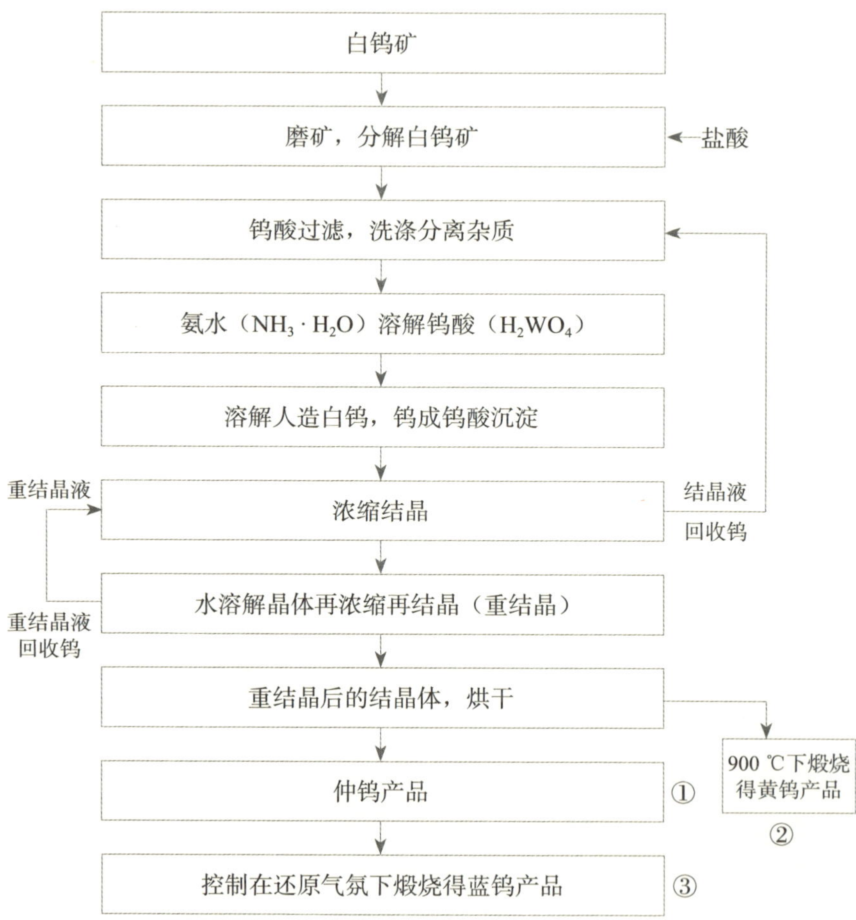

▲酸法工艺流程示意图

步入通风防尘先进时[1]

✪李光宗（湘东钨矿高级工程师，科长）

解放前的湘东钨矿是千疮百孔，生产方式落后，井下巷道布置无整体计划，巷道又矮又窄，七弯八拐，放炮后烟尘弥漫，没有任何通风防尘设备和设施，作业条件恶劣。

中华人民共和国成立后，国家开始有计划有步骤地进行矿山建设工作，井下开采有了整体设计和科学布局。1954 年起，逐步开始实行机械化生产，并开始采用轴流式通风机改善井下作业环境，向通风机械化迈开了一大步。

1955 年，为了进一步改善井下通风防尘面貌，井下全面推行使用高压水进行湿式凿岩，通风风筒全部改用铁皮风筒。通风机的机型也增加了，除了衡阳冶金机械厂制造的轴流风机外，尚有东北佳木斯风机厂出产的 JBT 系列产品，通风防尘效果显著改善。井下掘进通风基本上走上正轨。

1958 年 5 月，冶金工业部在河北龙烟铁矿召开第一次全国冶金矿山通风防尘现场会议。生产矿长耿仲文、矿工会副主席黄金书，半截山官坑副坑长谢信卿、安全科技术员李光宗等四同志参加了这次会议。会议要求各矿山要在最短期内把井下粉尘浓度降到 2 mg 以下，消除硅尘对职工的危害；并参观了龙烟铁矿井下现场，看到了各种通风除尘的具体措施和办法，具体总结为：水、风、密、护、管、查、宣、改的综合防尘八字措施。为了认真贯彻落实 1956 年 5 月 25 日国务院《关于防止厂、矿企业中矽尘危害的决定》和龙烟会议精神，从此，通风防尘工作列上了钨矿山工作的重要议事日程。

湘东钨矿的生产矿长耿仲文同志提出：在 7 月 1 日前全矿井下粉尘浓度要降到 2 mg 以下向党的生日献礼。

为了争取尽快实现矿党委要求，五月下旬成立了领导小组，由耿仲文同志任组长，矿工会主席白志义同志任副组长，组员有各有关科室安全科、生产科、设备科、半截山坑等的负责同志。由白志义同志带队坐镇半截山坑口亲自指挥组织发动；参照龙烟铁矿先进防尘经验，把别人的东西吸收消化为自己的东西，首先在掘进巷道搞个典型，达到 2 mg 标准。各有关部门再调整充实、完善通风防尘各种措施，加强井下通风，掘进巷道全面使用混合式机械通风，调整高压水系统。矿机械部门在一个月内就赶制出几百个喷雾器用来完善喷雾洒水设施。各项通风防尘制度和操作规程相应健全。

八月上旬在六中段 605 平巷掘进凿岩作业，首先突破 2 mg 大关，粉尘浓度每立方

[1] 钨业回忆录编委会：《钨业的崛起》，二七〇制印厂，1993 年 4 月，第 324-325 页。

米空气中含量达到 1.8 mg，达到国家标准。全矿上下为之一振，信心倍增。与此同时开展广泛深入的宣传活动，举办通风防尘知识讲座和通风防尘知识画展，到 605 巷参观学习，把一个不为人们所知的什么叫通风防尘，什么叫粉尘浓度 2 mg，什么叫喷雾器，以及什么是综合防尘八字措施在群众听来像听天书一样的深奥知识，短时间就变成群众能够看得见、摸得着、感受得到的实实在在的科学技术。群众普遍反映在达到 2 mg 的工作面工作，人都感觉舒服多了。

自 605 平巷通风防尘达到国家标准后，紧接着全矿各掘进、采矿工作面先后陆续达到国家标准，1958 年 6 月 30 日全矿井下作业全面实现 2 mg。

从此，湘东钨矿通风防尘工作从组织机构到管理制度，通风防尘技术措施全面走上正规化、制度化、科学技术化，步入全国通风防尘工作先进行列。

湘东钨矿二三事

✪文庭耀（湘东钨矿退休干部）

1958 年，是我国工农业生产大跃进的火红年代。湘东钨矿正处于兴旺期，需要增加职工，是年九月，十六岁的我正在农村学校读初中，有幸招工到湘东钨矿，分配在选矿车间重选工段担任操作工，开始既新颖又踏实的矿山工人生活。在矿数十年的磨炼期里，有一些印象深刻、难以忘怀的往事，今择谈几个小故事，与大家分享。

雷锋青年班

为了响应党中央、毛主席“向雷锋同志学习”的号召，于 1963 年五四青年节期间，矿党政工团和选矿车间确定在重选工段组建“雷锋青年班”。人员以青年为主，也配了几位老同志传帮带。

雷锋青年班组建后，矿政治处派人长期蹲点，跟班劳动、跟班学习。矿工会矿团委的同志也常来班里收集情况，予以指导。这些都给雷锋青年班的同志很大的鼓舞和鞭策，更是奋发努力。班里制定了严格的管理制度和劳动纪律。例如实行班前指令会和班后总结会制度。上晚班时如果有人打瞌睡，班长便会捏鼻子。有人无故离岗、串岗，班后会上班长就会提出批评，并在当月扣分（按分数计标奖金）。生产过程中，如果哪个岗位机械出了故障而需要检修，其他岗位人员会主动协助处理。例如，更换振动筛筛面时，筛子两边各站二人，手中拿着粉手，只等筛子停车，就快速将筛面两边八个（一边四个）压铁细丝拆下，取出压铁，另外站在常子端头的人将旧筛面抽出，把新面放好，两边的四人同时将压铁装上，扭紧细丝。这样，振动筛筛面就换好了。只需停车八分钟（一般情况需二十分钟），刷新了更换筛面的速度。从而减少了停车时间，提高了机械运转率，促进了生产任务的完成。像这样团结协作的好事，在班后会上，班长也会进行表扬。

平时，雷锋青年班针对生产关键开展突击活动。有一年春节检修期间，别的班组在大年三十加班时，把二号棒磨机衬板装反了，必须返工。为了不影响正月初三的正常生产，雷锋青年班利用初二的休息日，不怕累，不怕脏，搞一天义务劳动，把装反了的衬板从棒磨机内拆出，再重新装好，确保初三选厂正生产。

雷锋青年班还利用业余时间开展学雷锋做好事活动，例如去废石堆捡砂子，收集废钢铁。当得知桥边村七栋住房一位姓刘的老工人因患矽肺病过世了，留下一位五十多岁的婆婆带着几个小孩，缺劳力上山捡柴，班里的人就利用业余时间上山捡柴送到她家。

雷锋青年班在生活中开展学习解放军，实行军事化。单身宿舍只允许存放生活必需品，各种生活用品一条线式摆放，床上被褥折叠整齐。1965 年 9 月，矿团代会代表们在矿团委书记尹秀义带领下，来到雷锋青年班宿舍参观。有一次，一外地单位几十人来矿学习考察。因矿招待所床位不够，便安排多人来雷锋青年班宿舍住宿。雷锋青年班做出了一些成绩，矿里给予了许多表彰，曾多次评为先进班组，在矿召开的大会上作典型发言。并多次被推荐出席省冶金系统在兄弟单位召开的活学活用毛主席著作表彰会、报告会。矿里还单独举办了专题雷锋青年班宣传图片展览。矿文工团以雷锋青年班突破难关、促进生产的突出表现以及朱德文同志回家途中在攸县汽车站遇见一位老大娘无钱买车票而悲伤时掏钱为她买车票的事迹为素材，由洪波老师执笔，编写成文艺节目在矿演出。

因受“文化大革命”冲击，且各级组织体系弱化，社会动荡等，20 世纪 70 年代末，该班组不得不终止“雷锋青年班”名义，改编成重选一班。这个曾经拥有响亮名号的班组终究走完了它数年的历程。然而，班里人员经过数年培养磨炼，政治思想和生产技能提高了，成长为生产上的主力军，多人相继入了党，走上了基层领导和管理岗位。

业余文艺宣传队

湘东钨矿业余文艺宣传队的前身是“湘东钨矿业余文工团”。湘东钨矿建矿以后，在矿党政工组织的重视下，于 60 年代初期，一批文艺爱好者积极参与组建了业余文工团。原矿党委书记于一民、矿长刘宏恩，还有颜绍藩、刘洪波、潘铁生、周惠君同志都是文工团的“台柱子”。为了提高演出水平，在 1959 年秋季，还从长沙请来京剧老师，指导排演了京剧《打渔杀家》《平贵回窑》。此外，文工团自主排演了花鼓戏《沙家浜》、歌剧《赤叶河》等大型剧目。除在矿里为职工群众演出外，还去莲花县和茶陵县的湘东乡、高陇农村慰问演出。当时，如有重要业务接待或上级领导来我矿召开重要会议，都由矿业

▲1960 年，湘东钨矿业务文工团欢送于书记留念

▲20 世纪 80 年代初，湘东钨矿退休职工组织排练节目，自制服装，参加了省有色公司在黄沙坪矿举办的首届老年迪斯科比赛，获二等奖

余文工团举办文艺晚会，欢迎宾客。

70 年代初期，矿文工团自行解散，重新组建了“毛泽东思想业余文艺宣传队”，宣传队大多数是中青年人。矿里继续拨付经费，购买了舞台灯光、服装道具、乐器等用品。每年都会多次排练节目，节目种类有京剧、花鼓戏、歌剧、歌舞等。除了演现成的剧本外，结合矿里的典型素材，自编了《雷锋青年班》《丁书长》《钢花怒放》《机修厂电强炼钢炉投产》等一批小型节目，歌颂了在矿业开发中许多无私奉献、奋发图强的感人事迹。每次节目初步排练好以后，矿有关部门会组织人员进行审观，意在政治艺术方面尽可能完善一些。因而，这些节目演出后，受到了观众好评。在丰富职工群众文化生活的同时，起到了加强政治思想教育，促进生产、工作的作用。

文艺宣传队的演出不局限于舞台上，有时，根据需要送戏下基层，利用会议室、食堂、街道进行演出，受到了观众的欢迎。

70 年代末，是业余文艺宣传队外出演出慰问最活跃时期。1969 年期间，矿里派出专车，去株洲硬质合金厂、省冶金厅、湘西钨矿等十多家兄弟单位和事业机关巡回演出三十天之久。观众达数万人次。

80 年代后期，文艺宣传队曾参加了在水口山矿举行的省冶金系统职工文艺汇演，以及株洲市茶陵县群众文艺创作会演，获得了许多奖励。此外，文艺宣传队自行创作的小型花鼓戏《并蒂花》获得了优秀节目奖，为矿里争得了荣誉。

雪里送炭

选矿车间重选工段是水湿作业，工人撸起袖子换配件和到跳汰摇床精矿槽内掏取精矿是常事。所以一到冬春季节，每个班每个岗位的操作人员可领取五斤木炭烤火。

1962 年的冬季，有一天我上晚班。晚上 11 点钟负责发木炭的人还未到木炭房发炭。

按规定，11 点 30 分钟全班人员必须到指令室交指令，11 点 45 分进厂接班，所以我们不能久等。而当时正是冰天雪地，在这样的严寒气候和水湿环境中工作。特别是手一下水就冻木了，如果没有火烤有多难受。

好在这个情况被同在重选工段上中班已经下班的共产党员谢富光同志知道了，正好在他下班的路上看到木炭房开门发炭了，就主动地到木炭房说明情况，领了一担木炭，不畏寒冷和路滑，挑着木炭爬上重选工段的陡坡，气喘吁吁地把木炭送到了我们的工位上，解决了我们的取暖问题。

第二天，我们班安排李剑如同志执笔，用大红纸写了一封感谢信，贴在厂房门口，感谢信的最后是两句诗，这真是“锦上添花虽意重，雪里送炭更情深”！

皮包掉了以后

1963 年秋季，我和罗炳元同志都在雷锋青年班工作，共同负责操作重选工段的四台跳汰机。

有一天早班空隙时，罗炳元对我说，他买了一个好看的皮包，随即把包交给我看。我接皮包时因手有水溜滑，不慎皮包掉入跳汰机排矿槽，被水冲入下道工系的螺旋脱水送矿机了。此时，罗丙元说：不好！包里有十五元钱饭菜票等物，我也慌了神，那个年代，我们每月只有四五十元工资，十五元不是小数目。

怎么办？若是不停车到螺旋机内捡东西是违反安全规程，而且不一定能把皮包找到。如果随即停车有可能把皮包捡回来，但会影响生产。我决定不停车，自己负责赔偿。事后出乎我意料的是，班里作出决定：在当月班组集体奖金中（当时月奖每人约五至七元），先提出十五元补偿罗炳元，然后再分配。我便写了一篇文章，贴在雷锋青年班集体宿舍门前表示深受感动和鼓舞。

湘东钨矿的片段回忆

✪李玉球（曾任湘东钨矿销售科长）

走向市场

湘东钨矿，地处湘赣边境，系中央直属的全民所有制企业。自成立以来就由国家冶金部和后来的中国有色金属总公司下达生产计划，矿按计划组织生产，产品由国家统一调配，纯属一个生产单位。盈利了上交国家，亏损了由国家补贴，职工端着铁饭碗，每月拿工资，不愁吃和穿。

20世纪80年代，国家进入改革开放时期，资源配置市场化，产品不调配、不包销，企业自负盈亏，工资与效益挂钩，把矿山推向了市场经济的风口浪尖。在这节骨眼上，又遇钨市场疲软、价格下滑、产品滞销、三角债困扰的煎熬，矿山面临着生死存亡的考验。

不找政府，找市场，到市场找出路，向市场要效益是当时的响亮口号。矿审时度势，向全矿公开招聘销售员，进行考试，择优录取，建立销售科。由生产矿长，经营矿长，销售、生产、财务、质检、冶炼部门人员参加，组成两个调查组分赴全国各地，进行广泛市场调查。

通过对近四十家用钨做原料的工厂以及做钨贸易的公司的访问调查，调查组找出了我矿产品滞销的症结：一是产品初级，品种单一；二是销售面狭窄，渠道不畅。

用户对产品质量和性能的要求，就是我们的生产标准。遵照这一原则，矿组织力量，克服重重困难，进行技术攻关，成功生产了20种不同级别、不同物理性能的产品，满足了国内绝大多数用户的要求。

为开拓国际市场，湘东钨矿曾派矿长梁源栋、经营副矿长杨递强、销售科长李玉球随有色公司考察团赴瑞典、法国、德国、荷兰、芬兰、卢森堡、比利时等地进行考察，了解国际市场，推介湘东钨矿产品，成功将仲钨酸铵、蓝色氧化钨销往了美国和瑞典。

产品的升级、品种的增加，有力地拓开了销售面，走出去，让我们在市场经济的海洋中学会了游泳；请进来，向用户展示了我矿从地质勘探、采矿、选矿、冶炼、地下、地上连绵数公里一条龙生产线的磅礴气势，生产流程有条不紊，检测设备、手段齐全，让用户大开眼界，增强了对我矿产品的信任。矿优质、优价、优良服务的三优政策，精准把脉用户的购买欲望，从而使销路大开，先后与二十多个厂家和公司签订了购销合同，销售收入也从1067万上升到3239万，矿山呈现一片欣欣向荣的景象。

湘东钨矿现已沉睡了，这是国家调控的需求，但邓埠仙仍是块宝地，蕴藏着已勘探尚未开采的铌钽矿，已开采还没采完的钨、锡、铜、银，还可能有未发现的其他矿藏。

篮球活动片段记忆

湘东人爱篮球活动，拥有不少活跃在篮球场上的业余运动员，更有众多观看篮球比赛的男女老少球迷。

为满足广大篮球爱好者的需求，矿工会发动群众，组织劳力，自力更生，因陋就简，修建了五个半篮球场，其中两个灯光球场，为开展篮球活动提供了基础保证。

只要不下雨，每天早晨或近黄昏，均能见到活跃在篮球场上的运动健儿。

矿属各单位自发地组织了矿部机关、半截山坑口、选矿车间、冶炼厂、供销科、子弟学校、民警队等八个男子篮球队，以及矿部机关、选矿车间、机电车间、冶炼厂、子弟学校等五个女子篮球队。都像模像样地添置了运动服装。穿上运动服，男运动员精神

▲汉背篮球场

抖擞，女运动员飒爽英姿。每年的五一劳动节或十一国庆节，矿工会都会举办篮球运动会，每届运动会比赛近 40 场，比赛持续一个多月，参加运动会的男女运动员近 200 人。

看篮球比赛是湘钨人的精神享受，比赛时观众爆满，哨声、掌声、加油声、叹息声，此起彼伏，热闹有加。赛后，村口、屋前、路上时常能看到球迷们三五成群，听到他们评头论足，点赞比赛的精彩，分析输赢的原因。

篮球比赛是团队运动，能培养运动员的集体主义精神和团结协作、敢于胜利、勇于拼搏、积极向上的品德。比赛利用业余时间开展，不影响生产、工作、学习，让篮球运动可持续。比赛采取大循环不淘汰的程序，每个队均有与所有参赛队的比赛机会，使篮球运动得以广泛普及。比赛调动了全体运动员的积极性，吸引了众多观众，丰富了矿山职工群众的文化生活，彰显了发展体育运动，增强了人民体质，践行了友谊第一、比赛第二的体育方针。

有普及就有提高，篮球活动的广泛开展，为矿山培养了优秀的篮球运动员，加上大专院校毕业分配来矿的学生中也有会打篮球的特长生，在招工中也有意识地招来会打篮球的新工人，故篮球人才在湘东钨矿俯拾皆是。

湘东钨矿组建的矿男子篮球队，在矿区方圆 200 公里的土地上，与所在地兄弟厂矿，机关学校团体的比赛中，败绩很少。1961 年曾夺得湘潭地区南四县（茶陵、攸县、炎陵、醴陵）冠军，并代表四县在岳阳市参加湘潭地区十四个县市运动会，夺得篮球亚军，山区篮球队威震岳阳，令人刮目相看。

矿男子篮球队还输送过彭兆龙、张友联进湘潭地区男子篮球队，刘湘泉进湖南省二队。在茶陵，只要有篮球赛事，矿都将派出优秀运动员与茶陵县篮球运动员组成茶陵县代表队，参加比赛，并能获得较好的成绩，深受茶陵人民喜爱。

湘东钨矿篮球运动的蓬勃发展，水平的不断提高，深受周边邻省和本省市、县兄弟厂矿机关学校的青睐，每年都有许多篮球队来矿访问，进行友谊比赛，也引起了上级体委的关注，曾派省二队来矿指导和比赛，把湘东钨矿的篮球活动推向了高潮。

实践中不断探索采矿方法

✪李寅宾（高级工程师，曾任湘东钨矿副总工程师）

湘东钨矿是1951年收回民窿为国营矿山的，当时民管生产区主要是邓阜仙矿区，邓阜仙是湖南产钨有名的“三仙”之一，当矿山建设者们到这时，唯见高山峻岭，古树参天，只有极难行走的羊肠小径可通山上，但他们以苦为荣，餐风露宿，开始了矿山生产生活建设。

邓阜仙矿区开采始于1921年，旧社会资本家只是见砂挖砂，专采富矿，毫无正规开采可言，留下的只是千疮百孔的民窿，在接管的头两年，因资源不清，只能修复民窿进行不正规采矿，因而资源浪费大，主产水平低，根据我矿第一个五年计划优先发展重工业的方针，这种不正规的开采和生产水平位的落后情况完全不符合国家建设要求，此时上级派来了地质勘探队，初步探明了上部矿床情况。在有色中南分局以及稍后成立的中南钨矿局的领导下，我矿开始进行正规开拓和正规划分中段，并在矿岩不稳固的10号脉采用加固棚子支柱法进行采矿。这种方法对生产虽有一定的提高，但随着钨业日益发展的需要，仍不能满足生产的要求，且坑木消耗多，劳动生产平低，工艺复杂，不适合机械化生产要求。记得1956年初，中南钨矿局生产处派胡寿麟工程师来矿检查工作，看了加固棚子支柱法后，对采矿每吨矿石消耗坑木0.06立方米表示惊讶，并建议从速改进采矿方法，正好矿党委也在这时提出了降低坑本消耗、降低成本的号召，于是将加固棚子支柱法改为棚子支柱法。此法虽比前者有所改进，但坑木消耗仍达0.04立方米/吨，工艺仍然复杂，也不是理想的方法。通过几年的采矿生产实践，摸出矿区矿岩稳固情况可以分为不稳固、中等稳固、稳固三种类型。其中不稳固的有7、8、9、10脉，中等稳固的有4、6脉，稳固的为西6脉，而不稳固和中等稳固的占90%以上，中等稳固的围岩三角节理非常发育，上采后上盘围岩大量片落，采矿难度很大。在国内急倾纤薄矿脉矿山中所见不多，当时由于经验不足，只好在不稳固类型的10脉采用支柱法采矿，在中等稳固和稳固类型中采用普通留矿法采矿，结果产生不稳固类型的坑木消耗大、生产率低、工艺复杂等问题，中等稳固类型的4、6脉片帮严重，甚至无法上采。因此摆在我矿面前的是不稳固和中等稳固类型的采矿难题亟待解决。

中南钨矿局生产处长董益中同志对此非常重视，派胡锡禄工程师等来矿帮助研究10

脉采矿方法，提出了自天井崩矿留矿法进行试验，得到了矿党委的大力支持，胡老乃钨矿局著名工程师，采矿界的前辈，满头银发，性格爽朗，工作一丝不苟。他常说：搞矿业的技术人员，就要扎根矿山，接触实际，与工人打成一片，虚心学习才能做出事业来，方能对党对国家有所贡献。由于胡老的精心指导，自天井崩矿留矿法试验基本成功，回采中工人不进入采区，安全条件好，坑木消耗低，只是生产组织与工艺流程复杂，凿岩工生产率低，未能全面推广应用。但该法对围岩稳固、脉石不稳固而矿脉比较正规的矿床，倒是一种好方法，同时也为我矿在不稳固类型矿脉中试验留矿法变型方案创造了一个良好的开端。

1958 年苏联采矿专家布博克及苏联科学院采矿副博士牟兴先后来矿，提出在 10 脉试验小中段崩落法及分层崩落法。同年 3 月，长沙矿山研究所（现长沙矿山设计研究院）派李让山工程师与王同泉同志来矿帮助试验采矿方法，矿党委高度重视，随即成立采矿试验组，并抽调采矿工程师廖恺生，技术员李寅宾（曾任湘东钨矿副总工程师）、欧阳海啸同志参加试验，矿党委书记于一民同志及矿长陈麟同志亲自去参加试验。首先在中等稳固类型的 4 脉 4210 采场进行横寸留矿法的实验，顾名思义，横寸留矿法就是在采场用横寸支护两帮，同时又在采场内留一定数量的采下矿石，形成一种变形的留矿法。由于领导、技术人员、工人的共同努力，此法获得成功，它有效地防止了围岩片帮，减少了放矿卡斗现象，贫化率比其他采区降低 5%～25%，从此横寸留矿法在 4、6 脉中开始广泛应用。后来又在此基础上加从柱支护变成从柱留矿法，所谓柱拉就是在原先只支一个横寸的地方成品字形支三个横寸，以扩大支护面积和加强维护支撑两帮的作用。不久中南矿冶学院采矿系潘长良等同志来矿参加试验工作，并在 4 脉的 444 米场试验杆柱留矿法，亦获成功，所谓杆柱支护就是在采场上盘用钻机大致垂直上盘打眼，然后用硬质圆木做成杆柱打入眼子中，杆柱分锁端与托端，锁端是在杆上锯一条缝，缝内安上楔子，当杆柱打入眼内后，杆柱上的缝被楔子作用胀开而越打越紧。托端的托盘用铁板或木板做成，套在杆柱外端紧贴上盘岩石面，当杆柱锁端进入稳固岩层后就将外面易于片落的岩层锁住。由于杆柱眼费时费工，且片落的岩层过厚时杆柱承受不了而未予普遍推广。回忆当年试验时，领导干部、科研院所的研究人员、高等院校的老师、我矿技术人员、工人一起住在南山的简易工棚里，大家感情融洽，抹术上取长补短，生产上艰苦共尝，试验成功后的喜悦情景，仿佛就在昨日。潘长良同志当时年轻力壮，思想治新进步，工作吃苦耐劳，技术上颇有见地，跟班劳动，与工人打成一片，深受我矿职工群众好评，诚为青年知识分子学习的榜样。

在我们采矿试验组进行试验的同时，党委认真贯彻中央提出的“两参一改三结合”的“鞍钢宪法”，发动群众，大搞科学试验，全矿职工讲科学用科学，技术革新之风大起。当年，矿瓦子坪坑口技术员叶锡环同志（曾任湘东镇矿副总工程师）提出了在 10 脉试验垛积井框支柱留矿法的建议，半截山坑口的工人及工区领导提出了在10脉试验楼棚支拉留矿法的建议，都得到了矿领导和坑口领导的支持，并分别在上述两个坑口进行试验。垛积井框留矿法就是在采区内每隔一定距离架设垛起来的方框以支护两帮，并在采区内留有矿石，楼棚留矿法是采取楼棚支护两带并留矿的方法。这两种方法也是留矿法变形方法，两法均获成功，前者比楼棚支柱法降低坑木消耗60%，后者比楼棚支柱法降低坑木消耗20%，这两种方法都得到推广应用，1958年苏联科学院副博士牟兴来矿，看了楼棚支柱留矿法称赞用这种方法采矿在世界上还是第一次，还说你们真敢想。随着时间的推移，技术上的不断进步，楼棚支柱留矿法以其坑木消耗仍然过多，且架设楼棚不易而逐步淘汰，而井框支柱留矿法经过不断改进，且配合横寸、从柱支柱形成一种综合支护的变形留矿法而使用至今。值得一提的是，分层崩落法于1958年10月开始试验，后来获得成功，并在10脉接近地表及矿岩均极不稳固的情况下使用到1972年。

由于我矿对急倾斜薄矿脉采矿法进行了大规模的试验与研究，共计有11种方法，并取得了很好的效果，受到了上级的高度重视，1959年5月由湖南省冶金局、长沙矿山研究所、长沙矿冶研究所及中南矿冶学院联合在我矿召开了金属矿山薄矿脉采矿方法科学现场会议，来自12个省市，49个单位共90余人出席会议。会议对有色矿山，尤其是急倾斜薄矿脉类型矿山的采矿方法的改进与研究是一个很大的促进，对我们矿山更是一种莫大的鼓舞。

到60年代，我矿除10脉部分地区未用分层崩落法外，其他各脉均为普通留矿法、横寸留矿法、从柱留矿法、井框留矿法以及横寸、从柱、井框支护综合运用等变形留矿法所取代，成功地在不稳固、中等稳固类型的急倾斜薄矿脉中扩大了留矿法的使用范围，使留矿法及其变形方法的鲜花在我矿盛开，至今仍然大放光彩！

湘东钨矿井下机械化及盲竖井工程建设回忆

✪李寅宾

井下机械化

1963年底，冶金部及湖南有色局决定湘东钨矿为井下机械化重点建设矿山。矿山抽调黎建红、李寅宾参加此项工作，并立即赴北京与湖南有色局生产处长梁新，钨矿汪绪纯副矿长会合，一同到辽宁华铜矿参观该矿井下机械化情况。该矿井下巷道掘进装岩用华-1型装岩机，矿岩运输用1.5吨小型架线式电机车。这两种设备是以全国劳动模范付景新为首的科研团队研制的。特点是体积小，适合井下一般巷道使用。回矿后，矿山成立了机械化办公室，由黎建红、李寅宾、贾占海进行井下机械化规划设计，经冶金部有色司批准后，矿山组织了施工队，并增派刚从大专院校毕业的机电技术人员参加施工工作，他们是李文星、张铁权、徐姜生、谢礼贤、王立宏、李福如等，同时也抽调有经验的电工杨海棠参加施工队，队长黎建红，副队长刘可才。

井下机械化主要由下列工作组成：一是建成井下正规供电系统。以前各中段用电分别由各中段供电，送电距离长，电压低，很不安全。为适应井下机械化需要，将6000伏的高压电，用直径70毫米硬皮高压电缆，经八中段帘口引入该中段中心供电硐室的变压器，变成380伏及110伏电压，再分别用直径70毫米、50毫米、35毫米的橡套电缆通过专用天井送至上下多中段，改变了过去井下用电混乱情况，共使用各种电缆10000米左右。二是在八中段井下建立了中心供电硐室，内设6000伏变380伏的变压器若干台及配电设备。三是巷道掘进采用华-1型装岩机装岩，1.5吨架线式小型电机车运输岩矿。过去是由4～5人手工装运一面炮的岩石，劳动强度大，工作时间长达8时才能装运完。用装岩机和机车运岩只要两人3～4小时即可装运完毕，大大降低了劳动强度，缩减了作业时间。后来由于架线不便，改用2.5吨蓄电机车，多中段均设有充电室，以利蓄电机车充电。四是将各中段的钢轨改成11公斤/米的钢轨，主要运输515巷道改用24公斤/米钢轨，增强了运输的稳固性，提升了运行速度。五是各采矿场的材料及钻机等，采用小型风动绞车通过采场天井提升格提升到采场。以前坑木、钻机、风水绳都是人工背着从天井上采场，劳动强度大，且不安全。六是515主平帘内的几个溜矿井的放矿闸门，改用指状风动闸门。此种闸门灵活好用，放砂效果好，由杨定辞同志设计和指导施工。

1965年开始，施工队由叶文豹同志负责，又进行了主溜矿井放矿时，因机车距离自动移位的改进工作，设计了清理矿底部残留胶结矿石的风动冲击器，大大减轻了人工捶打矿车底部的繁重体力劳动。在稳固的矿体中推广了吊罐掘进天井的方法，为后来的竖井掘进，创造了有利条件。随后又推广了斗式列车运矿等方法。

大约一年半，井下机械化除盲竖井建设外，基本形成井下机械化。

盲竖井建设

井下机械化基本实现之后，井下所用的坑木、钢轨等各种材料设备的转运，是由人工扛运至各中段帘口，劳动强度大。井下作业人员往来中段之间则是经70度的天井上下，非常辛苦。经省有色局批准，在南组脉6—10中段建盲竖井，以解决上述问题，并且可以将北组脉与南组脉形成一个开拓整体。1965年6月底，矿指派李寅宾、杨定辞、陈济仁、李文星、徐姜生、李奇等同志参加盲竖井设计和施工技术指导，同时成立竖井指挥部。测量工作由地测科刘彬庭、马树鸿同志负责。

盲竖井高度大约220米，由井筒、马头门、天轮硐室、卷扬机硐室、配电室、绳道、各中段车场等工程组成。井筒为圆形，内径 3.8 米，井筒用混凝土发碹加固。马头门、卷扬机硐室、天轮硐室均采用钢筋混凝土发碹加固。卷扬机为 2.5 米直径的双筒卷扬机，180 千瓦电动机，单罐笼带平衡锤提升，钢丝绳直径提升 31 毫米。

竖井工程进量大，井筒分中段采用上向掘进，先从下向上打直径 100 毫米孔，通往上中段，再用小吊罐由下向上掘进 2 米 ×1.5 米小井往上中段。然后再由下向上扩成圆形井筒。此时人员由上中段乘小吊笼下到工作面，工作面下由积存岩石形成（如同留矿法的积存矿石）。此项工作很艰苦，不但滴水大，工作面小，掘进人员要细心上下配合。此项工作由专设的竖井吊罐队进行。吊罐队的工人同志技术全面，工作细心，刻苦耐劳，永远值得我们学习和尊敬。

井筒发碹（井筒壁用 2.5 分米厚混凝土浇灌），在一台两层的工作平台上进行。平台由两台设在六中段马头门的稳车提升和固定，工作平台可通过稳车上下升降。作业人员乘已安装好的 2.5 米卷扬机牵引的吊桶下到工作平台。井筒发碹时，由上而下。装模板、浇灌混凝土等工作时，滴水大，工作人员都穿很厚的雨衣雨裤，工作很辛苦，发碹队的员工克服重重困难。测量技术员喻卓球跟班测量，工作细心，不怕苦，任劳任怨，准确测定了各种预留孔,为竖井装备安装创造了有力保证,全程无一差错。发碹队木工朱志学、周友交、周华生、朱尧初本是地面木工师傅，都在井筒内装模板，滴水淋透了全身都一直坚持工作。朱志学师傅有识图能力，他根据设计图纸将马头门以及卷扬机基砖做成小模型，然后现场放大，保证了施工的准确，是一位优秀的技术工人。发碹的混凝工赵承桃、肖雨清每次都争先下到井筒下的工作面，手握溜浆筒，向井壁灌混碳土浆，工作很苦，下班时满身水泥浆，全身湿透。像他们这样的工人同志还有好几位，年久我已记忆不起名字了，但他们忘我的劳动精神，深深感动着我。

卷扬机安装，井筒装备由陈济仁、石贵云、陈杰、欧阳赞湘、徐姜生等同志在工作平台上进行，精度要求高，滴水直淋，满身都湿，工作也很辛苦。陈济仁同志还设计了稳车和双层工作平台，为竖井发碹和井筒装备创造了良好条件。

电气控制及电器设备安装由李文星、杨复兴等同志进行。李文星刚从东北工学院（现东北大学）自动化专业毕业一年，他有真才实学，工作踏实。杨复兴是富有经验的电工，他们密切配合，顺利完成任务。

盲竖井设计于 1965 年 10 月完成，1970 年 7 月 1 日建成投产，历时五年。1970—1980 年期间，参加竖井设计和施工技术指导的技术人员，基本上都调出钨矿，我则一直在矿工作，到 1993 年退休。这两项工程的建设至今已五十多年，当年工作生活的情景依然在目。由于时隔久远，年事已高，回忆难免有遗漏之处，敬请原谅。

湘东钨矿平巷掘进机械化开展情况

✪程意文（湘东钨矿退休职工）

为了加速矿山建设，提高矿山平巷掘进速度，在中国有色工业总公司和湖南长沙有色公司的领导下，湘东钨矿列为全省乃至全国推广和研制矿山机械化设备的重点单位，与湖南长沙有色公司和中南矿冶学院等科研单位互相配合。从 1974 年开始，湘东钨矿机电车间担负起制造任务，组织了机械技术人员和实际操作工人成立了一个十多名人员的队伍，配合设备的研制使用和试用，取名液压线。地点在汉背 409 巷道内，凡是经设计制造出来的产品，首先通过液压线的试用，通过多次反复的试验，认为满意，再下到矿山正式试用，试用达到了一定水准，才提请上级审核，符合要求，才能组织鉴定，然后推广使用。现将 1974—1989 年以来，湘东钨矿所完成的几个项目，介绍如下：

1. YYG-80 型液压凿岩机和全液压台车的研制

该项目是耗费近 8 年时间（约 1974—1981 年）研制完成的。液压凿岩机是长沙矿冶研究所与湘东钨矿共同研制，而与之配套的全液压台车是中南矿冶学院与湘东钨矿共同研制的。YYG-80 型液压凿岩机是我们国家第一代产品，它的穿孔速度 0.8 ～ 1.1 米 / 分钟，比风动凿岩机高 3 ～ 4 倍，且动力消耗低，能量利用率高，填补了我国液凿机的空白。

2. SXD-4 型搭接梭式矿车的研制

为了提高井下平巷机械化掘进效率，根据中国有色冶金工业总公司 [84] 中色矿字 632 号文件下达的任务，湘东钨矿设计制造了 SXD-4 型搭接梭车，在东坡有色金属矿进行试验，经一年多的生产试验，共完成了 8935 米掘进运碴任务，运输量达到 25400 吨 / 公里，经济技术指标先进，是国内中小型矿山一种高效运输设备，1986 有色总公司组织通过鉴定，并推广使用。

3. CGJ450-2 轻型全液压平巷掘进台车的研制

为了适合小平巷掘进的要求，据中国有色金属总公司下达的任务，湘东钨矿 1987 年开始，设计了一种小型全液压凿岩台车，与湘潭风动机械厂生产的液压凿岩机配套在冷水江锡矿山配合下，通过近一年的现场试验使用，达到了设计要求，于 1989 年由有色总公司组织通过鉴定，达到小型平巷掘进的高水平。

4. CYT–2 型风动台车的研制和推广使用

CYT-2 型风动台车在 1973 年就开始在湘东钨矿井下试验和使用，它配用的风动凿岩机主要是代替风钻气腿支架，减轻风钻的体力劳动。经湘东钨矿多年来的应用和改进，于 1982 年通过了冶金部组织的在湘东钨矿的各项鉴定。

总之，湘东钨矿 1974—1989 年 10 多年来为矿山平巷掘进机械化作出了很大的贡献。

忆湘东钨矿子弟学校师友

✪王继平（湘东钨矿子弟）

我发蒙是在湘东钨矿疗养所所在地高陇镇（当时称高陇公社），因为我父亲当时是高陇福利园的负责人。我是下半年出生，那时是 7 岁入学，我不到 7 岁，故一年级是在私人的小学入学的，那是 1964 年 9 月。记得是在一个祠堂改建的学校，距家里 3 里路左右，在一条小河的对岸，河上架着或圆或方的木头，两三根用蚂蟥钉（又称扒钉、锔钉、船钉、U 形骑马钉、马王钉）连接充作便桥。早上父亲送我过河，下午放学回家。中午自己带了饭菜放在老师的蒸锅中统一加热。记得女老师姓尹，除上课外，还非常热情地帮学生加热从家里带来的午饭。一年后，转入公办的高陇光明小学。

▲湘东钨矿职工子弟学校高六班毕业留影

（一）

我是 1967 年转入湘东钨矿职工子弟学校的，那时“文化大革命”已经开始，大、中学校学生正在全国进行“大串联”，我们小学生则待在家里玩耍，实际上处于停课的状态。到年底，中央发出“复课闹革命”通知，到次年（1968）初开始三年级学习，1975 年 1 月从子弟学校高中毕业。

湘东钨矿在“文革”初期据说有武斗发生，那时我家人住在离矿本部 30 里外的高陇疗养所，加之年龄小，并未有什么印象。进入子弟学校以后，教学秩序还是比较正常，只是参加劳动比较多，全国普遍一致，遵照毛主席“五七指示”，学生要学工、学农、学军，子弟学校一度改为“湘东钨矿五七学校”。在矿山，学工当然是非常方便的，我在本矿四车间（机修车间）学习车工一个月，师傅姓陈，学会了车床的基本操作和加工简单零件；学农是到附近农村参加“春插”和“双抢”，每年总有一周左右时间到农村，住在农民家中，最长达到十天。学校也组织体力劳动，如参加修建“干打垒”教学楼（挑运土和石块），学校自种蓖麻、红薯。至于学军呢，则是参加民兵活动。我在高中两年，是子弟学校武装基干民兵连的民兵。民兵是配发枪支和子弹带（当然是空的）的，枪支也可以带回家，因为随时出任务。我配发的是半自动步枪，参加过武装训练、演习，执行过押送“坏分子”到县看守所、在爆炸物仓库执勤等任务。记得有一年春节，我在距矿部 7 公里远的“炸药库”（矿山炸药储存仓库）执勤。还有一次与湘潭军分区部队在矿山演习，我在通讯排，不但要背着枪，还要背着线拐，来回奔跑在山上布线，保障演习指挥通信畅通。

1968 年下半年开始，矿上派遣了“工人毛泽东思想宣传队”（简称“工宣队”）进驻学校，搞“斗、批、改”，不过都是针对教职工的，似乎对学生影响不大。子弟学校学生，一般都是工人子弟，在讲“阶级成分”的年代，那是根正苗红的革命接班人，管理干部起初大部分是南下干部，成分也绝对靠得住。只是教师多少因为成分、社会关系以及当时普遍对知识分子的歧视而成为“工宣队”的教育对象。印象中好像并没有过火的激烈斗争。我至今记得“工宣队”队长是一位忠厚的老工人，姓王，还有一位是比较年轻的女工，对我，他们都很友好。“工宣队”做得比较多的是开“诉苦会”，吃“忆苦餐”。我因为父亲是“雇农”出身，即没有土地、完全靠在外做工生活的无地农民。父亲长期在外做挑夫、熬硝（土法制作炸药），解放前夕进入江西浒坑钨矿挖矿后参加工作，湘东钨矿成立后调来本矿。所以在一次学校的“诉苦会”上还发言讲述家史。吃“忆苦餐”就是用糠做成窝头，用野菜熬成汤食用，吃“忆苦餐”一般需要有仪式：首先，请“苦大仇深”的老工人“忆苦思甜”，然后大家齐呼口号，最后再分发糠窝头和野菜汤。

当时政治氛围很浓，常常深更半夜被广播或汽笛叫醒，不是欢庆最新指示发表举行游行，就是防空演习，演习时必须关闭电灯，而且事先必须在玻璃窗上贴上交叉的纸条，以防炸弹冲击波震坏玻璃。日常生活也必须保持政治头脑清醒，否则稍不小心，就可能犯忌。有两件事我印象深刻。一件是我的一个同班同学，放学回家路过矿部，看见垃圾堆有一些旧报纸，于是点火燃烧，其实纯属无聊之举。不料旧报纸上有毛主席大幅画像，被人看见，立即被抓，放火烧毛主席画像，岂非现行反革命分子？不过，他家庭出身好，本人年纪又小（应该是五年级的事）。但也在全校甚至全矿的群众大会上被“批斗”过几次。其母，一个身体不太好的家属（矿山没有正式工作的妇女，一般统称为家属）额头上扎着布条，也到我们班上痛哭流涕地做检讨。当时的“批斗会”非常肃杀，大会开始，主持人一声令下：“把反革命分子 ××× 押上台来！”几个工人民兵（最初称工人纠察队，戴红袖章，持红白相间的木棒，谓之“纠察棒”）便把各种“坏分子”，押上台来，并且一直站在批斗对象旁边，以便适时将其头摁下。有的“批斗会”在会议中间，主持人突然宣布把“×××”揪上台来，几个事先预备好的工人民兵便从台下听众中揪出一人，押上台去，批斗一番，竟或就此被关押，失去自由。此种“批斗会”很有震慑力，搞得人人自危，不到散会，总是担心突然被棒喝揪上台去。不过我的同学并没有被关押几天便被放回，继续上学。在中学时，学校搞“一帮一、一对红”活动，我还和他结成“一对红”，同桌了一年。另一件事是“反动标语”事件。有一天，在学校某处出现了一条“打倒 ×××！”的标语，被定性为“反革命事件”，于是全校师生都被要求提供笔迹。最后查出是我的同班同学的哥哥干的。不过他就没有这么幸运了，因为他已经是高中生，好像被判了几年刑。估计可能是因为家庭出身问题，家里受到不公正待遇，发泄情绪罢了。

“913”事件以后，政治肃杀气氛慢慢淡去，社会生活有所宽松。记得传达“913”事件文件的大会是在矿上露天电影场进行。会场戒备森严，工人民兵在会场四周肃立执勤。听完文件，全场鸦雀无声，虽然在室外，仍然是针掉地下清晰可闻。可见大家心里之震撼。

从那以后，社会生活逐渐宽松，学校日常管理，也开始走上正轨。学校课程也逐步恢复到“文革”前的体系，数学、物理、化学、英语、语文、历史、地理、生物、政治都开设了。我不偏科，各门成绩都优秀，中学四年（当时学制是小学五年，初中、高中各两年），我都是担任班长。我家境贫寒，父亲因职业病退休较早，兄弟姊妹多，不说一日三餐日常生活，且都在读书年纪，学费就一大开支。所以校部的通知栏上，催交学费的名单经常有我。好在学校对我颇为宽宏，虽无减免之举，亦不致要求退学。或许正因为如此，我学习努力。虽没有知识改变命运的认识，却也隐约意识到学到的知识一定会有用到的一天。这就必须感谢我的老师们。

（二）

子弟学校的老师，主要是中南矿冶学院（中南大学前身之一）和湖南师范学院的毕业生。中南矿冶学院主要是为中南地区有色冶金企业培养技术人才的，“文革”前，每年都有毕业生分配到湘东钨矿担任技术工作，因各种原因从一线转为教师的也有不少。就学业背景来看，大致分为两部分：一是“文革”前毕业到湘东钨矿工作，或已经在子校任教，或在其他岗位，子弟学校1967年开办初中，1970年开办高中，师资缺少，当时大学已经停招，无毕业生可分配，因而从技术人员中选拔调入子校任教，这一部分大部分是中南矿冶学院毕业的；二是“文革”已经上大学，在“文革”中毕业待分配，最后到农场、军队锻炼两年再分配到各厂矿企业的，这一部分基本上是湖南师范学院毕业的。

地处偏僻山区的矿山子弟学校，教学资源匮乏，教学质量并非上乘。但老师们还是非常认真负责的。我接触较多且对我影响很大的有几位。

杨懋昭老师是教我们语文时间最长的，初中两年，高一一年，总共三年。杨老师是广东梅州人士，中南矿冶学院毕业分配到钨矿工作。是一直在子校还是后来调入子校的，我印象中没有谈及过。杨老师工作认真，待学生热情，课堂讲授富有激情，口头表达能力强，感染力强，课堂效果极好。我因爱好文学，自小有一个文学梦，喜欢写作。杨老师有同学在湖南日报文艺部工作，常常给他寄送写作学习类的书籍，而且他和我家住在同一工人村。所以课余我经常到其府上拜访，请教问题，借阅书刊。这一习惯我一直保留到下乡以后，每次从知青点回矿，总要登门拜访。杨老师家庭出身不是当时被认同的贫下中农，具体是什么，我也不知道，所以在各类政治运动中常常受到压力，但我从来没有感觉到，他总是神采奕奕，热情洋溢。只有一次，我从知青点回矿，照例去他家拜访。在他家门口遇见，我恭敬请安，杨老师竟视而不见，径直回屋，令我惘然。几天后，他托人到知青点向我解释，说有人向组织打小报告，说他拉拢腐蚀革命青年，他愤而再不见学生。世事如斯，令人唏嘘。当时我成为知青两年多了，前路迷茫，心境灰暗，虽然青年，但不能算是革命。1977年，高考恢复，杨老师鼓励我参加高考，高考前一天，我父亲去世，第二天就是高考，我回到矿上，父亲棺木已封。杨老师等老师等在医院门口，见到我极力劝我参加高考。我又匆匆赶回知青点，参加了第二天的高考。杨老师后来调回广东老家，在韶关钢铁厂职工大学任教，退休后定居广州南海。他曾经来湘潭一次，我们再次见面了，我不记得当时我在读大学还是已经毕业留校了。如今杨老师已入耄耋之年，我常常回想当年师生促膝交谈的时光，常记起他那热情洋溢的神采，那真是阳光灿烂的日子啊。

丁锦田老师是我的数学老师之一（我印象中我有过三位中学数学老师）。他是茶陵本地人，湖南师范学院毕业的。丁老师教学非常规范，对学生要求严格，常常为我们这些学生的疲沓学风烦恼。我现在记不清丁老师是教我们几何还是代数了，倒是记得他在课堂上因我们不努力而苦口婆心地教诲所引用的列宁的一句话。他说：“列宁指出，只有用人类创造的全部知识财富来丰富自己的头脑，才能成为共产主义者。”这句话给我启发极大，每当迷茫的日子想起这句话和丁老师恨铁不成钢的样子，总能够战胜疲惫，重新埋头于学习之中。我知青时喜欢读书，记得有一次一个知青同学对我说，你读那么多书有什么用，还不是和我们一样“修地球”？记得我当时就是用这句话回答他。据说丁老师后来调回茶陵县云阳中学了，应该教出了不少优秀的学生。

另一位数学老师康懋召是湖南师范学院毕业的。康老师为人忠厚，讲课认真，尤其是对数学方程的推解逻辑严密，跟上他的思维，看着他在黑板上一步步推算，你就完全理解并学会了。我对康老师印象深刻不光是他的数学教学方法，主要是他的教学认真精神。记得有一次我缺课（不记得什么原因了），他给我补课。我一个人坐在大教室里，他在讲台上侃侃论道，旁若无人，仿佛在给全班同学上课一样认真。康老师后来调到湘潭市来了，有一次我在公交站与他匆匆相遇，寒暄了几句，又匆匆告辞。

高三语文老师肖近春也是我亲近的老师。肖老师夫妇都是湖南师范学院毕业的，也都在子弟学校教书。肖老师才华横溢，教学深入浅出，指导学生作文往往能够抓住要点，训练学生的表达能力很有成效。受现实影响，我感觉肖老师有些微怀才不遇的无奈。我中学时喜读鲁迅杂文，对肖老师的语言表达往往能够意会而体悟。肖老师教学认真，对我来说尤其可以称之为诲人不倦。我常常到他家请教问题，即使下乡以后仍然如此。对于我的高考，他费尽心思，也是到医院鼓励我不要放弃高考的老师之一。我毕业留校后，他曾经来校一次，我在单身宿舍接待了他，从食堂打来份饭一起就餐，那应该是 1983 年。后来他调回老家，在益阳市第一职校担任过校长。从此就没有见过面了。

在中学教过我的还有数学老师彭芳桂、物理老师蒋冬秀、化学老师魏艺文、语文老师欧阳（短暂代课）以及校长程明明（代过数学课，印象中程老师讲课言简意赅）。英语老师是一位从北京暂时下放矿山（估计是冶金系统干部家属来偏僻矿山避难的，这种现象在当时很普遍）的女老师，普通话极好，忘记姓氏了，不过我的英语不错，当时她是很欣赏我的。我虽然对文学情有独钟，但其他课程也都认真学习。有一次物理考试全班同学都不理想，我也不例外，就在考卷上写了几句打油诗，无非是抱怨试题太难之类的牢骚。蒋老师也在试卷上回了几句，我至今记得两句：“世上无难事，只要肯登攀。”这是当年流行的伟人诗句。化学我也学得不错，化学元素周期表我可以横背、竖背、顺背甚至倒背。欧阳老师是子校公认有水平的老师，似乎精神有点疾病，大约是当时政治环境所致。短暂代过我们的语文课，记得曾经一次布置家庭作业，分析某课文的中心思想，他对我的作业大加赞赏。现在，我以历史教研为职业，但始终没有回想起我的历史老师是哪位。我与这些老师基本上是教与学的关系，私人往来很少，但是他们对我的教诲，我是终生难忘、受益终身的，我也常常记得他们对我的宽容和激励。如果说我现在有所成就的话，那么首先是得益于他们的教导，虽然那是一个火红而又单调的年代。

（三）

我十岁才到矿本部所在的子弟学校，同学并非发蒙时的发小，而是重新认识的三年级小伙伴，以住在本村（新建村）的同班或同年级的同学为主。最初聚在一起是“复课闹革命”之后，学校以村为单位组织学习小组，晚上一起在某个同学家里自习、作业。我们小组有杨均森、颜炎（女）、吴南名、谭月云、贺建华和我。学习地点主要在贺建华同学家，他父亲是矿上的中层干部，住房相对宽敞。从此，我和杨均森、吴南名、谭月云便成为最好的玩伴，一起去上学，放学以后又一起到几公里以外的山上砍柴。那时矿山家庭生活取火都是用柴，基本上都是各家子弟放学后和星期天上山砍伐，挑回家晒干使用。附近山上有大量的灌木可供砍伐做燃料，其间也有不少野生动物如麂子、野猪出没。曾经传说有豹子出现，小孩被叮嘱不要轻易外出。比较多的是麂子（实际上是小鹿），我至今不明白的是，每当夜晚麂子吼叫的时候，第二天井下就会出现矿难，似乎每每都应对上了。因此，一旦麂子吼叫，有亲人在井下作业的家庭，总是心神不安，直到亲人下班上到地面才放心。

一个时期，矿山家属还自己养猪，喂一年，春节期间宰杀，一年的食用油、猪肉就解决了。我家也养了几年，每年喂养一头，都是喂猪潲（糠和野菜混合煮熟），扯猪草便也成为我们的日常劳动。砍柴和扯猪草是我少年时代课余的日常，也锻炼了体魄。特别是砍柴，翻山越岭，攀悬崖，下溪涧，非常灵活自在。渴了，停下来在路边溪水边捧一手水喝，清甜解渴，也从来没有出现过肠胃疾病。附近山下有一条较大的溪流，小时候叫清水河，其实是一条溪，平时潺潺流水，清澈见底；山洪暴发时也奔腾呼啸，浑浊奔涌。这里是小伙伴们的嬉戏胜地，男孩子常常三五成群在里面游泳洗濯，有时也在里面摸鱼捉蟹。摸鱼需用网兜，先用石块砌成一条拦水小坝，开一口子安放网兜，让溪水经过网兜流出，鱼虾也就进入网兜了，不过一般都是小鱼小虾。捉蟹最有意思，悄悄搬开一块石头，螃蟹就躲在下面，快速将其抓住，偶尔也收获甚丰。孔子说：“知者乐水，仁者乐山；知者动，仁者静；知者乐，仁者寿。”矿工子弟在山水之间成长，男孩子大多具有豪放、粗犷和宽厚的矿工性格。

那时我们同学间最喜欢的游戏是“打游击”，其实是“捉迷藏”的升级版。放学后上山砍柴，路过果园（矿上动员职工开荒种植的，有梨树、桃树，其实是在山坡上），几个人分成两方，双方分别藏好，然后悄悄向对方的区域摸去，谁先发现对方，即模仿开枪将对方“击毙”，被“击毙”者退出，直到对方被全部“击毙”，分出胜负。一个时期，我们几个小伙伴“打游击”近乎“痴迷”。晚上到教室自习，也操练一番。这个时候就男女同学共同游戏了，基本上是我们村自习小组的，有时颜光明同学（女）也参与其中。男女同学自成一方，赢者往往是我们男生。现在回想起来，似乎也没有特别的性别意识，或者没有产生些许的少男少女情愫，至少对我而言是如此。或许是大环境造就，又或许接受的都是红色教育。

其实，我少年时最喜的还是读书。除了读所学课程书籍外，也读能够找到的文学书籍。那时“文革”前出版的小说都被列入“毒草”封存，不可以阅读。只能私下里悄悄地阅读。记得为了到同学何汉礼家里借书，我放学后随他到半截山家里，天黑才下山回家。就用这种办法，我阅读了不少“文革”前的文艺书籍，现在看来都是“红色小说”，不乏“红色经典”，如《边疆晓歌》《前驱》《苦菜花》《创业史》等。当时允许出版的，主要是鲁迅的作品以及浩然的《艳阳天》《金光大道》，黎汝清的《海岛女民兵》等小说，古典文学方面，主要是《红楼梦》《西游记》《水浒传》《三国演义》这四本被允许阅读的名著，还读过几本宋人平话，唐人小说之类。至于外国文学，主要是高尔基、奥斯特洛夫斯基等苏俄革命文学以及日本左翼作家小林多喜二的作品。20 世纪 70 年代初，人民文学出版社出版了系列的鲁迅作品单行本，我几乎每本都读过，似乎特别欣赏他辛辣的文笔，连《中国小说史略》,《坟》中的《人之历史》《科学史教篇》《文化偏至论》《摩罗诗力说》《我之节烈观》也读得似懂非懂，津津有味，一段时期甚至说话的口气也带有鲁迅的风格，常常令知青同学尴尬。高尔基的《母亲》《童年》《我的大学》《在人间》，奥斯特洛夫斯基的《钢铁是怎样炼成的》，小林多喜二的《蟹工船》都是在这一时期读的。有一个时期又喜欢上了诗歌，严阵、贺敬之、柯岩等诗人的诗成为常诵之诗，读贺敬之的《西去列车的窗口》则常常升腾一种激情。当然，这时已经是高中时期了。

高中时期，我还和杨均森、谭月云等几个小伙伴在班上的教室后墙创办了《萌芽》壁报。《萌芽》是 20 世纪 30 年代鲁迅主编的一本文学期刊，也是 20 世纪 50 年代上海作家协会创办的一种期刊。壁报取名《萌芽》，是受到这两者的影响的。壁报办了两期，都是我们几个人写的稿子。其实，高中时期我和许多年轻人一样有一个文学梦，也曾尝试过创作，在知青时期得以实践，进入大学后才逐步放弃。

少年的友谊是纯洁的。下乡以后，我们几个伙伴分别在不同的大队，有的甚至回祖籍乡下。我高中三年的搭档（我一直担任班长）团支部书记朱爱琴就是回老家宁乡插队落户，不到一年，据说在田间劳作时遇雷击遇难。集体下放在秩堂公社的同学，虽常聚会，有同一种乡愁，但毕竟渐入社会，体会到世事艰难、社会真相，人生态度在不断变化。一方面为生计挣工分而劳作田间，另一方面初心未泯，各自在向着心中的目标前行。

1977 年恢复高考后，我考入湘潭大学政治系组织专业。杨均森同学在我考入大学不久也考入广州园林学校，成为一名颇有造诣的园林艺术工作者。谭月云同学后来在湘潭电机厂工作。我们仨都工作在一座城市。月云同学 2021 年不幸患病去世。我常回想起当年我戴孝参加高考时，匆忙从矿上赶到考点，就是住在月云同学知青点的蜗居，考完全部课程。他的大门上书写着“稼轩居”，可见他对辛弃疾的赞叹。其实，我们那一代，年轻时都有一种壮怀激烈的英雄情怀，辛弃疾的词是我们的最爱。“壮志饥餐胡虏肉，笑谈渴饮匈奴血”，是我们内心向往的生活。颜炎同学当年是下乡在老家，后来在株洲工作。颜光明同学最早离开知青队伍，回矿上参加工作，后来也调入株洲选矿药剂厂。其他几位同学，就不知道他们的去处了。

现在，我们都迈入了老年人的行列。但是，回想起在湘东钨矿子弟学校读书的日子，心里总有一种淡淡的惆怅。那里曾经是我们少年的梦乡，是我们梦想扬帆的地方。

难忘我的母校和我学童之年的故事

✪李陵湘（湘东钨矿退休干部）

时光不可倒流，穿越也能重现。回忆虽然残碎，美好常留心间。

那夜，一位青梅竹马，分别四十多年久未谋面，不久前刚通过微信群联络上的昔日战友石长栋给我发来几张满目疮痍、荒凉凄惨、断壁残垣、令人心碎的照片。告诉我，那就是生我养我的故乡，那就是予我启蒙，授我知识，藏我童真，给我梦想插上翅膀的母校所在地——湘东钨矿。

湘东钨矿是国家重点企业，高峰时有职工家属近万人。地处湘赣边陲茶陵与莲花交界之处，四面环山，是当年井冈山革命时期，工农红军经常出没之地，但那时还没有湘东钨矿，历史名称为邓阜仙。

我是生长在矿山的矿工后代，矿山就是我的故乡，故乡在我心中就是一幅美丽的图画。但是那夜同学发的照片就像十二级台风，将我心中对故乡的美好印象吹得无影无踪。我离开矿山有 30 多年了，以后基本上没回去过。可能是我上了年岁念旧的原因吧，一整晚我躺在床上辗转难眠，思绪万千，心神不安。

一会儿看看同学发来的图片，一会儿闭目在脑海中努力寻找孩提时的记忆碎片，进行重新排列组合。终于，那座曾经美丽峻秀、富含灵气、充满生机、藏宝于腹、风光无限、连绵起伏的大山，那座书声朗朗、欢歌笑语、朝气勃勃、童真满满、少年风华、使人留恋的母校，重现在我的眼前。

其实我的母校——湘东钨矿子第学校，建矿初期地分两处：一处在山上，叫半截山子弟学校，只设小学，堪称分校；另一处在山下人们习惯称汉背子弟学校，学校设小学、初中、高中，即为总校。两校之间垂直海拔高度相距约 400 米，别小瞧这 400 米。看似近在咫尺，走起来从山下到山上宛转迂回，盘旋而上。羊肠小道，山路弯弯一般得要小半天。因半截山只有小学，所以读完小学便要转到山下汉背子弟学校读初中和高中。先从半截山子弟学校说起吧。

半截山，顾名思义指一座山的中间部分，那么这座山有多高呢？半截山海拔为 719 米，到达顶峰有一千多米。而这座山不是孤起的，也不是最高的。因为它的前后左右是连绵起伏，一望无际，一座比一座高，一座胜过一座的群山。

笔者曾经写过一首歌词《有一群山的伙伴》，参加全国比赛进京调演，并获得省市创作一等奖。这首歌就是歌颂那些长年累月，为了祖国的需要，默默无闻把一生献给矿山的矿工们，赞扬他们以山为家，爱山胜家，以至永远留在那片大山的崇高品德和无畏精神。

我的启蒙就读学校，就像一颗珍珠，一滴晨露，一块璞玉镶嵌在这青翠秀美充满神秘，故事多得像天上星星般的大山怀中。我启蒙于七岁，那时正值三年困难时期过苦日子。记忆中我的小学同班有湘平、建林、可仲、伟明、长栋、秀凤、罗英、素娥……在这些同学中我、湘平、建林、可仲是住在一个山头上的，真正的青梅竹马是一起玩泥巴，打雪仗，上山砍柴长大的。

记得开学头天，我背的是哥哥用过的旧书包，书包还是母亲手工缝制的。其实用旧书包的不只我一人，二十世纪五六十年代，国家允许并鼓励夫妻多生多养子女，在我们矿山一般家庭有二三个小孩，多的有四五个，甚至更多。

家里小孩多，而生活水平低，国家贫穷，物资匮乏。故家家户户的孩子，衣物都是弟弟妹妹捡哥哥姐姐的穿，大的改小，旧物翻新，直到穿（用）烂为止。当时有句很流行的口号：新三年，旧三年，缝缝补补又三年。这种艰苦奋斗、惜物爱物的精神，影响并陪伴着我们那一代人直到今天。

那时读书较简单，小学有语文、算术两门主课，外加游戏般的图画、唱歌、体育、手工劳动几门副课。书包里装的只有两本薄书（语文、算术）、一支铅笔和两个家庭作业本，很轻。老师很负责很耐心，教学质量高，课堂纪律严，课余生活也很丰富多彩。像我们这些从小在矿山长大的孩子，从小就玩心重，胆子大，性野好奇，少不更事，无所不敢，难以驾驭，免不了时常弄出些奇葩之事，让老师哭笑不得。

讲几个小故事，算不得经典，也许能唤醒你的童心，带你一起回到梦幻般的童年，去追寻那些难忘的乐趣和天真。

躲猫猫险出人命

有一年春天，学校扩展操场在校舍旁取山土，留下几个防空洞式的大土洞，未来得及处理。因山土松散，存在安全隐患，学校设置障碍反复强调，学生不可逾越入洞玩耍。可防不胜防，还是有那调皮学生全然不当回事，把学校老师的警告当作耳边风。

有一次，连续下了几天大雨，课余时间同学玩躲猫猫，这几小家伙懵懵懂懂躲进了土洞。岂料雨水浸泡山土大垮塌，顷刻将其中两名未跑出来的学生掩埋洞中。一时间，学校一边组织教职人员抢挖被埋学生，一边清点各班人数，很快查明有两名学生被埋在洞里。在随后附近闻讯赶来的矿工帮助下，花了十几分钟时间终于把人挖出来，但已是奄奄一息，后经医生全力抢救捡回两条小命。那时我们还小，看到老师为抢救被掩埋学生，不顾一切徒手刨泥土而被磨烂鲜血直流的双手，虽然还不会用更多的言语表达内心的感激之情，却也自此收敛了许多，也更加喜欢自己的老师，也更听老师的话了。

“外语歌”笑哭老师

半截山子校的学生与汉背子校的学生，最大的区别是山上的学生几乎都是井下矿工的后代，山下的学生大多为地面作业工人或机关干部子女。加之山下是整个矿山的中枢，领导机构、文化娱乐、商业服务、交通往来等都集中在此。人员密集既是矿山也是周边百十公里，甚至在当时的属地茶陵，都是唯一的繁华之地，有山城重镇之称。因而汉背学校的教学条件、师资力量等自然优于半截山子校。

二十世纪五六十年代，正值湘东钨矿发展初期，急需钨这种稀有金属。于是一大批专业技术人员和有志青年，响应党的号召，跋山涉水从祖国的四面八方，奔赴到这个生活艰苦人迹罕见、远离城镇的大山里，其中包括一些 20 岁左右的男女教师。

那时对普通话推广还不重视，所以矿山人都是用方言交流，真的是南腔北调大拼盘，有些方言听上去像天书。而我们大多是五六十年代初出生在矿山的子弟，父母大多讲的是各自的家乡土话。这些土话远的有省外乡音，近的有茶陵、攸县、湘乡、涟源、双丰、宁乡，几乎湖南本省各地的方言在此都能听到，但当时主要的方言来自涟源、双丰、宁乡一带。故而我们一出生首先接触的母语，便是父母传授的土话，因此刚读书时与老师交流比较难。

小学三年级时，有一次上音乐课，老师是位新来的年轻活泼女孩。应该只 20 出头，很漂亮，有一副百灵鸟般的嗓子。也许是执教经验不足，或许是对矿山孩子不了解吧，她对接受能力稍差的同学喜欢课堂点名。当时班里有位小学生，土话口音特重，唱歌老跑调，经常受老师批评。那天，音乐老师突然叫小同学独唱一首自己最熟悉的歌。小同学可能意识到老师是在激将他。这位小同学本来也是属于淘气型的，脸皮厚胆子也大，平日里几米高的土坡说跳就跳，唱支歌对他不是难事。但唱得好不好他可没想那多，只见他挺身昂首，旁若无人般，用一口纯正的家乡土话高唱了一支歌，且唱得完全不着调，引得哄堂大笑。更有意思的是，小同学歌唱完了，老师还没缓过神，呆呆地问他：你会唱外语歌？待同学们告诉她唱的是儿歌《小燕子》时，老师笑得直不起腰来。

山村野仗

读小学时，半截山有两个大村子。一个叫竹山村，在学校旁边。一个叫禾桐村在俱乐部下面。竹山村较分散，又分上竹山村和下竹山村。别看我们年纪小，却像野生动物老虎和狼一样，领地意识很强。各村的孩子划村为圈，平时玩耍一般只和圈子里的人交往。如果同学发生矛盾争吵，都会帮自己圈子里的人。时间长了，积“怨”太深，免不了来一场“野仗”。

我们打野仗有两种打法，冬天打雪仗，其他季节打泥巴仗，而且是群仗和约仗。不管是雪仗，还是泥巴仗，事先由双方“领导”偷偷搞个君子协议，协商好打仗地点和时间人数，并做好开战前的保密工作，千万不能让老师和家长发觉。雪仗是选在白天进行，开战之日划定位置，以沟为界，可以追击，但不能动手打人，只能用雪坨攻击，直打到一方败退认输为止。和泥巴仗相比，打雪仗比较安全，伤人概率低，打不赢可以跑。泥巴仗是在晚上进行，山区夜战，说是打泥巴坨。慌乱之时，黑咕隆咚，哪顾得那多。事先准备的“弹药”用完了，在地上捡到泥巴坨也好，小石头也好，直接就往对方扔。那时的我们都很勇敢，打得头破血流，鼻青脸肿，也不流泪哭喊。

有一次泥巴夜仗，我们这方“弹药”用光了，被“敌人”追着打。后来我们爬上一个小山头，发现一大堆“弹药”。大家凭借强大的火力，打得“敌人”抱头鼠窜，我们欢呼着胜利而归。第二天中午放学回家，经过昨夜的战场，只听得我们获胜的那座山头，有人在高声叫骂。原来，昨日夜战，山上那堆“弹药”是别人家的一座坟头，几乎被夷为平地……

现在回想，学童时的所谓“打仗”，无非是山区孩子的一种游戏。故而破点皮流点血，是家常便饭，家长也不会“讨说法”，谁家的孩子没“光荣”负过伤呢？

打得准　打得狠　湘东钨矿预备役100迫击炮连轶事

✪陈阿林（湘东钨矿职工，曾任中共茶陵县汉背办事处书记）

最近，党中央决定调整预备役部队领导体制，从2020年7月1日零时起，预备役部队全部归入军队领导指挥体系，由现行军地双重领导调整为党中央、中央军委集中统一领导。在八一建军节来临之际，我们深切怀念湘东钨矿预备役100迫击炮连以及全体官兵们。当年，他们都是风华正茂的小伙子，现在大部分都是五六十岁左右的中老年人，他们对当年参加预备役部队，投身国防建设无怨无悔。

预备役 100 迫击炮连的组建

根据上级精神，湘东钨矿组建预备役 100 迫击炮连，属株洲市陆军预备役师步兵第三团领导。这支部队以退伍、转业军人为骨干，适当吸收部分优秀的基干民兵参加。

1984 年 6 月份，湘东钨矿预备役 100 迫击炮连成立大会召开。茶陵预备役步兵第三团团长彭震，矿党委书记唐坤、矿长魏胜利、武装部长柳其善、副部长谭善桃等领导出席会议，预备役 100 迫击炮连全体指战员参加了大会。

会上，团长彭震同志宣布了预备役 100 迫击炮连成立命令以及连级干部任命，同时，彭震团长还为连长朱克吾授连旗，100 迫击炮连全体官兵进行庄严宣誓后，一排长黄新辉代表官兵发言表决心。

预备役连设正、副连长，正、副指导员，成立党团支部。连长朱克吾，副连长苗伟，指导员凌发平，副指导员李湘华；预备役连共有 101 人，下设 3 个排和 1 个指挥排。

1995 年预备役军官进行授衔，周建国同志任预备役营部协调员，陈秋明同志任预备役营部医官。

矿预备役连历任连长：朱克吾、黄新辉、彭和平。

历任副连长：苗伟、黄新辉、黄扬名、葛干洲。

历任指导员：凌发平、谭善桃、黄林波。

历任副指导员：李湘华、邓丰华。

历任排长：黄新辉、黄杨名、葛干洲、彭另喜、何规、张湘满、邓丰华、周秋林、葛增亮、张扬平同志等。

历任司务长：汤勤、李坚同志等。

打得准、打得狠

预备役连成立后，建立健全了会议、学习、训练、值班和武器管理等各项制度，经常进行形势、战备、爱国主义和革命传统教育，深入开展学雷锋活动，坚持每年一次整组，每年进行为期一个月的军事训练，每年进行一次集结演练，到点率都在 95%以上，预备役建设基本达到组织巩固，齐装满员，训练有素，战斗有力。

1985 年，全军预备役建设经验交流现场会在株洲召开，湘东钨矿 100 迫击炮连担负实弹射击表演，命中率为 100%，荣获全军预备役部队“打得准、打得狠”锦旗一面，被评为“全军预备役部队训练检验优胜单位”，全连荣立三等功一次，参加表演的战士受到矿党委嘉奖。

预备役连官兵在干好自己本职工作，完成本单位的各项生产任务外，还担负着定期的军事训练和矿山社会治安维护、企业重点岗位值守任务，在急难险重任务中发挥突击

▲急难险重任务中大显身手

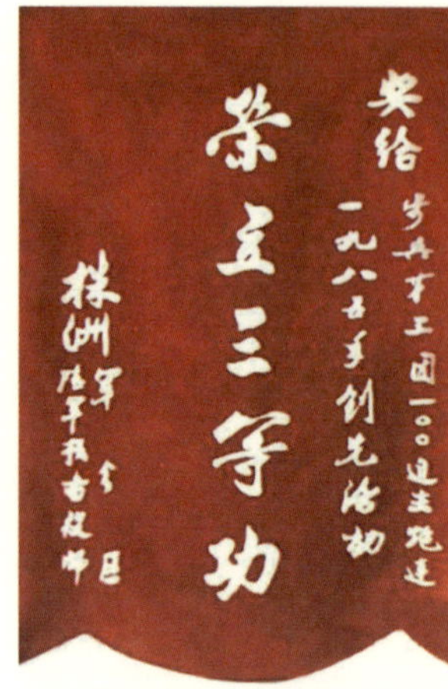

▲三等功光荣锦旗

▲“打得准、打得狠”锦旗

队作用，敢于担当，不怕牺牲，大显身手。

20 世纪 80 年代，根据茶陵预备役团命令，矿预备役连组织官兵参加了在古城、界化垅等湘赣边界围阻、搜捕“二王”行动，维护社会稳定。

1990 年 9 月 13 日下午，矿八公里 3 号油罐不慎起火，在矿的预备役战士不到半个小时，全部投入灭火和现场守护，他们不怕牺牲，勇往直前，和其他职工一起奋战在灭火抢险的一线，在广大职工、民兵、预备役战士和县市消防队共同努力下，大火于第二天扑灭。预备役连被矿评为“灭火抢险先进集体”。

为了快速出击，及时处理突发事件，预备役连成立了应急救援小分队，由 20 多位预备役官兵参加，1996 年参加了两次扑灭山火行动。

1998 年，茶陵县连续普降暴雨，引发洪涝，山体崩塌，道路受阻，农田被淹，农作

▲预备役连官兵参加抗洪抢险

物损失严重，房屋倒塌严重，当夜县城老街一百多米长的筑防护堤坝涨水一米多高，群众的生命财产安全受到极大威胁。为此，下午四点接到团部命令后，预备役连通过广播通知集结，在较短的时间组织了在矿的六十多位官兵赶赴茶陵抗洪救灾。车辆在腰陂马家桥被洪水阻止，为了抢时间车辆强行而过，突然车辆熄火，全体战士跳下水里推车，直到车辆发动而行，于下午 5:20 赶到县城，冒着倾盆大雨抢险，扛沙包，垒起一米多高的防洪堤，通宵作战没有休息，及时完成了团部分配的一百米垒堤任务。同时，第二天早晨又赶赴虎踞抬冲锋舟奔跑将群众从险情中抢救出来，确保群众生命财产安全，在抢险中一直饿着肚子，两餐没有吃饭，下午 2 点在平水饭店等饭吃时，所有参加抢险官兵全部趴在桌子上睡着了，当时，正在茶陵指导抢险救灾工作的株洲市委副书记、市长王汀明看望大家时，感动得流下眼泪，并充分肯定了这支部队听党的话，有战必召，召之能战，战之能胜的作风。

继承和发扬连队光荣传统

湘东钨矿预备役连从 1984 年组建，经历了 14 年的辉煌时期。铁打的营盘流水的兵。在预备役连 14 年的建设中，预备役官兵一波换一波，他们不忘初心，牢记使命，发扬连队光荣传统，为祖国的国防事业和矿山建设作出了较大贡献。100 迫击炮连 1994 年、1995 年先后被省军区评为“预备役基本建设达标先进单位”称号并授予“学雷神先进单位”称号；1992 年春节参加茶陵县军政、军民、军警联欢晚会演出，获集体一等奖，合唱一等奖。

弹指一挥间，湘东钨矿预备役连尽管已成历史，但是，他们的优良传统值得传承。一声老战友，一生是战友，战友之间深厚感情，情深谊长，天长地久。在此，我们深切怀念因公殉职的第一任连长朱克吾同志，深切怀念为矿山预备役建设呕心沥血逝世多年的柳其善部长，还深切怀念英年早逝的战友谭勇、葛增亮同志，唯愿逝者安息，生者奋发。

湘东钽铌矿开发始末

✪彭建春（现为茶陵县汉背办事处主任）

历史背景

1973 年，湘东钨矿在开拓北组脉（金竹垅区域）矿床时，发现细粒花岗岩中含有钽铌等稀有金属，当时湖南省冶金地质研究所、南京大学先后分别对该矿床作了调查科研，初步地质分析评估建议进一步勘探调查，并给出了一些指导性意见；1978 年，湘东钨矿在上级和有关科研单位帮助配合下组织实施了该矿段“地质详细勘探工程”，并于 1979 年 10 月形成《湘东钽铌矿区金竹垅矿段详细勘探地质报告》科研成果；1979 年 12 月湖南省矿产储量委员会审批该报告，认定湘东钽铌矿区金竹垅矿段勘探工程各项工作均已满足“详细勘探报告”技术规范、精度控制要求，可以作为矿山建设设计依据，批准本报告，该矿体储量规模为大型钽铌稀有金属矿床，B+C+D 级矿石总储量 2145 万吨，钽金属量 2587 吨、铌金属量 1558 吨，其中：B+C 级矿石 1475 万吨，钽金属量 1878 吨、铌金属量 1558 吨。

湘东钨矿从 1953 年成立以来，经过几十年规模工业开采，矿山资源逐渐减少，从 1983 年起，生产规模逐缩小，矿山深部资源未能探明，面临无矿可采局面，加之钨产品市场价格疲弱，矿山逐渐步入了困境，职工富余下岗，生产不旺，连续多年亏损，矿山已被列入国企改革“关停并转”名单，矿山自身生存发展的基础薄弱；矿山已形成的较为完善配套的工业矿山生产体系即将瓦解报废。为寻找矿山出路，湘东钨矿积极推荐钽铌矿资源，招商引资，谋求合作共同开矿，安置职工。

早在 1980 年，矿山为解决开采资源问题，委托长沙有色冶金设计研究院开展“湘东钨矿开发钽铌矿体的可行性研究”，因矿体井下开采资源损耗大、采矿成本高等不利因素而没有开发。

宁夏有色金属冶炼厂是从事稀有金属钽、铌及铍合金研发生产的企业，它是 1965 年三线建设由北京迁移到宁夏石嘴山市的，有很强的科研实力，主要产品钽电容及钽丝、钽粉等技术领先，市场份额大，经济效益好，居行业领先地位。1999 年 4 月以宁夏有色金属冶炼厂为主发起方成立了宁夏东方钽业有限公司，公司生产原料依赖进口，是出口创汇的外向型企业，2000 年 1 月，该公司在 A 股上市。

当时国内钽金属原料产量长期维持在 50 ～ 70 吨 / 年，除江西宜春钽铌矿 40 吨 / 年产量，其他产量由一些小矿生产或副产品回收组成，产量、质量不稳定，国际市场争夺钽原料也日趋激烈。宁夏有色金属冶炼厂钽原料需求约 200 吨 / 年，严重依赖进口，还计划扩大产能，原料供应保障矛盾十分突出。为满足生产需求，该厂着手扩展国内资源供应渠道，掌握国内钽铌资源工作，投资参股了福建南平市闽宁钽铌矿业，持股 20%；与广西栗木有色公司签订《补偿贸易合同》，广西栗木有色钽铌产品全部供给宁夏东方钽业有限公司；1998 年，该厂与湖南省有色局、湘东钨矿、长沙有色冶金设计研究院就湘东钽铌资源进行接洽，湘东钨矿求之不得，积极性很高，成立钽铌矿开发专门机构与之对接，还组织小型选矿工业试验作技术准备。

1999 年 5 月，宁夏有色金属冶炼厂委托长沙有色冶金设计院完成了《湘东钽铌矿开发可行性研究报告》，按照国际钽铌价格行情，该项目经济可行性不佳，宁夏有色金属冶炼厂投资信心不足，项目暂时停滞了。当时湘东钽铌资源储量在国内已探明资源中排名十分靠前，金竹垅矿体是浸染型花岗岩钽铌矿，约 0.035 平方公里，在 170 平方公里的邓阜仙花岗岩中，同期侵入的小岩株不会只有金竹垅矿体一个，按找矿标志和成矿规律分析，在邓阜仙花岗岩体的鸡冠石、下年塘、墨庄等处还可能发现新的钽铌资源，有资源前景，另外可依托湘东钨矿较为完善配套的矿山生产体系开矿，是具有明显优势的开矿条件的。

2000 年，国际钽铌价格持续上升，升幅很大，最高价格较前上涨了 3 倍多，货源紧缺，这样的形势促使宁夏东方钽业有限公司下决心与湘东钨矿合作开发湘东钽铌矿，为加快建设，采取“边立项边设计边施工”投资建矿。项目设计以大包干方式委托长沙有色冶金设计研究院。

湖南湘宁钽铌矿业开发有限公司有关情况

2000 年 11 月 18 日、19 日，宁夏东方钽业有限公司与湘东钨矿签订《合资开发湘东钽铌矿协议书》和《湖南湘宁钽铌矿业开发有限公司出资合同》，正式实质拉开双方合作开发湘东钽铌矿的序幕，宁夏东方钽业有限公司以现金方式出资，占注册资金 65%，湘东钨矿以资源开采权转让、实物资产、现金方式出资，占注册资金 35%。

2001 年 1 月 8 日上午，在湘东钨矿三楼会议室召开湖南湘宁钽铌矿业开发有限公司成立大会和公司挂牌仪式；省、市、县有关部门，省有色局、宁夏东方钽业有限公司、受邀单位代表嘉宾，湘东钨矿代表共一百多人参加大会。2001 年 2 月中旬，湖南湘宁公司第一批人员共 30 人组建到岗，宁夏东方钽业派出 14 人，其中：李建华为公司法定代表人、任董事长，米新芳为执行董事、聘任副总经理，刘建中（长沙有色冶金设计研究院高级工程师）聘任副总经理，董事会秘书、财务部长、供应部长均由东方钽业公司派出人员担任；湘东钨矿派出 16 人，矿长颜敏文任公司董事、聘任公司总经理，矿党委书记李德昌任公司监事，成新华聘任副总经理，黄扬名聘任副总经理，李光明任综合办公室主任，万继昌（浏阳七宝山硫铁矿高级工程师）任工程部部长，黄雄军任技术部部长。

2001 年 3 月 2 日，湖南湘宁钽铌矿业开发有限公司在茶陵县工商局完成注册登记，注册资金 4750 万元；随后开展银行开户、税务登记、采矿权转让变更、咨询银行贷款等工作。

湖南湘宁钽铌矿业开发有限公司成立，项目上马应该是比仓促的，在立项报批手续、初步设计没有搞好的情况下投资开工，边立项审批边设计边施工。2001 年 2 月下旬，矿山基建第一个项目“矿山公路”动工，公路起始端在开钻放炮炸石，设计院公路专项设计负责人和公司工程部人员正在山里为公路设计选线现场勘察；宁夏东方钽业公司缺乏矿山建设专业人员，有些派来的人是才引进调入直接到湘宁公司报到，说明该公司对开发矿山准备不足，没有计划马上投资矿山。

随着 2001 年 2 月开始国际钽铌价格急骤下跌，钽铌价格来了个“过山车”行情，加上项目初步设计概算投资额和生产成本核算逐渐明了，比之前的预期增加，使宁夏东方钽业公司投资信心明显下降，成也萧何、败也萧何，4 月份起项目缓建、停建，仅仅完成 2 公里矿山公路路基工程和部分初步设计工作，6 月份湖南湘宁钽铌矿业开发有限公司基本上停业，人员撤离，随后公司进入注销程序。

湖南湘宁钽铌矿业开发有限公司虽然昙花一现，但为湘东钽铌矿开发做了许多实质性探索工作，是湘东钽铌矿发现以来离成功开采最近的一步！

资源可靠的湘东钽铌矿具有重大资源战略和经济价值。

湘东钽铌矿项目建设、生产方案简介

一、开采方式、规模、产品产量及开采年限

1. 采取露天方式开采。采矿量 2000 吨 / 天，60 万吨 / 年，年工作日 300 天，日工作三班，8 小时 / 班。

2. 采矿年限有二套方案，第一方案开采 15 年，第二方案开采 26 年。在第一方案开采至第十年时，根据彼时实际具体情况决定是否实施延长矿场开采年限措施，让开采年限延长至 26 年。

3. 产品产量，按矿山开采 15 年计算。

（1）钽铌混合精矿，产量 104.24 吨 / 年（钽金属量 38.57 吨 / 年，铌金属量 26.06 吨 / 年）。

（2）铜精矿，753.6 吨 / 年（铜金属量 90.4 吨 / 年，银金属量 293.9 公斤 / 年）。

（3）钨金属量 44 吨 / 年。

长石、石英和云母等副产品不计入生产产品产量。

二、矿山总体布局和主要工程量

（一）总体布局

1. 露天采场。位于湘东钨矿矿区香炉山 30—40 勘探线之间，占地 325 亩，地表高程 600 ～ 1015 米之间，设计采矿标高 709 ～ 830 米，751 米标高以上为山坡露天采矿，以下为凹陷露天采矿。

2. 废石场。在采场境界以外，设置西、南两个废石场：西废石场堆存 866 米标高以上剥离的废石，约 923 万立方米；南废石场堆存 854 米标高以下废石，约 1000 万立方米。两个废石场占地合计 750 亩左右。

3. 采矿工业广场。在露天采矿场南侧 300 米爆破危险区界线外，800 米标高山垭口附近，集中布置采矿办公室、综合维修车间、车辆停放场、加油站、材料库、食堂洗堂等生产生活设施，在远离集中区单独设立炸药临时存放库；在采矿场境界东侧 760 米标高山坡处布置粗矿仓、粗碎站、建溜矿井、压风机房等设施。各处均有公路接通。

4. 选矿工业场地。布置在距湘东钨矿原选厂东端 1 公里山坡（靠白龙村八组），高程为 490 ～ 442 米之间，占地约 50 亩。新修公路与外部道路相接。

5. 尾矿库。布置在汉背对面山（东山）后的泥鳅湖山谷，占地 209 亩，初期坝坝顶高程 290 米，最终堆积坝标高 380 米，库容 1170 万立方米。

6. 矿本部、生活区、炸药库、精选和水冶系统、化验室等利用湘东钨矿已有设施。

（二）主要工程量

1. 露天采场前期废石剥离工程量约 200 万立方米。

2. 井巷工程（溜矿井、运输平巷）1.2 万立方米。

3. 工业建筑（设备基础、厂房、矿仓、水池、挡土墙、排泄渠等）。

4. 场地土石方 5.8 万立方米。

5. 尾矿库筑坝量 11 万立方米。

6. 矿山道路 13.7 公里。

7. 供排水管道 4.3 公里。

8.6 kV 输电线路 8 公里。

9. 尾矿输送管道 3.6 公里。

本工程设计用地 1628 亩，除尾矿库需征地 210 亩，其他用地均在湘东钨矿批准用地范围内，建矿条件优势明显。

三、主要生产工艺方案

1. 采矿

对比露天与井下开采方式，此矿床露天开采优势明显，采用露天开采方式。

（1）采矿境界

按开采年限 15 年计算，开采境界内矿岩总量 2633 万立方米，其中矿石量 938 万立方米（占总工业矿石量的 58%），钽金属量 1200 吨左右，铌金属量 1000 吨左右，钨金属量 1280 吨左右，铜金属量 3300 吨左右;采矿后采场坑底标高 709 米，坑底长度 250 米，坑底宽度 80 ～ 120 米，地表最高标高 990 米，地表最大长度 460 米，地表最大宽度 378 米，境界内最大深度 281 米。

按开采年限 26 年计算，开采境界内矿岩总量 5423 万立方米，其中矿石量为 1530 立方米（占总工业储量的 93%左右），开采钽金属量 1867 吨，铌金属量 1600 吨，钨金属量 1930 吨，铜金属量 5200 吨；采场坑底标高 709 米，坑底长度 330 米，坑底宽度 90 ～ 196 米，地表最高标高 1015 米，地表最大长度 624 米，地表最大宽度 472 米，境界内最大深度 306 米。

（2）采矿和剥离工艺

通过剥离钽铌矿床上部的废石才能开采钽铌矿，本工程前期 950 米标高剥离量是采用一次硐室大爆破方式，把部分废石抛落滚到废石场，剩余废土废石电铲铲装，重型自卸车运输至废石场堆存。采矿剥离阶段，采用陡帮剥离、缓帮采矿，用牙轮钻潜孔钻穿岩穿矿，集中爆破，电铲铲装矿岩，重型自卸车运输，阶段式采剥。

（3）矿岩运输

剥离废石由自卸车运至废石场，矿石由自卸车运至粗矿仓，经粗碎站把矿石碎至 250 毫米以下，经溜矿井下放到 490 米标高平窿侧卸式矿车内，用架线电机车牵引运距 1 公里，经卸矿台自动倒入选矿厂矿仓。

2. 选矿工艺（设计处理量 2000 吨 / 天）

（1）矿石破碎，采用三段开路破碎工艺

a. 粗碎段在采矿场粗碎站完成，一台 1000×1200 颚式破碎机把矿石碎至 -250 毫米。

b. 中碎段：采用一台 PYB-1750 标准圆锥破碎机，碎至 -75 毫米。

c. 细碎段：采用一台 PYD-1750 短头圆锥破碎机，碎至 -25 毫米。

（2）磨矿分级流程

a. 第一段磨矿，2 台∮ 2100×3000 湿式棒磨机与 2 台∮ 2700×3600 湿式棒磨机串联，振动筛分级与∮ 2700×3600 棒磨闭路磨矿，出矿粒度 - 0.3 毫米。

b. 第二段磨矿，采用一台 MQG 2100×3000 球磨机与双螺旋分级机闭路磨矿，出矿粒度 - 0.15 毫米。

（3）粗选工序

a. 棒磨产物用水力分级按粒度分选，第一段磨矿粗粒级（- 0.3 ～ + 0.15）用螺旋溜槽预选、摇床高集，获得粗粒级粗精矿，螺溜和摇床尾矿进第二段磨矿。

b. 第一段、第二段磨矿产物细粒级（- 0.15 ～ + 0.074）磨料也用螺旋溜槽预选、摇床富集，获细粒级粗精矿，螺溜和摇床尾矿丢弃至尾矿库。

c. 细泥粒级（- 0.074 毫米）集中用旋流器分级，- 0.074 ～ + 0.04 粒级用螺旋溜槽、摇库选别后丢弃尾料，- 0.04 ～ + 0.02 粒级采用强磁选富集后丢弃尾料。把细泥粒级选矿产品直接并入细粒级粗精矿中。

（4）精选工序

a. 铜精矿产品（品位 12%）。先对粗粒级粗精矿浮选脱硫，然后硫化物再磨后浮选铜砷分离，获取铜精矿；细粒级粗精矿浮选直接获取铜精矿。

b. 钽铌钨混合精矿产品（钽品位 15%、铌品位 10%、钨品位 18%）。粗粒级细粒级浮选尾矿，经干燥后通过干式磁选，获取混合精矿。

3. 水冶工艺

钽铌钨混合精矿在热碱球磨机中细磨和浸出，经稀释和压滤获得碱浸滤饼（钽铌饼）与钨酸钠溶液，实现钽铌和钨分离；钽铌饼经盐酸分解浸出再过滤洗涤，除去铁锰杂质的滤饼经干燥、煅烧后，得到高品位钽铌精矿（钽品位 37%、铌品位 25%）；钨酸钠溶液经离子交换工序处理获得仲钨酸铵溶液，再经蒸发结晶和过滤洗涤，干燥煅烧制成最终产品三氧化钨。

4. 尾矿库建设

尾矿库选址泥鳅湖山谷，初期坝坝高 36 米，采用碾压堆石坝体，坝顶标高 290 米，后期堆积坝，堆积边坡 1 ： 4，堆积坝最终标高 380 米，总坝高 126 米，有效库容 1170 万立方米，占地 209 亩；选矿厂尾矿排出标高 420 米，通过∮ 245 钢管倒虹吸管方式自流入库。

5. 供水方案

本工程设计总用水量约 2.2 万吨 / 天，其中：新水 3000 吨 / 天、回水（含循环水）1.9 万 / 天。

湘东钨矿水源及供水设施能保证本工程新水用量，回水从选矿厂浓密机溢液和尾矿库回水保证，用泵将回水提升到选矿厂场地标高 480 米以上新建的 2000 立方米高位回水池中；采矿场用水用泵提升至分别在 970 米、780 米标高新建的 100 立方米水池供水。

6. 供电方案

钽铌矿工程设备安装总功率 5300 kW，计算负荷 3200 kW，加上湘东钨矿计算用电负荷 1500 kW，合计用电负荷 4700 kW。

湘东钨矿 35/6 kV 总降压变电站已有 SJ1-3200 35/6 kV 变压器一台，只需新安装一台 S9-315035/6kV 变压器即可保障电力供应。采矿场、选矿厂用电供应需设计新建变电站和输电线路。

7. 机修设施

依托湘东钨矿既有机修保障能力，在采矿场设综合维修车间，方便采场设备维护。

8. 环保工程

采矿场降尘除尘、废物回收、废石堆存、场地复植等；选矿厂通风降尘收尘、废水回收、废液处理、尾矿堆存、场地复植等；水冶系统废渣、废气、废液回收处理等。按国家有关法律、政策、规范等实施工程，符合环境保护要求。

开发金属包装桶生产技术的回忆

✪彭建春

1995 年初，我担任机修一厂技术副厂长不久，就接到了“开发金属包装桶生产线”的任务，当时厂长是符炳坤同志。贺才运同志是厂党支部书记兼经营副厂长，他是一位德高望重、经验丰富、和蔼可亲的老领导，担任机修厂厂长兼书记多年，组织上从照顾他和工作传承考虑，刚刚调整了他的分工，生产副厂长是陈件生同志。那时我年轻，工作经验管理能力还不足，组织上的任命和信任都源于厂领导班子和工人师傅们对我的关怀和帮助，这些在技术开发工作中对我极大的支持再次得到了印证。我记得老领导贺才运同志对我说：“你年轻，不能骄傲，领导的威信不是‘树’起来的，是‘干’出来的，你要更加努力工作。”符炳坤厂长告诉我说：“矿党委在讨论你的任命时有分歧，搞了两次征求意见，厂领导及工人师傅们都是极力推荐了你。”

1995 年 4 月，矿里召开会议批准“金属包装桶生产”立项，投资 15 万元，由机修一厂组织实施，符炳坤同志为项目负责人。随即机修一厂成立开发小组，符厂长亲自任组长，我分管设计生产线、产品试制、形成生产能力等技术工作，另外小组成员还有雷军、贺清奇等几位同志；生产线布置在小金工车间右侧，把原来的机床搬移腾出场地。

万事开头难，需要八方来助力，在我们思索生产线方案时，供销科李玉球科长提出让我们随同他科里的采购员去生产厂家看看，他是项目立项的推动者之一，对项目十分支持，认为我们一定能成功。虽然那次考察是走马观花（人家工厂没生产），也是有收获的，当时是白手起家，没有任何参考资料，只有一个从供销科拿来的“100公斤装金属包装桶”样品（用于湘东钨矿仲钨酸铵外贸产品的包装）作为参考。我们先测绘样品画出产品图纸；到省商检局醴陵站了解包装钢桶出口质量标准、检测规范等，记得当时接洽我们的是一个高瘦个子的年轻人，很专业很热忱，他特别指出油漆厚度、附着力和油漆材料环保的要求，金属桶在满载跌落试验不开裂、不爆桶，产品就合格。

按照工作计划安排，第一步是建成金属包装桶生产线，包括掌握生产技术、安排工序流程设备布局、设备采购安装、专用设备自制及模具设计制造等。第二步是产品试制，产品质量达到出口商品的商检标准，形成年产一万二千个金属桶生产能力。

我接受任务后，很快进入角色，先后完成生产流程、设备选型、生产线布局、自制设备、各种配套模具等设计工作；生产线由一台一百吨曲柄压力机、一台35 kW缝焊机、一台15 kW点焊机、一台3 mm×1500 mm剪板机、利用一台C618旧车床改制绞合卷边机，另外设计自制的一台滚圆机、一台缩口机、一台起边压筋机、一台桶箍成形机、一个旋转喷漆台、一个跌落试验台，新建的一座烤漆房等设备设施组成，设计制造了冲裁模、成型模、旋转缩颈模、起边压筋模、绞合卷边模等配套模具。那段时间我白天跟踪自制设备零部件及模具制造、产品试制，晚上去办公室设计出图。

全厂上下对金属包装桶生产技术开发都十分支持配合，自制设备的零部件，只要出了图纸，马上就优先安排生产；在试制金属包装桶时，旋转缩颈模、绞合卷边模遇到难关，反复修改加工试用再修改，我多次找生产副厂长陈件生安排，后来陈厂长授权我直接安排加工。我每次都请刘铁山老师傅加工、修改模具，他是我们厂的高级技师，精通车铣刨镗磨扦各种切削加工技能，技术好经验丰富，从1958年参加工作以来一直从事机修一线工作，他每次都停下工作先帮我修改加工，没有一丝不愉快，还鼓励我不要怕失败。试制小组的贺清奇同志，原本是一名油漆工（后来包装桶油漆工艺就是他为主制定的），他言语不多，工作能吃苦，领悟能力强，我们工作融洽，他是我的好帮手好朋友，我工余时间经常在他宿舍和工友们打扑克牌；他参与了生产线建设和产品试制、正式生产的全过程，他对工序流程、设备、模具调整、油漆工艺、质量把控等都熟练掌握，能独当一面，是产品试制的主力成员。在绞合卷边工序试验过程中，我记得有一天上午，工序试制再次失败了，我心情郁闷不想试了，回到办公室琢磨修改方案，贺清奇不气馁没有闲着，他带着贺冬芳、杨建华等几位从食堂转岗来的女同志继续试验，成功完成了工序，掌握了绞合卷边技术。他后来担任包装桶生产线班长，能带着几位女同志出色地完成生产任务。雷军同志是技术员，他和我一起完成了生产线工序流程设计及一些技术工作。

金属包装桶生产线历时 7 个月获得成功，12 月生产了第一批 500 件产品，并取得了出口商检证。这几个月对我来说确实是挑战，特别是在产品试制失败时，心理压力大，厂领导和工厂老师傅们的理解、支持、鼓励给了我绝不气馁的动力，老领导贺厂长曾关心地问我："是不是到外面去学习下？不要有压力，难关总会过的。"他有时来现场看望我们试制人员时总是面容微笑，目光充满鼓励神情。符厂长组织项目的建设，资源调配、后勤保障、设备安装、设施建设的实施，还亲自到生产线参与试制，倾注了很多的心血。工厂的老师傅陈立元、眭裘、周继苏、陈明庚、陈云长等很多同志也都关心生产线建设，给了我们试制小组宝贵的指导。金属包装桶生产线的成功是大家共同奋斗的结果。

辛勤的付出收获了荣誉，在矿召开的 1995 年度科技工作总结、表彰大会上，我先后四次上台领奖，代表机修一厂领"科技工作优胜单位奖"、代表试制小组领"金属包装桶生产技术科技进步奖"、个人申报的"铸件表面清理机"获技术革新奖，还荣获"年度科技工作先进个人"。

湘钨重组的难忘岁月

✪陈阿林

具有百年开采历史的湘东钨矿，于 1953 年 2 月成立，曾隶属中央重工业部有色金属管理局，先后两次获得国家"金马奖"，为国家经济振兴、国防强大作出了重大贡献，由于矿山资源枯竭，企业办社会包袱沉重，经营亏损，2002 年政策性关停破产重组。

为了充分有效利用资源，妥善安置下岗职工再就业，原湘东钨矿 195 位下岗职工以自然人入股的形式对湘东钨矿有效资产实施重组，2003 年 3 月注册成立了茶陵湘东钨业有限公司，首创并成功地实行了"股东平均股"，"股东既持股又参与劳动"的股份合作制，在公司领导的带领下，抓住市场机遇，同年下半年矿山开始盈利，四年来生产钨精矿近 1000 吨，为国家创造税收近 1000 万元。公司先后被茶陵县委、县政府授予"绿卡保护企业""纳税贡献先进单位""诚信先进企业""湖南省"A 级纳税信用单位"等称号。

2007 年 1 月湖南有色控股集团收购了茶陵湘东钨业有限公司，并组建了湖南有色集团湘东钨业有限公司，成为湖南有色控股集团的国有全资子公司。

弹指一挥间。当年我们参加湘东钨矿重组的大部分是 50 后、60 后风华正茂的青年人，现在我们有许多人已光荣退休成为老年人。回忆往事，我们记忆犹新，历历在目。

发起人公告

经湘东钨矿破产清算组推荐，并报湖南有色金属工业总公司同意，由时任湘东钨矿留守处的原副矿长周建国、邓志平及湘宁钽铌公司副总经理成新华三人为资产重组发起人，并于2002年9月28日向全矿发布和张贴"湖南湘东有色金属公司发起人公告"，当时湘东钨矿一次性安置职工200多人自愿申请报名。后来上级政策有规定，留守处人员属于公务人员不参与企业重组，经一次性安置职工推荐，湖南省有色金属工业总公司于同年11月初同意由原副矿长王光华，中层干部陈柏堂、刘仲良三人为资产重组新的发起人，他们与周建国等原发起人办理了移接交手续。

第一次股东大会

2002年11月12日上午，重组企业在湘东钨矿三楼会议室召开了第一届第一次股东大会，共有180位参加报名的股东参加了会议，湘东钨矿破产清算组长陈庆民处长、原湘东钨矿党委书记李德昌及湘东钨矿留守处的负责同志应邀出席了会议。种种原因之下，发生了争吵并中途休会，后来经过沟通协调，在与会人员的共同努力下，选举产生了王光华、陈柏堂、刘仲良为公司第一届董事会成员，并选举王光华为董事长。经董事会决定，聘任王光华兼任总经理，陈柏堂、刘仲良为副总经理。

"12·8"农矿纠纷

2002年12月8日上午，五一五工区正在签订入窿招标合同，高陇镇白陇村、水头村、长兴村、仁源村、古城村干部以要求湘东钨矿农赔为由组织近200名村民到我矿五一五坪里阻止工区招标签订工作，有的抢走了合同书，并打伤前来劝说的护矿队员，有的村民将石块、砖头、酒瓶砸向我们工作人员，当时就有几个职工被砸得头破血流，在忍无可忍的情况下职工采取自卫还击，后来在高陇派出所和高陇镇领导的制止下，事态发展才得以控制。

省有色总公司批准成立公司临时党委

为了加强湘东钨矿留守处的工作和茶陵湘东钨业有限公司组建工作的领导，经中共株洲市委组织部同意，2003年1月28日湖南省有色金属工业总公司党组研究决定，成立湘东钨矿留守处临时党委和茶陵湘东钨业有限公司临时党委。

茶陵湘东钨业有限公司临时党委由王光华、陈阿林、刘仲良、陈柏堂、周硕年五位同志组成，王光华同志任党委书记，陈阿林同志任党委副书记。

公司临时党委成立以来，充分发挥了党员的先锋模范作用以及党组织在破产关闭和资产重组工作中的战斗堡垒作用，为矿山的稳定和企业的发展作出了较大贡献。

积极开展生产自救

为了维护矿山稳定，促进优良资产的重组，经湘东钨矿破产清算组和茶陵县政府同意，重组企业于 2002 年 11 月 25 日开始一边办理各种证照，一边生产自救。

2002 年 12 月 12 日选矿车间在车间主任何规、技术负责人赵百科的组织下正式启动生产，打响了生产自救的第一炮；409 工区在区长谭冬牛的带领下积极组织井下生产，2003 年 2 月 13 日上午 9 点，股东员工童永红采矿队组，打响了 409 工区 14 中段开采第一炮；冶炼厂在厂长邓连球、生产技术部长黄毅辉的组织下，2 月 16 日冶炼厂锅炉正式点火，2 月 18 日正式启动生产，2 月 28 日冶炼厂第一批 WO_3 产品发往陕西 3147 厂。

接收企业重组有效资产

根据中办发〔2000〕11 号文件精神及中兴财会计事务所〔2002 第 16 号〕资产评估报告，并经株洲市中级人民法院对湘东钨矿处置资产公开拍卖，湘东钨矿清算组于 2003 年 2 月 26 日与茶陵湘东钨业有限公司签订了破产资产变现出让协议书，同时湘东钨矿破产清算组与湘东钨业公司签订了参与重组的一次性安置人员的安置费冲抵资产转让费的协议。

刘衡湘——资产重组工亡第一人

2003 年 3 月 1 日晚，股东员工刘衡湘（时年 39 岁）在 409 工区井下 14 中段 3 西脉 3 号线摄矿时不幸被矿车撞死，为企业重组奉献自己年轻的生命，成为公司重组工亡第一人。由于公司当时进行生产自救，登记注册工作正在办理之中，公司同意刘衡湘家人退股申请，并经过多次协商与其家属达成一次性补偿协议。

公司正式注册成立

公司于 2002 年 11 月 15 日在茶陵工商局取得茶陵湘东钨业有限公司企业名称予发核准通知书，2003 年 1 月 15 日在茶陵质监局办理了企业组织机构代码证，1 月 20 日在中国人民银行茶陵支行办理了开户许可证，3 月 8 日株洲正泰会计事务所出具公司验资报告，3 月 13 日在茶陵工商局办理企业法人营业执照，在茶陵国税局办理税务登记证，至此，公司正式注册成立。

开展《公司法》学习宣传月活动

2003 年 3 月 13 日公司正式注册成立了，新的公司是股份合作制公司，与原来湘东钨矿的国有企业是完全不同的概念，必须按照《公司法》和《公司章程》的规定去运作。为了帮助广大股东员工学习、熟悉、执行《公司法》，迎接公司第二次股东大会的胜利召开，公司董事会和临时党委会从4月1日至4月30日在全公司范围内开展了《公司法》学习宣传月活动，采取宣传发动、学习理论、收集意见等三大工作步骤，通过学习，大家进一步更新了观念，对重组有一个正确认识。

申请供电

湘东钨矿破产后，由于原湘东钨矿供电公司职工移交工作未落实好，茶陵电力局从2003年5月8日上午8：00起对矿区停止供电，影响了矿区居民的生活，同时重组企业的生产无法进行。为此公司领导和留守处领导到长沙向清算组反映情况要求尽快解决，同时先后到县供电局、县政法委、经贸局反映情况，要求供电，5月15日矿退休中层干部刘清波、陈康佑等六位退休老职工到县政府集体上访，申请供电；5月20日县电力局开始只供应晚上居民生活照明3个小时用电，重组企业还是无法生产；5月26日公司30多位职工去县政府集体上访，要求供电，为此，主管工业的副县长龙冬华与10位职工代表进行了座谈，县电力局长、经贸局长、县信访办主任也参加了座谈会，会上龙县长表态从当天下午3点钟开始由电力局全线供电，五天内由县政府出面协调原湘东钨矿电班移交工作，6月2日电力局与公司签订了供电协议。

聘请常年法律顾问

2003年5月28日公司聘请茶陵县犀城律师事务所王再福同志为公司常年法律顾问，为公司依法经营、完善经营管理规章制度和劳资纠纷、农矿关系纠纷、业务合同纠纷等提供常年法律服务。

湖南省有色总公司、湘东钨矿破产清算组召开“湘钨重组企业若干问题座谈会”

2003年6月25日，省有色总公司、湘东钨矿破产清算组在醴陵召开了“湘东钨矿重组企业若干问题座谈会”。省有色总公司财务处长张占海、湘东钨矿破产清算组长陈庆民处长主持了会议，清算组成员张国栋、罗田俊和公司董事长、总经理王光华，董事、副总经理刘仲良、陈柏堂，公司临时党委副书记陈阿林及中层以上骨干近20人参加了会议。会上省有色总公司和湘东钨矿破产清算组领导希望重组企业的干部职工严格执行《公司法》，支持董事会的工作，使重组企业健康发展。

选举产生公司第一届监事会

2003 年 7 月 3 日，公司在冶炼厂会议室召开第二次股东大会，选举谭冬牛为监事会主席，左勤奇、谭送连为监事；7 月 24 日至 7 月 27 日，公司采取“分片召开、股东记名投票”形式，举行了第二次股东大会延续会议，同意通过《公司章程》。

选举产生公司党总支委员会

随着湘东钨矿破产清算工作的结束及重组企业的注册成立，公司临时党委的历史使命已胜利完成。为此，公司于 2003 年 11 月 13 日召开了第一届第一次党员大会，选举产生公司第一届党总支委员会，选举陈阿林为书记，王光华、刘仲良、陈柏堂、周硕年为委员。同时，公司党总支委员会还下设采选党支部和机关综合党支部。

印发员工守则和岗位职责

按照现代企业制度的要求，为了进一步明确员工的岗位职责，不断提高员工素质和职业道德及行为规范，2004 年 1 月公司下发《关于印发员工守则和岗位职责的通知》的文件，要求全体员工遵守党纪国法，按公司章程办事，以公司为家，爱岗敬业，勤奋工作。

召开第一届第三次股东大会

2004 年 4 月 8 日至 4 月 10 日，公司采取“董事会召集、分片召开”的形式，召开了第一届第三次股东会，这次会议认真听取了董事会 2003 年度工作报告、2003 年度财务决算和 2004 年度财务预算报告、公司“第一个五年计划”说明、公司章程修改说明。

2003 年度是公司重组的第一年，在董事会的带领下，广大干部职工克服缺水、缺电等困难，发扬“没有条件，创造条件也要上”的创业精神，各项生产指标完成较好，实现税金 55 万元，被县税务局评为“诚信纳税单位”和“办税优胜单位”。

515 工区超额完成 2003 年度生产任务，被公司授予“2003 年度先进单位”称号，同时，公司还授予刘头来采矿队、保安部机动队、选矿工区 414 转矿班等五个班组“2003 年度先进班组”称号。

申请接转养老保险关系

公司成立快一年多了，但是职工个人养老保险上缴问题一直未解决好，大家颇为闹心，2004 年 4 月 21 日二十多位职工首先到县劳动局集体上访，县劳动局答复是：湘东钨矿破产后职工的养老保险关系和职工个人账户档案均未移交给地方。之后职工代表搭火车赴省城上访，最后在省有色总公司、省社保厅、湖南日报群工部和汉背办事处等部门的关心下，茶陵县劳动局于当年 9 月份全部接收了湘东钨矿一次性安置职工的养老保险关系。

闲置资产处置工作有序推进

为了对公司所属的闲置资产进行有计划、有步骤、有效的变现，公司制定了《闲置资产处置办法》，成立了公司资产管理及处置领导小组，下设资产管理及处置办公室，由尹铁权同志任主任、周作升同志任副主任，并成立回收队，对处置物资进行回收、归类、整理。

公司多次举行资产处置招标会，对公司废铁、废旧设备物资进行公开招标处置，公司监事会、保安部、资产处置办全过程参与资产处置活动。

召开第一届第四次（临时）股东大会

2004 年 9 月 2 日公司召开了第一届第四次（临时）股东大会，采取“记名投票”表决方式，对公司今后走向的两种方案（即自我改制和整体处置两种方案）进行投票表决，73％的股东同意自我改制方案，根据公司法和公司章程规定，股东大会形成决议，同意公司今后走自我改制方案。

组织参观香花岭锡业有限公司

为了学习和借鉴湖南有色其他重组企业的先进经验，2004 年 9 月 24 日，公司董事长、总经理王光华，副总经理刘仲良，采选厂长段和平一行专程到郴州香花岭锡业有限公司参观学习。香花岭锡业有限公司是原香花岭锡矿破产后，根据中央文件精神于 2002 年重组的股份制企业。他们不断探索企业改革之路，深化企业内部改革，严格管理，促进企业健康发展。

县政府召开“整顿湘东钨业秩序，取缔关闭乡镇钨矿专题会议”

根据时任县长余明刚的指示精神，2004 年 10 月 29 日，县政府召开了“整顿湘东钨业秩序，取缔关闭乡镇钨矿专题会议”，副县长龙冬华主持了会议，会议决定，一个星期内各乡镇钨矿一律取缔关闭。11 月 1 日，县安监局局长亲自带领公安、国土、高陇政府及钨业公司一起将腰陂里六中段窿口封堵好。11 月 13 日，公司与洣江乡政府签订了取缔关闭洣江钨矿的协议。12 月 1 日，高陇派出所与公司联合发出公告，打击偷盗和乱采滥挖行为。

省国土资源厅为公司颁发采矿许可证

公司自2003年3月注册成立以来，一直将采矿权办证工作纳入议事日程，并由副总经理陈柏堂同志负责此项工作，经过一年多的艰辛工作，2004年11月10日，湖南省国土资源厅为公司颁发了编号为4300000420363的采矿许可证。

公司召开第一届第四次股东大会

2004年11月23日至11月28日，公司采取“单位集中，股东记名投票”的形式，对冶炼一厂设备设施整体处置及违规股东员工处罚办法进行投票表决，并形成股东决议，同意冶炼一厂设备设施整体处置，同意违规股东员工处罚办法。

县长余明刚一行到公司检查指导工作

风雨送春归，飞雪迎春到。2005年1月10日，冒着风雪，时任茶陵县县长余明刚、副县长龙冬华率县政府办、经贸局、安监局、国土资源局、劳动保障局等部门负责人兴致勃勃来到汉背地区，视察公司选矿车间，看望和慰问下岗职工及困难居民，并和汉背办事处和公司领导进行座谈，他们希望公司进一步完善法人治理结构，加大整治力度和招商引资力度，把企业做活做强，做成茶陵重点骨干企业领头雁。

公司召开第一届第五次股东大会

2005年4月2日，公司在冶炼厂会议室召开了第一届第五次股东大会，听取了董事会2004年度工作报告、2004年度监事会工作报告、2004年度财务决算和2005年度财务预算报告。

2004年，公司统一思想，坚定“做下去”信心，团结奋斗，真抓住实干，实现产值近千万元，上缴税金100多万元。为此，县委、县政府授予公司“2004年纳税贡献先进单位”称号，“绿卡保护企业”称号，“2004年度办税工作优胜单位”称号。

为表彰先进，公司董事会、党总支联合下文，授予409工区2004年度“先进单位”称号，授予409工区刘头俫采矿队等六个班组为2004年度“先进班组”称号。

股东决议同意通过“老山里矿脉合资开采方案”

2005年5月1日至9日，公司采取“单位集中，股东记名投票”形式，通过了“老山里矿脉合资开采方案”。为此，公司还成立了老山里矿业开发工作组，由副总经理陈柏堂任组长，中层干部朱建国、何规任副组长。

公司党总支开展“保持共产党员先进性教育活动”

根据中央精神和县委的安排，2005 年 8 月至 10 月，公司党总支在全体党员中开展了共产党员先进性教育活动。活动共分为学习动员、分析评议、整改提高三个阶段，要求各单位、支部结合本单位实际情况，把发挥党员先锋模范作用与促进企业发展紧密结合起来，切实做到学习教育与推动工作两不误、两促进。

同时，为了进一步塑造健康的企业文化，增加企业凝聚力，不断丰富职工业余文化生活，公司于十月份举行了首届职工篮球友谊赛，共有五个代表队参加了比赛，409 工区和 515 工区分别荣获冠、亚军。

公司领导参观学习宝山铅锌银矿引资探矿经验

根据第一届第五次股东大会关于积极寻找合作伙伴，继续做好深边部探矿找矿工作，追求企业长远发展的战略决策，在董事长、总经理王光华的安排下，2005 年 10 月 25—27 日，公司副总经理陈柏堂、刘仲良，公司总支书记陈阿林，监事会主席谭冬牛一同专程到郴州宝山铅锌银矿，学习了解该矿与西部矿业有限公司合资探矿的经验。同时，还参观了湖南有色控股集团下属的柿竹园有色集团和黄沙坪铅锌矿。

11 月 17 日，柿竹园有色集团总经理刘澜明一行，受湖南有色控股集团的委托，对公司进行了实地考察。11 月 24 日，西部矿业集团桂阳分公司经理邓家军一行，对公司进行了实地考察。

公司召开第一届第六次股东大会

2006 年 1 月 20 日，公司在冶炼厂会议室召开了第一届第六次股东大会，听取了第一届董事会 2003—2005 年度工作报告。三年来，在第一届董事会的带领下，广大股东员工克服重重困难，顺利完成了从生产自救到资产重组到公司发展壮大的任务。股东大会还采取“记名投票”的表决方式，并形成股东大会决议，同意修改后的公司章程；同意第一届董事会成员王光华、陈柏堂、刘仲良同志继续担任第二届董事会成员。

2005 年度公司实现税金 200 多万元，被县委、县政府授予“纳税贡献先进单位”称号和“诚信先进企业”称号。

公司召开第二届第一次董事会议

2006 年 1 月 20 日，公司董事会在招待所举行了第二届第一次董事会议，就公司有关事宜形成如下决议：

同意选举王光华同志为公司董事长；

聘任陈柏堂同志为公司总经理，刘仲良、谭冬牛、谢继陵同志为公司副总经理，段和平同志为总经理助理；

聘任谭送连同志为公司财务负责人。

公司党总支开展和湖南有色控股集团进行股权合作的广泛宣传

为了增强企业发展后劲，促进企业健康发展，实现股东利益最大化，公司打算和湖南有色控股集团进行股权合作。为了统一思想和认识，3 月份，公司党总支在广大股东员工中开展与湖南有色控股集团股权合作的广泛宣传，重点对为什么要与湖南有色控股集团进行股权合作和如何与湖南有色控股集团进行股权合作进行宣传。

湖南有色控股集团领导与公司领导就股权合作事宜进行平等、坦诚、认真协商

2006 年 4 月 4 日，在长沙市有色大厦 A 栋 11 楼会议室，湖南有色控股集团常务副总经理、党组副书记曾少雄及集团财务部、规划部、企管部、科技产业部负责人与公司董事长王光华、总经理陈柏堂本着共谋发展的愿望，就股权合作事宜进行平等、坦诚、认真的协商，达成共识并形成会议纪要。为了了解瑶岗仙钨矿与湖南有色控股集团股权合作的成功经验，4 月 11 日，公司董事长王光华、总经理陈柏堂、总经理助理段和平、选矿车间主任周作升一行对瑶岗仙钨矿进行参观考察，深受启发。

公司召开第二届第一次股东大会

4 月 15 日，公司召开了第二届第一次股东大会，并形成股东大会决议，一致同意公司与湖南有色控股集团股权合作，合作方式主要为增资扩股与股权转让相结合。根据湖南有色控股集团与湘东钨业公司股权合作的会议纪要，4 月中旬湖南有色勘查院专家组对公司资源潜力进行调查，同时，公司组织部分股东代表参加了调查。

汉背矿业秩序整顿工作拉开序幕

5 月 23 日，在茶陵国土局、公安局、高陇镇、汉背办事处的组织下，全县 16 个单位、部门近 300 人，对汉背地区乱采滥挖行为进行清理和整治。共砸毁各种机械设备 38 台、炸毁洞口 17 个、烧毁棚子 90 多个、拆除非法摇床用电户 10 多户，取得阶段性成果。

为巩固整治成果，6 月 15 日在高陇镇和汉背办事处、国土资源局和县公安局领导的带领下，又进行了第二场整治汉背矿业秩序行动，共炸毁、封堵洞口 10 多个，烧毁棚子 10 多个。

公司召开整顿劳动纪律，强化管理，促进生产发展和合资工作顺利进行的动员大会

7月4日，公司在二楼小会议室召开了整顿劳动纪律，强化管理，促进生产发展和合资工作顺利进行的动员大会，董事长王光华、总经理陈柏堂主持了会议，各单位部门负责人参加了会议。会议认真总结了前段工作情况，分析了目前存在的主要问题及原因，并对今后的工作提出了新的要求。

会议要求各单位会后立即召开班组长骨干会、职工大会，传达会议精神，进一步统一思想，坚定信心，严格考核制度，狠抓劳动纪律，明确责任，治理整顿环境卫生，保证企业的正常生产经营秩序和合资工作的顺利进行，以新的精神面貌迎接湖南有色控股集团领导的到来。

县委、县政府热忱欢迎湖南有色控股集团来茶陵投资办矿

7月11日，茶陵副县长龙冬华在县长办公楼二楼会议室，热忱接待了湖南有色控股集团副总经理、党组副书记曾少雄、集团党组成员、人事部长周献林、财务部副部长唐建文、矿产资源开发部长邓圣福、博士范雪强一行。在接待会上，集团副总经理曾少雄首先向县委、县政府通报了与湘东钨业公司股权合作事宜及做强做大合资企业的基本思路，并希望县委县政府给予大力支持。

听了曾少雄副总经理的介绍后，龙冬华副县长非常高兴，他首先代表县委政府热忱欢迎湖南有色控股集团来茶陵投资办矿，他表示县委政府将及时搞好协调服务工作，为招商引资营造一个良好环境，并预祝合作成功。县商务局局长、县政府办主任及钨业公司领导王光华、陈柏堂、刘仲良、陈阿林等参加了接待会。

第二天上午，集团曾少雄副总经理一行在公司领导的陪同下，先后参观考察了茶陵转运站、选矿车间、409工区，并在公司二楼会议室与汉背办事处领导邓志平、邓小秦和公司领导、部门负责人进行了座谈。公司董事长王光华、总经理陈柏堂先后汇报了生产经营及与湖南有色控股集团股权合作的一些工作情况。副总经理曾少雄热忱欢迎湘东钨业加入湖南有色控股集团，并组建新的国有控股公司，优化安排公司现有职工的工作，加快探矿，扩大生产规模，将企业做大做强做久。最后，副总经理曾少雄对下步股权合作工作提出了安排和要求。

公司成立资产清查小组，评估内部资产

根据湖南有色控股集团领导及公司股东的要求，公司决定成立资产清查小组。7月13日，公司召开了资产清查小组会议，副总经理刘仲良对资产清查工作进行人员分组和具体安排，总经理陈柏堂要求参加资产清查人员，以对公司和股东认真负责的态度，实

事求是地搞好这次资产清查工作，并要求在 7 月 25 日前完成内部评估工作。

湖南有色控股集团领导与公司领导就股权合作之事举行第二次平等、坦诚、认真的谈判

9 月 25 日，在长沙有色大厦会议室，湖南有色控股集团常务副总经理曾少雄，集团矿产资源部、财务部、规划部、人事部等部门负责人与钨业公司董事长王光华、总经理陈柏堂就湖南有色控股集团与湘东钨业公司股权合作之事，双方进行了平等、坦诚、认真的谈判。谈判前，副总经理曾少雄首先通报了湖南有色控股集团党组 9 月 22 日召开的关于有色控股集团与湘东钨业公司股权合作的专题会议精神。

为了创造良好的生产经营秩序，迎接与湖南有色控股集团合资成功的到来，公司要求全体干部职工进一步提高对与湖南有色控股集团合资的重大意义的认识，整顿思想，树立正气，加强监管，严格按照公司计划组织好生产，确保企业生产与企业合资的平稳过渡。

根据会议纪要，10 月 16 日至 11 月 4 日，湖南有色控股集团先后委托法律顾问、会计事务所、矿产资源评估事务所对公司进行法律调查和资产、资源评估。

10 月 12 日，公司董事长王光华，董事、副总经理刘仲良，总经理助理段和平，选矿车间主任周硕年代表公司参加香花岭与西部矿业的合资挂牌庆典大会。

湖南有色控股集团在长沙与公司举行股权转让与增资扩股签字仪式

2007 年 1 月 18 日，湖南有色控股集团与茶陵湘东钨业有限公司在长沙举行了股权转让与增资扩股签字仪式。湖南有色控股集团党组副书记、常务副总经理曾少雄，集团党组成员、人事部长周献林，省国资委毛处长及公司董事长王光华，总经理陈柏堂，副总经理刘仲良参加了签字仪式。茶陵湘东钨业有限公司被湖南有色控股集团收购后重新组建成立了湖南有色集团湘东钨业有限公司，成为湖南有色控股集团的国有全资子公司。

按照现代企业制度的要求，公司成立了董事会、党委会、经理会、监事会、纪委、工会组织。集团任命王光华同志为公司董事长，陈柏堂、廖文平、刘仲良、唐建文、邓圣福同志为公司董事；任命陈柏堂同志为公司总经理，陈树乔、刘仲良同志为公司副总经理；任命集团纪委副书记李烈林兼任公司监事会主席，陈阿林、段和平同志为公司监事。根据党章的要求，经公司党员大会选举，集团和中共株洲市委组织部同意王光华、廖文平、刘仲良、陈树乔、陈阿林为公司党委委员，王光华同志为公司党委书记，廖文平同志为公司党委副书记；同意廖文平、陈阿林、谭冬牛、周硕年为公司纪委委员，廖文平为公司纪委书记，陈阿林为公司纪委副书记。经职工代表大会选举，市总工会同意廖文平同志为公司工会主席，陈阿林同志为副主席。

二、矿工生态样本：一个矿工的档案

湘东钨矿是在国家重工业部有色金属管理局中南分局（后改为中南钨矿局）衡湘管理处和茶湘管理处基础上成立的。因此，建矿之初的职工来源，一是南下的干部[1]，主要担任矿部级中层管理干部；二是技术人员，一部分是接收国民政府资源委员会第二区特种矿产管理处[2]的留用技术人员，一部分是中华人民共和国成立初期参加工作的大专院校毕业生；工人则很小部分是由民窿原有工人经过清理甄别后留下的，大部分是1949年后招收的农民，主要是省内。省内又集中在邵阳地区、涟源地区（今娄底市）的邵阳、邵东、双峰、涟源、新化以及湘潭地区的宁乡、湘潭等县。为了解新中国社会主义革命和建设时期国有企业职工的生活样态，我查阅了湘东钨矿职工档案，并选取了王晓春的档案全宗，作为该时期国营矿山工人的样本，进行分析和研究。

（一）档案详单

王晓春档案为干部档案，包括主件和附件。按装订顺序，其内容有：

主件包括：干部履历鉴定书（铅印），中共湘东钨矿委员会组织部印制，1960年5月填写。

附件包括：

1.《干部履历鉴定书》（油印），中共湘东钨矿委员会组织部翻印，1960年4月21日填写。

[1] 湖南南下干部包括山西、河北以及随第四野战军南下转业湖南等三部分，以山西南下干部为主体，组成湖南各县最初的县市政权。

[2] 国民政府资源委员会第二区特种矿产管理处于1946年2月在长沙正式成立。该处系由资源委员会原锑业管理处改组而成，并接管原锑业管理处及钨业管理处、锡业管理处湖南分处全部业务。内设总务、技术、业务、会计4室，下设锡矿山、瑶岗仙、安源、乳源4个工程处和代办立成立复锑矿场、锑品制造厂。并在汝城、郴县、益阳、白石渡等地设立转运站，在汉口、上海设立办事处。1949年8月，湖南和平解放后，该处被人民政府接管。

2.《湘东钨矿提拔干部鉴定表》，1960 年 3 月填写并审批。

3.《中国共产党入党志愿书》，1955 年 11 月 5 日本人填写，11 月 10 日介绍人签署意见，支部大会 11 月 22 日通过，12 月 8 日湘东钨矿党委书记于一民签字批准入党，候补期 6 个月。1956 年 6 月 20 日个人申请转正，7 月 25 日支部大会决议通过按期转正，9 月 28 日矿党委书记于一民签字同意按期转正。

志愿书内贴中共半截山支部所作的《王晓春在候补期中的表现》活页。

4. 调查材料：① 1965 年 1 月 29 日《审阅材料登记表》；1965 年 4 月 7 日中共白碧公社约溪大队党支部《王晓春同志的材料》。② 1971 年 11 月 16 日《湘东钨矿赴（）疗养员政治审查表》，附 1969 年 11 月 14 日外调人员戴根生、姜春汉《关于王晓春的外调情况小结》，1969 年 11 月 13 日胡炳清、胡成孝口述材料《关于证明王晓春在益阳被抓去当兵的情况》及中共双峰县井字人民公社约溪大队革命委员会和中共双峰县井字人民公社革命委员会签署"情况属实，可作依据""此材料可作依据"的意见。

5.《一九六〇年三反运动干部鉴定表》，包括自我检查和小组鉴定、支部或行政领导意见。

6.《领取劳保工资登记表》。

7.《湘东钨矿老弱废残人员鉴定表》（一式两份），1963 年 8 月。

8.《湘东钨矿老弱废残人员申请表》，1963 年 4 月。

9.《工人职员劳动保险登记卡片》，1952 年 12 月 4 日。

10.《中华全国总工会会员入会志愿书》，1951 年 3 月。

11.《关于以前填表没有要求填明已死的亲人情况》，1976 年 9 月。

12.《湘东钨矿矽肺病职工生活补助费领取证》（1963—1968）。

13.《悼词》，中共湘东钨矿委员会、湘东钨矿革命委员会，1977 年 12 月 17 日。

（二）家庭情况及个人履历

王晓春个人履历材料主要体现在《干部档案》主件和附件中的《干部履历鉴定书》以及《入党志愿书》之中。综合三种记载，王晓春家庭情况及个人经历如下：

王晓春，原名王清轩，男，1920 年（民国九年）11 月出生，湖南省双峰县井字公社约溪大队人。父亲王茂生，1891 年（光绪十七年）出生，以熬硝、挑脚为生，殁于 1926 年（民国十五年），终年 35 岁。母亲王左氏，家庭妇女。继父谢玉斋，雇农，殁于 1948 年。妻子葛秀英，家庭妇女，生于 1924 年（民国十三年）。岳父葛万庭，"家里上无片瓦，下无寸地，以挑脚、做零工为生"，殁于 1943 年，终年 55 岁。岳母葛彭氏，家庭妇女，殁于 1974 年，终年 83 岁。伯父王裕恒，雇农，靠做长工、熬硝、挑脚为生。姑父周富卿，中农，以种地为生，也熬过硝。姑父黄桂生，雇农，做裁缝。

家庭经济状况：祖父曾有 6 亩地，两间半房子，因欠地主债，卖光还债，至父亲时，无地。1950 年土地改革，分得一亩八分地，两间房子。

1929—1932 年：湘乡铜梁乡第八小学校（铜梁乡民德初级小学）。

1933—1934 年：替人看牛、做月工。

1935—1937 年：在武冈、湘阴硝厂，雇工。

1938 年：武冈三闾司，熬硝。

1939 年 1 月—1939 年 6 月：茶陵、高陇，熬硝。

1939 年 7 月—1940 年 6 月：武冈，熬硝。

1940 年 6 月—1940 年 12 月：耒阳，熬硝。

1941 年 1 月—1941 年 6 月：湘潭伞铺垅，熬硝。

1941 年 6 月—1941 年 12 月：益阳打伞树，熬硝。

1942 年 1 月—1942 年 6 月：耒阳肥田，熬硝。

1942 年 7 月—1942 年 8 月：第四军第九十师，被抓壮丁，当兵。

1942 年 9 月—1943 年 6 月：浏阳小河、合石口，熬硝。

1943 年 7 月—1943 年 12 月：江西万载县，熬硝。

1944 年 1 月—1946 年 12 月：浏阳小河，熬硝。

1946 年 12 月—1948 年 12 月：江西万载县、丰宜县，熬硝。

1949 年 1 月—1949 年 12 月：在湘潭市谢兴泰，店工。

1950 年春，在双峰县白碧约溪乡，办农会。

1950 年 8 月—1952 年 8 月，在江西浒坑钨矿，参加工作，炮工。1951 年 3 月加入中华全国总工会江西省有色金属工会。

1952 年 9 月：调入湘东钨矿半截山坑口，炮工。

1955 年 12 月：加入中国共产党。

1959—1960 年：湘东钨矿半坑食堂，管理员；1960 年 3 提拔为干部，任管理员。

1960—1963 年：湘东钨矿高陇疗养所，任福利园负责人。

1963 年 8 月：因职业病退休。

1963—1967 年：居住在高陇疗养所。

1967 年起：居住湘东钨矿矿本部新建村五栋。

1977 年 12 月 15 日：因病逝世，终年 57 岁。

（三）自传材料

自传是干部档案最重要的材料。档案中有两份干部自传，均为1960年由工人提拔为干部时撰写。从笔迹判断，主件《干部履历鉴定书》系由组织部门工作人员填写，时间为1960年5月；附件《干部履历鉴定书》系王晓春本人于1960年4月21日撰写，是批准提拔之后按照规定撰写的。档案中有一份《湘东钨矿提拔干部鉴定表》，记载了王晓春提拔为干部的审批程序，分别有业务部门鉴定意见、党支部意见、人事科审查意见、劳动工资科核定工资等级、首长批示意见。首长批示栏签署的意见是："经党委研究，同意提拔为食堂管理员，工资不动。"加盖"中国共产党湘东钨矿委员会"公章，时间为1960年3月29日。王晓春《干部自传》系在提拔之后撰写的。两个版本的自传基本一致，只有个别字句不同，以下附王晓春《干部自传》，个别字句参校另一个版本。

附：王晓春《干部自传》

1. 童年时代

我生于1920年11月，已经40岁了。据我母亲说，我祖父手里有6亩地，两间半房子，就因为欠了地主的账，把仅有的地与房卖光还账，所以从我父亲、母亲起，就一贫如洗，地无立锥，在农村已无法生活，父亲就到外找工作。但当时，正是军阀混战，市场肖（萧）[1]条，工商业关门闭户的时候，大批劳动人民流离失叶（业），哪里还找的（得）到工作。我父亲就这样病死在汉阳。这时候，我才六岁，还有一个妹妹两岁。兄妹二人随着母亲在继父家里度了两年。妹妹随后就给人家做童养媳，一病死了。我倒还舒舒服服读了四年书。那时候，我祖母和母亲时常对我讲：儿啊，你要记得，你搭帮祖宗读了书，点活了眼睛，要不然是个光眼瞎子，连除外招牌名字都不认识。现在我才知道，不是搭帮祖宗，而是共产党。因为我读书虽是由祠堂公产津贴伙食、书籍费，但是还是由于当时革命风暴，提公产办学堂，要不地主们哪里会让一块到手的肉，拿出来津贴穷小孩读书呢。

2. 在雇工的日子里（1932年至1937年）

1932年，我读完了初小的四年书，也是我祠堂公产津贴穷小孩读书的最后一年。我记得那是十一月冬节，祠堂开祭，宣布取消津贴学生。十二月初三日

[1] 原文校正用（ ）表示，原文补缺用 [ ] 表示。下同。

放假，回到我继父家里。过了一个年，到 1933 年走上了新的历史——雇工。当时我才 13 岁，力气不大，要想找个工做，并不是一件容易的事。后来才找到我伯父家里，要求他带我到硝厂去，当然我伯父答应了。但是，熬硝是要六七个人，也就是他还有伙伴。虽然我只吃饭不要工钱，可是我伯父不知道向伙伴们讲了几多好话，我自己在这段年月里实在受尽了气，也不知流了多少泪。

3. 画虎不成反为犬（1938 年）

做了五年雇工，虽然受尽了怨气、折磨，但是我的身体也在这苦难中长大成人了。1938 年我已经 18 岁了，可以说是挑得起放得落。这年不是做雇工，而是自己约别人合伙熬硝。当时硝厂的雇工是每月工资伪币 3 元、4 元，我这一年都每月收得了 6 元，到年底有几十块钱，家庭也没有什么负担，那时候倒还是很欢喜。不料到 12 月，有一晚来了几个土匪到我们厂里，抢得精光，还挨了一顿打，结果还是过不了年。那时候也于社会认识不足，被土匪抢得精光，还说是“贼偷火烧，命里所招”。同时是我不利于走一方，应该斢斢地方，就决心离开武冈。

4. 到处乌鸦一般黑（1939 年至 1949 年）

在我们湘乡铜梁乡、蒋市街这一带的人，都是熬硝的多，还有一部分是进矿的。所以我周围的人和相处的人，也就离不了熬硝和开矿的人。听说茶陵矿山挖矿（就是现在本矿里）能够发洋财，只要碰得好，碰到一个砂包就够了。再加上我一个堂兄王阳生，他是在茶陵熬硝多年了的，二人说得情投意合，就跟他走，到茶陵来。

当时还是抗日战争紧张时期，国民党到处抢劫民财，强抓壮丁，这矿上人多，他们更不会放松，我为了避免强抓壮丁，把到矿山发洋财的念头打消了。恰巧又是国民党为了更进一步剥削工人，又来了一套新的花样，说是土硝统一由伪政府[1]凭市价收购，熬硝的工人不派壮丁，熬硝的原料由伪政府负责。就大肆招收熬硝工人，我也就进入了这个圈套，在高陇深坑熬硝。等你熬出硝来，他以收购军硝的牌子，强迫要购，价格要比市价低几倍，原料他不会负责。搞了半年，又是空空如也，白白地为国民党吸血鬼干了一场。然而国民党的这套所谓收购军硝的吸血制度却一直维持到 1945 年。实际上他们收购的硝仍旧是出卖

[1] 指国民党政府（国民政府）。系沿袭解放战争时期的语境称国民党政府为伪政府。

给资本家，而这些官僚们就是在（从）中捞取一笔笔巨额利润。

1942 年 6 月，到益阳去熬硝，路上遇着伪九十师的军队[1]，把我抓入伪军当了两个月新兵。后来队伍开到浏阳，我从浏阳跑出来到东乡熬硝。这里也不例外，又是收购军硝。这时候，我对国民党痛恨已经很深了。在 1943 年，我和浏阳东乡小河一带的硝厂商量，并约集在小河合石口、左金安厂里开了一个会，大家都不缴硝。不幸被当时负责浏阳收军硝的彭义良闻信，通知当地，集成乡乡公所把我与左金安、左保安关押入狱，关了三天。我们设法用了些钱，才得出狱。但是彭义良听说我们出狱，他既没收到硝，又没得到一钱，他又在浏阳县城里，发条枪来抓我，我闻信逃到江西万载。结果把我的一个伙计朱福生抓起来关了一天，把他仅有的一些硝和钱都搞光了。

当我逃到万载的时候，虽然是找到了暂时的栖身的工作，但是祸又来了——病。这是病，病得很久，而且我从来没有得过的这种病——心气病。十多天以后，我的邻居去玩，一位老婆婆听说我是心气病，她说你早点不做声，她就拿了一撮名叫杉细心的草药熬汤吃了，果然从此断根不痛。我深深到现在还记得那位老婆婆对我的仁慈，特别是她的那撮药，为什么这样有效，就可惜忘记了她的姓名。

万载是一个产鞭炮最多的地方，用硝最多，所以熬硝的也就多了。反动派当然不会放这种机会，那里早就有了硝叶（业）工会和旅万湖南同乡会。我在那里，也就加入硝业工会和旅万湖南同乡会。至于缴纳的会费，数字已经记不清楚了。当同乡会长的是湘乡人，1950 年已正法，工会会长龙湘，不知其下落。

熬硝虽然是一种反动资产阶级看不起的营生，但是在那种大鱼吃小鱼、小鱼吃虾子的社会里，熬硝的也存在人剥削人的现象。有熬硝的器具和资本的人，除器具要租钱，资本要每月高利外，他跟你同样的劳动，或少劳动，但是分起钱来，他可以多得一些，或者多几倍的。我就是因为被土匪抢，被伪政府抓，被伪军队抓，东跑西跑，熬硝的时候，还欠熊梅桂的一些钱和熊梅初的一些钱，就是跟他熬硝，一年劳动到底，结果还亏他一身账。

1946 年在万载、丰宜熬硝的时候，以为日本投降了，日子会好过一些，谁知一步步更加紧了。到了 1948 年，我就完全失叶（业），因为熬出硝来，无人销货。假设厂里存了两担硝，就再无法熬下去，连吃饭都成问题，所以我在 1948 年 12 月，就由万载回到家里。

[1] 指国民党部队。

1949 年，跑到长沙、湘潭找事，结果在湘潭市谢兴泰找到一个临时工作，虽然在湘潭待了一年多，但没有一个正式工作，当然更谈不上过好生活。所以这十年来，我走遍了江西、湖南两省的十多个县，总想找一个好的环境，谁知道是到处乌鸦一般黑，条条蛇咬人。

5. 云开见日生活上升（1950 年至现在）

1950 年春，正是农村正式成立农会进行清匪反霸减租退押的轰轰烈烈的农民运动。我参加这次运动，搞了两个多月，后来正式要我当农协主席时，我确实是跑出来。原因是我认为自己也不会种地，一辈子是在外做工，加之那时农会是没有一点工资，自己也没有一点储蓄，家里吃饭都是东扯西拉，所以我就跑出来了，到江西浒坑钨矿参加了工作。

1950 年，由浒坑［钨矿］和陈高阳、周桐生同志，一道［来］本矿工作。1955 年 12 月 8 日，由黄高发、周自正同志介绍，加入中国共产党。1956 年 6 月转正。几年来只得了六次生产奖。

（四）入党志愿书

卷宗所存《中国共产党入党志愿书》，时间为 1955 年 11 月 5 日，均用红色墨水笔填写。封面有“中国共产党入党志愿书”“姓名”“年月日”字样；封二为“说明”；封底印有“中国共产党湖南省委组织部翻印”。

第 1 页为“入党志愿书”，由申请人王晓春填写，文字不长，兹录如下：

在党的教育和培养下，我的政治觉悟不断提高，我清醒地认识到中国共产党是中国工人阶级先进的有组织的部队，是党的阶级组织的最高形式。中国共产党代表中华民族与中国人民的利益，党的最终目的是要在中国实现共产主义制度。三十年来成千上万的优秀党员和党的领袖为了共产主义事业在火线上、刑场上、监狱中牺牲自己宝贵的生命，才换来了今天的胜利，使被压迫被剥削的人们翻过身来，做了国家的主人。

为了实现党的最终目的和人类所理想的社会——社会主义社会和共产主义社会，我自（志）愿加入中国共产党，我愿意把我的一切，连同我的生命在内，都交给党来为共产主义事业奋斗。

由于共产主义事业是翻天覆地的伟大事业，我今后必须努力学习马列主义和毛泽东思想来武装自己的头脑，精通业务来完成党交给的任务，做一个名副其实的共产党员。

第 2 页至第 4 页主要为个人状况。设置的栏目有“姓名（现名、原名）”“性别”“年龄”“民族”“特长”“家庭出身”“籍贯”“本人成分”“现在住址”“现在职业”“现任职务”“学历与现有文化程度”“社会经历”“家庭情况（现在的经济情况、主要亲属的姓名、职业及政治态度）”“亲友中有否参加党派组织和政治活动的？现在的情况如何？”“曾否参加发动党派、发动军队和迷信团体？现在的关系如何？何人证明？”“参加过何种的革命的群众组织？担任过什么工作？”“曾否受过人民政府和群众组织的奖励或处分？何时？何地？原因如何？”“学习过哪些马列主义的书籍？哪些对你影响最大？”“学习过党章没有？对党有何意见？”

在“学习过哪些马列主义的书籍？哪些对你影响最大？”一栏中，王晓春写道：“学习过《怎样做个共产党员》《政治常识课本》《社会科学基本知识讲座》《革命人生观》等，这些书对我影响最大。”

第 5 页为介绍人意见。王晓春入党介绍人为黄高发和周自正，均为同一工区（半截山第二工区）工友。黄高发在“对被介绍人的意见”一栏填写的意见是：

该同志优点：

1. 工作一贯负责，极不怕困难，表现在 2034、2028 垱头水烟子大，从不叫苦；

2. 计划观念强，在群众 [中] 起带头作用，完成国家计划，在 2028 得过生产奖；

3. 对宣传工作负责，表现对黑板报抓得较紧；

4. 对文化学习很关心，担任群师及（未）有缺过席，自学加强，经常看政治书籍。

缺点：

1. 掌握批评不大胆，有时不发言；

2. 个性有点强，在群众中接头较差。

周自正在“对被介绍人的意见”一栏填写的意见是：“同意以上介绍人意见。”

第 6 页为“支部大会讨论新党员入党的决议”和“上级党委审批的意见”。其中支部决议为：“支部大会讨论：正式党员四十一名，其中同意的正式党员三十七名，同意该同志入党，候补期六个月。”湘东钨矿组织部意见：“同意入党，候补期为半年，从 1955 年 12 月 8 日起。”党委书记于一民签字：“同意支部意见，接受其入党。”

第 7 页为“候补党员的自我检讨及对自己转为正式党员的意见”，王晓春写道：

我从参加党的六个月来，在党的亲切教育和党的生活的锻炼，使我初步树立了劳动观点、群众观点、阶级观点和实事求是的唯物主义观点，由于有了这些观点来作为实际工作中和生活中的指南，在这一阶段，克服了很多缺点：在未参加组织前对社会发展认识不够，对钻研新技术不感兴趣，总认为自己有了几年炮工工作［经验］，总有一套技术。从参加组织学习，［我认识到］社会在一天天发展与前进，不去学习和掌握新技术，是顶不得什么用的，赶不上祖国建设的需要的。作为共产党员来说，要改造人类社会，改造自然，没有现代化的技术是顶不得什么用的。所以从这里才克服不学技术的缺点。在群众关系方面也有所改正。以前除非别人来找我，我才与别人接洽，否则我是懒得去理会别人，现在有些事我主动去找别人，或帮助别人。

尽管党对我如此关怀教育，但存在缺点仍然很多，如参加一般学习很少，深入群众，了解问题，发现问题，向组织汇报很少，工作做了还要发牢骚，钻研技术不深刻，说话不考虑，事不关己，高高挂起，除自己的社会职业外，对党的工作做得太少。

我存在缺点这么多，是因为我的党性不强，还存在着个人主义，没有把党的事业与党的利益作为自己的利益和自己的事业，对党的利益实际上就代表自己的利益认识模糊。我今后应该努力学习马列主义、毛泽东思想，加强政治修养，把党的利益放在第一位，克服好人主义，努力学习技术，适应祖国建设的需要，这是我的奋斗目标。

我的候补期已满，要求转为正式党员，并要求组织上继续对我教育培养，并指出我的缺点，我虚心地接受和勇敢党的改造。

王晓春

1956 年 6 月 20 日

第 8 页为“支部大会通过候补党员转为正式党员的决议”“上级党委审批的意见”。支部大会决议为“经支部大会决议通过按期转正”，时间为 1956 年 7 月 25 日。上级党委审批意见为“同意按期转正”，时间为 1956 年 9 月 28 日。

（五）干部审查材料

对干部进行政治历史审查是 20 世纪 50—70 年代的经常性工作。王晓春档案中共有三次审查记录：1960 年；1965 年；1969 年。

1960 年的审查材料是“三反”运动审查。王晓春档案中有一份《一九六〇年三反运动干部鉴定表》，内容包括“自我检查”“小组鉴定”“支部或行政领导意见”“党委（党组）意见”。

“自我检查”系王晓春本人填写，内容如下：

从1952年“三反”运动到现在已经是八年多了。这八年当中，随着社会主义事业的不断发展和胜利，我们革命干部队伍也随之扩大，而这些干部来自各个阶级和阶层，同时资产阶级还没有完全被消灭，它的那些坏思想一定会侵蚀我们革命干部里的那些原来思想不健康的人，使这些人失去了革命意志，蜕化变质，陷入资产阶级的污泥里。党中央这次提出“三反”运动，是有重大意义的，是正确的，是及时的，特别对我个人来说更是及时的，党的这次运动挽救了我。

我虽然是1950年就参加了工作，经过了一连串的政治运动，但是由于我生长在旧社会的时间很长，坏思想影响很深，新的东西往往难于接受，或接受很慢，因而在工作上特别是去年搞管理工作以来，犯了很多错误，自己还睡在鼓里头，犯错而不知错，要不是这次“三反”运动来得及时，我真不知要向哪里去了。现在，我把通过“三反”运动提高的认识，概括在如下几个方面。

政治方面

①在“三反”前，我对搞食堂工作是没有安心的，认为食堂工作麻烦多，责任大。在目前物质(资)供应紧张的时候，是无法搞好食堂的。费了一肚子的力，总是如不了大家意。随便一个人都可以骂你的娘。要是搞生产多好哩。现在认识到搞食堂工作同样是光荣的，党的方针是一手抓生产，一手抓生活，而生活又应该是吃饭问题最大。这样一个重大问题要我来干，这是党和群众对我的信任，这就是最大的光荣。特别是在这样大跃进当中，群众干劲冲天，我们就越要关心群众生活，使他们吃得好、吃得饱。物质（资）供应紧张是暂时的，今年比去年好，明年会比今年更好。麻烦多，更是自己思想有毛病的原因。其实哪个工作没有麻烦呢，与革命先烈比，他们为了人民的幸福将来而献出了自己宝贵的生命，如董存瑞他去投最后一包炸药时，难道他不知道有生命危险吗？为什么他要去呢？他就是为了集体的利益而丢开了个人利益。今天工作上有一点小麻烦，有什么理由不干呢？这与党指向哪里就奔向哪里是背道而驰的，也是个人利益没有服从集体利益。

②去年坑领导要从食堂调出几个有历史问题的人离［开］食堂，我就强调

他们在技术和财务上比较熟练而不愿意调，就是现在的几个反、右、坏分子，也没有严格控制，不准他们进食堂，这是政治上的麻痹。又如今年有几次评奖，没有要知会主席彭炳坤参加，我就一个人决定了。所以这些都是我对党的阶级路线、群众观点执行得不好。

③黄菊元的贪污是与我的官僚主义分不开的。一是对他买回货物没有严格执行验收制度，这给他的贪污开了方便之门。二是从他的生活早就可以看出来，因为他三个人吃饭，只有38元工资一月，上几个月还欠账，工会给他补助，几个月以后，就是皮鞋、手表，这是很明显的事情。后来发现了，怀疑但也没有深的调查，搞一次没搞出来就收兵，这是我没有彻底的革命性，也是与坏人坏事作斗争不坚决。

经济方面

④挪用公款200元。在“三反”前，我的思想是模糊的，认为没有涂改、制造假账进行贪污，有钱时完（还）来就是，这有什么问题呢？其实这是把公家的活钱变为无用的死钱。也是有其名无其实，使资金不能周转。这种利用职权挪用公款是一种违法乱纪的行为。

⑤今年以来有20多斤粮食没有转关系到食堂来，这是违反了粮食政策。去年为食堂虚报了800斤粮食，从本食堂单位来讲是为小公家，但从全局来讲，同样是违反粮食政策。

⑥今年七月份在茶陵买菜，有千把斤菜，价值40多元而浪费了，虽然是汽车紧张，没有及时运回，但从我主观上来检查，还是有责任的。

王晓春

一九六〇年九月二十五日

“小组鉴定”一栏由组长颜汉章于1961年4月1日签署，鉴定如下：

优点：①工作干劲大，不怕困难，能想办法来为职工改善生活；②自调来食堂工作以来，对管理工作比以前大有改进，堵塞了一些漏洞；③在运动中立场、观点坚强。

缺点：①对食堂工作人员的政治思想教育不够；②今后要加强政治学习，来不断改善管理工作，堵死漏洞，防止浪费。

“支部或行政领导意见”由中国共产党湘东钨矿半截山坑口支部委员会签署“同意小组鉴定意见”，加盖支部红章，时间为1961年4月5日。

1965年的审干材料为两份。一是《审阅材料登记表》，填表时间为1965年1月29日。该登记表记录了个人情况（姓名、性别、出生年月、民族、文化程度、家庭出身、本人成分、籍贯、参加工作时间、入党时间）。在“主要问题与社会关系”一栏则记录了家庭成员、社会关系和政治历史情况。从外调反馈的材料来看，主要是对上述三方面情况进行审查。外调材料由原籍党支部提供，全文如下：

王晓春同志的材料

王晓春，男性，现年45岁（即1920年生），家庭成分贫农，本人工人出身（一贯熬硝），初小文化程度，家住双峰县白碧公社约溪大队。

（一）本人学历与经历

从8岁起（即1928年）：1928年至1932年在家本地小学读书三年；1933年至1937年在武冈熬硝；1938年至1942年在茶陵、耒阳、湘潭等地熬硝（其中1942年在益阳熬硝时，被国民党抓去当兵一个时候，不久就走出来了）；1942年至1948年在万载、浏阳熬硝；1949年至1950年在湘潭谢兴泰，店工（什么店工搞不清）；1950年后在江西矿山，现在茶陵工作。在江西熬硝时曾参加过同乡工会，没有职务和活动。

（二）解放前后家庭经济情况

解放前家庭有人口三个，没有田地和房屋，生活来源全是靠熬硝来维持。

解放后家庭人口三个，分得水田2亩，房屋两间，现已入社。

（三）家庭成员及他的职业

母亲，谢左氏，68岁，贫农，家庭妇女。解放前父亲早故，母出嫁到谢家，生活比较困难，一贯给地主家做女工维生，现家务劳动。

妻，葛秀英，38岁，贫农，娘家无人（父亲早年死去，母亲出嫁）。

（四）社会关系及他的职业

继父：谢玉斋，70余岁，贫农，于40年前病故；

继弟：谢冬生，36岁，贫农，现在湘东钨矿工作，工人；

继弟：谢连生，28 岁，贫农，共青团员，现在家务农，表现一般。

其他社会关系不明，总的没有什么大的问题。

口述人：李光耀

记录人：雷传修文士春 1965 年 4 月 17 日

上述材料情况属实，可作依据。

中共白碧公社约溪大队党支部负责人李光耀

1965 年 4 月 17 日

公章（公章为双峰县白碧公社约溪大队管理委员会）

第三次干部审查是 1969 年底，背景是“清理阶级队伍运动”，王晓春在湘东钨矿高陇疗养所长期疗养（故称疗养员）。[1] 审查表为《湘东钨矿赴（）疗养员政治审查表》，附一份原籍证明材料、一份外调小结。原籍证明材料如下：

关于证明王晓春在益阳被抓去当兵的情况

王晓春同志于 1942 年 8 月份在益阳打伞树熬硝，被国民党 × 军抓去当兵（是王晓春被捉去大约半个月时间就来信告诉硝厂的）。在同一起熬硝的胡成孝、胡炳清等人，一同在打伞树熬硝大约半年（1942 年元月至 8 月）。此情况属实。

证明人胡炳清胡成孝口述

情况属实，可作依据。

双峰县井字人民公社约溪大队革命委员会

1969 年 11 月 13 日（公章）

此材料可作依据。

双峰县井字人民公社革命委员会

1969 年 11 月 18 日（公章）

[1] “清理阶级队伍”（1968 年 5 月 25 日至 1970 年）：1968 年 5 月 25 日，中共中央、中央文革小组发出《转发毛主席关于“北京新华印刷厂军管会发动群众开展对敌斗争的经验”的批示的通知》，要求全国各地“有步骤地有领导地把清理阶级队伍这项工作做好”，“清理阶级队伍”运动即在全国展开。各地采用军管会和进驻工宣队的方式，领导“清理阶级队伍”的工作。清理之初，其对象一方面是所谓“走资派”及叛徒、特务、地、富、反、坏、右，另一方面则是群众组织中的“坏头头”“混进群众组织里的坏人”。在阶级斗争扩大化的背景下，在没有法治约束和党的有关政策被弃之不顾的情况下，“清理阶级队伍”带有强烈的主观随意性，往往成为派性争斗、挟嫌报私、排除异己、打击报复和处理一些所谓“历史问题”的理由。1968 年下半年至 1970 年，“清理阶级队伍”在全国范围达到了高潮。许多人被无中生有、捕风捉影地诬为“阶级敌人”，被“群众专政”的人数迅速增加，酿成大量冤假错案。（中国中共党史学会编：《中国共产党历史系列辞典》，中共党史出版社、党建读物出版社，2019 年版）

外调情况小结如下：

关于王晓春的外调情况小结

王晓春，双峰县井字公社约溪大队人，家庭成分贫农，关于他当兵的问题是1942年，在益阳（地名打伞树）熬硝，有同伴人胡成孝、胡炳青等人一起工作，找他两人谈了真实情况，是1942年8月份要他回家讨衣服，返回硝厂时，路过益阳地区，是被国民党军队抓去当兵的，时间8个月左右，在当兵时没有担任其他职务，在浏阳逃跑回家的。然后又到浏阳地区熬硝。他的情况大部分时间都在外熬硝。其他没有什么情况。当地群众反映该人在家还好，是个老实农民，并未参加其他反动组织。

外调人戴根生姜春汉

1969年11月14日

《湘东钨矿赴（）疗养员政治审查表》上的结论如下：

经调查，该同志家庭出身、社[会]关[系]均好，本人于1942年在益阳打伞树熬硝时，被国民党抓去当兵，本年左右时间，逃跑回家了。本人职业一向熬硝。

1971年11月16日

该结论未署名，亦无公章。

（六）退休材料

王晓春因职业病于1963年7月15日退休。档案中的退休材料包括《老弱残人员审批表》（油印）、《湘东钨矿老弱废残人员鉴定表》（铅印，一式两份）、《领取劳保工资登记表》。

《老弱残人员审批表》除基本情况登记外，为主治医生意见："1962年照片为矽肺Ⅲ合并肺结核，劳动能力显著减退、丧失，建议退休。1963年4月13日。"本表备注：（1）本表老弱残界线应按湘冶色字15、17号文精神严格掌握。（2）本表一式二份，省局一份批准后退回原单位存档，纳入工人档案。

《湘东钨矿老弱废残人员鉴定表》基本情况同《老弱残人员审批表》，其余部分为：

"因工负伤、疾病或非因工负伤发生和医治经过，目前健康状况"：

该同志于1962年4月照片为矽肺三期，劳动能力丧失，建议退休。

医生签章　　　湘东钨矿职工医院（公章）

1963年8月20日

坑口、车间、科、室意见：

同意劳动鉴定委员会意见。

湘东钨矿 ×× 科（公章）

1963 年 8 月 29 日

劳动鉴定委员会意见：

根据（63）湘冶【劳】15 号、湘色【劳】17 号文关于老弱残人员标准，经鉴定为残，应长期休养，其待遇则根据湖南省七号联合通知，按本人原标准工资的 90%发给生活补助费。

湘东钨矿劳动鉴定委员会（公章）

1963 年 8 月 20 日

矿区工会意见：

同意劳动鉴定委员会意见。

中国重工业工会湘东钨矿矿区委员会（公章）

1963 年 8 月 29 日

矿长批示：

同意长期休养。

刘鸿恩（签章）

1963 年 9 月 14 日

《领取劳保工资登记表》主要登记退休人员情况及“供养直系亲属情况”。

与退休档案相关的还有《工人职员劳动保险登记卡片》，登记日期是 1952 年 12 月 24 日，为湘东钨矿前身茶湘管理处，1951 年 8 月成立，隶属于中南工业部有色金属管理局湖南分局。

（七）悼词

王晓春于逝世，中共湘东钨矿委员会、湘东钨矿革命委员会成立了治丧委员会，1977 年 12 月 17 日，举行了追悼会。悼词保存在档案中。全文如下：

悼词

中国共产党党员、退休干部王晓春同志因患矽肺病加结核，经多方治疗无效，于 1977 年 12 月 15 日上午 2 时 30 分钟逝世，终年 57 岁。

我们怀着十分沉痛的心情哀悼王晓春同志，并向王晓春同志的家属表示亲切的慰问。

王晓春同志是湖南双峰县白碧公社约溪大队人。1920 年 11 月出生在一个雇工家庭，1950 年 8 月参加革命工作，1955 年 12 月加入中国共产党，来矿后担任井下炮工，1960 年 3 月提拔为食堂管理员和高陇福利园负责人。

王晓春同志参加革命工作以来，在毛主席的无产阶级革命路线指引下，在党的培养教育下，高举毛主席的伟大旗帜，认真学习马列主义毛主席著作，理论联系实际，努力改造世界观，热爱和拥护英明领袖华主席，积极参加党的各项政治活动，在斗争中立场坚定，旗帜鲜明，站在毛主席革命路线一边。

王晓春同志工作积极肯干，一丝不苟，能较好地完成党交给他的任务。他在井下工作期间总是早上班，晚下班，在管食堂和福利园工作，大公无私，公私分明，不占公家的便宜，作风正派，组织观念强，能联系群众，敢于开展批评和自我批评，在三大革命运动中起先锋模范作用。

王晓春同志在患病期间，能以坚强的毅力同疾病作斗争，还协助劳保办做一些工作。他说，活着就干，死了就算。经常教育自己的儿女要听党的话，听毛主席的话，听华主席的指示，教育小孩继续革命，当好革命事业的接班人。对自己的后事再三叮嘱要移风易俗，破旧立新，勤俭节约，不搞封建迷信，不拖延时间安葬，这的确为我矿处理后事做出了榜样。

王晓春同志直到生命最后一息，还不忘学习，不但一般地进行阅读书报，并且在重点旁边画上红线反复学习。

王晓春同志的逝世是我们党的一个损失，我们失去了一个好同志好党员好干部。今天我们悼念王晓春同志就要化悲痛为力量，在毛主席革命路线指引下，高举毛主席的伟大旗帜，紧密地团结在以华主席为首的党中央周围，坚持无产阶级专政下继续革命，把揭批“四人帮”、打好第三个战役、一批两打运动进行到底。为在本世纪内把我国建设成为伟大的社会主义的现代化强国，争取对人类作出较大的贡献努力奋斗。

王晓春同志安息吧！

中共湘东钨矿委员会

湘东钨矿革命委员会

1977 年 12 月 17 日

第六章　学者视域中的湘东钨矿

湘东钨矿是我国著名的脉状钨矿床，因此具有重要的研究意义和学术价值。在矿山的开发过程中，众多学者特别是中南矿冶学院（中南大学前身之一）、湖南省有色地质勘查局二一四队（简称二一四队）、武汉地质学院探矿工程系的研究人员和实际工作者，以此作为研究和学生实习基地[1]，获得了丰硕的科研成果。即使在湘东钨矿关闭以后，有色金属相关高校和科研院所的研究人员，仍然以湘东钨矿为样本，研究钨矿床的地质、成矿机理等问题，形成了一批研究成果，成为湘东钨矿工业文化遗产的重要组成部分。

[1] 20世纪50年代，以中南矿冶学院潘长良教授（20世纪90年代末曾任湘潭大学校长）为首的团队多次深入湘东钨矿实习、研究，取得重要成果。20世纪80年代初，在武汉地质学院探矿工程系上大学的现任生态环境部党组书记孙金龙同志也到湘东钨矿实习。

一、湘东钨矿控矿构造研究

✪马德成　柳智（中南大学地学与环境工程学院）

湖南省湘东钨矿又名邓阜仙钨矿，是我国著名的脉状钨矿床[1]，已有70多年的开采历史，20世纪80年代后期，因资源储量危机，矿山生产能力逐年下降，为寻找新的接替资源，延长矿山寿命，湘东钨矿曾邀请湖南有色二一四队完成了基础地质资料的采集，由中南大学等单位做过关于矿床成因及深边部找矿的科研项目，经过多次的研究工作和多年的生产实践经验积累，对矿床的岩浆岩、容矿构造及矿床成因模式等方面有了新的认识，本文主要研究控矿构造，并建立了构造控矿模式。

一、区域地质概况

邓阜仙岩体大地构造位置属华南活化区，赣湘桂向斜中段偏北，武当山褶皱带西南，禾水莲花—永兴，复向斜凹陷带的接壤处。区内出露地层，最老的是下古生界寒武系浅变质岩系，分布于岩体的西部、东部、东北部。上古生界泥盆系至三叠系地层以浅海相碳酸盐岩为主，次以陆相砂、页岩为主，分布于岩体的西南、西北、东南、东北部。中生界三叠系—白垩系分布于岩体的西南及南部。侏罗系—第三系沉积则以山间盆地海湖盆地沉积的砂岩、页岩及砂砾岩为主，零星分布于岩体的四周。[2]

本区大地构造单元为华南活化区，属于湘赣活化台坪区内北部边缘，褶皱、断裂均较发育，但以前者为主，且有多次间歇性火山活动，构造颇为复杂。区域构造主要有隐伏的东西向构造，有一系列东西向

[1] 刘焕枢，张学渊：《湘东钨矿深部矿脉的发现及对矿山地质找矿的启示》，《中国钨业》，1997年第1期。

[2] 王淑军：《湖南省茶陵邓阜仙钨、锡等多金属矿床地质特征、成矿规律及找矿》，《怀化学院学报》，2008年第27卷第11期。

褶皱、断裂组成，统称东西向基地构造，区域内 NNE 向构造均较发育，表现为 NE 向的褶皱、断裂和 NNE 向的断裂构造，不同方向的构造叠加交织在一起，使区域构造复杂化。

区内岩浆岩较发育，主要岩体为邓阜仙岩体，该岩体位于华南加里东地槽赣南后加里东隆起的西部边缘，北北东向构造带的次一级背斜轴部，该岩体是由侵入时代不同、岩石学与矿物学特征各异而成因上相互联系的三期花岗岩组成的复式岩体，岩体侵入于早古生代的浅变质砂岩、板岩、千枚岩和晚古生代的碳酸盐岩和碎屑岩中，早期岩体（γ 51）规模最大，构成复式岩体的主体，后期岩浆侵入先期岩体，其规模逐渐减小，燕山晚期岩体部分呈岩脉，岩株状产在前期岩体内，其侵入规模虽小，但成矿作用强烈，构成了矿区的花岗岩体内接触带矿床。

二、矿床地质特征

湘东脉状钨矿床，产于邓阜仙复式花岗岩体内，属内接触带矿床，矿床由含钨石英脉构成，整个矿床为一个石英脉群，这个脉群由一百多条石英脉列组成，每一个脉列又由几条乃至几十条单脉构成，单脉、脉列、脉群在空间上严格按一定的几何关系产出。

1. 矿区地层

矿区出露的主要为花岗岩体，在其东侧与南侧出露有石炭系、泥盆系、侏罗系地层，泥盆系为 D3X，石炭系主要为碎屑岩（含煤系），侏罗系为沙砾岩，呈紫红色。

2. 矿区构造

矿区构造较发育，主要表现为断裂、裂隙构造，构造线以北东、北东东为主要。断裂规模较大的有老山里断层（汉背大断裂），走向 NEE，倾向 SSE，倾角 30° ～ 45°，断裂形成于花岗岩中，沿走向长 5 km，倾斜延伸不明，另有与其平行的小规模断裂，如金竹垅断层等。

裂隙构造十分发育，按走向可分为 3 组：第一组走向近 EW 裂隙，该组沿走向倾斜延伸稳定，倾角较陡，倾向时有变化，该组裂隙多被含矿石英脉充填，如矿区南组脉；第二组为 NE 向裂隙，该组分布在矿区北面，沿走向延伸 200 ～ 800 m 不等，倾向多为 NW，沿倾斜延伸不大，这组脉也被含矿石英脉充填，如中组脉、北组脉、桥顶山、鸡冠石组、墨庄组脉等；第三组近 SN 向裂隙，在矿区不太发育，沿走向和倾向延伸不大，有石英脉充填，但含矿性不好。

南、北两区矿脉产状，各与南、北两区最发育节理组产状一致，由此说明成矿裂隙与最发育节理组关系密切。

金竹垅、半截山花岗岩形成以后，早期张力裂隙受后期强大剪切应力影响扩大加深而成为成矿有利通道，故造成矿化带长度、深度大的矿床。

矿区内有成矿前后断裂发育，而以成矿后断裂最为明显。

3. 矿区岩浆岩

矿区出露的岩浆岩主要有印支期和燕山期花岗岩，印支期花岗岩主要分布于矿区北部，燕山期主要位于矿区南部，岩体呈岩株状与围岩呈侵入接触关系，据前人资料，两期岩体均为含矿母岩。本区花岗岩体与围岩呈侵入接触。

4. 矿脉的分布特征

本区目前已发现含矿石英脉 160 多条，矿脉均赋存于花岗岩中，按地表分布情况可划分为南、北两区，包括南组脉、中组脉、北组脉。南区矿化面积约 3.5 km^2，北区矿化面积约 5 km^2。

南区：有南组、中组两组矿脉，均为陡倾斜裂隙充填脉状矿床，形态属大间距独立型的大脉及小脉，其中以南组脉为主要矿化带，中组脉为次要矿化带。

北区：按产状分有两组矿脉，一为北东—北东东组，包括东冲、金竹垅及桥顶山组矿脉，矿脉走向北东 45° ～ 75°，倾向南东，倾角 60° ～ 75°，亦有走向北东，倾向北西，倾角 45° ～ 70° 者；一为东西组，即 45 号脉及伟晶岩附近一带的矿脉，矿脉走向东西，倾向南，倾角 75° ～ 85°，该组脉平均脉宽 0.5 ～ 0.6 m。

5. 矿化分带特征

水平分带：南组脉属高温—中温热液钨铜矿化，中组脉属高温热液钨钼矿化，北组脉属高温热液钨砷矿化。另外，南组脉为富矿带，中、北组脉为贫矿带。这种水平分带特征是由构造部位所决定的。

垂直分带：南组脉含矿富集、矿物组合复杂、有工程系统揭露，分带特征明显。中、北组脉含矿较贫、矿化延续较差，勘探深度较浅，故分带性不显著，但矿物组分在垂直深度上的富集有差异。

上述分带特征，应当与矿液的运移方向和脉动式活动重叠有关。

三、构造控矿模式

1. 矿床和矿体定位的构造条件

从现有资料分析，湘东钨矿矿床和矿体的空间定位与构造关系十分密切。从成矿的角度，矿床和矿体的形成主要受三大因素控制，一是成矿物质来源，二是要有矿液运移通道，三是要有赋矿空间，这三大因素都与构造有直接或间接的联系。据前人的研究，湘东钨矿矿床成矿物质主要来自地壳重熔型花岗岩的母岩浆，岩浆侵位受构造控制，成矿物质的运移和容矿空间，也受控于构造裂隙，因此，矿床和矿体的定位，构造是必不可少的条件。

（1）矿床定位的构造条件

湘东钨矿目前发现的矿脉均赋存于花岗岩中，据对矿脉的形态及产状等的分析，笔者认为本区钨矿主要位于岩体上隆的部位。

①矿床定位与岩体形态的关系。钨矿床空间定位的这一构造条件与湘东钨矿的成矿模式有关。本区矿物为岩浆期后热液充填型矿床，岩浆冷却过程中剩余的热的含矿液等向上运移至岩体与围岩界面，同时当岩浆逐渐冷却时，硅酸盐先结晶，花岗岩与围岩界面会产生冷缩裂隙，接触带上隆部位相对于其他部位自由面要大，是接触带因岩浆冷缩形成低压区的有利部位，含矿溶液易于向这一地段运移，在有利的构造中形成钨矿床。

②矿床定位与褶皱的关系。从本区所处的区域构造来看，加里东期和印支期的两期背斜的叠加所形成的穹窿构造，为岩体的侵入创造了良好的条件，这也为后来的成矿奠定了基础。

（2）矿体定位的构造条件

湘东钨矿的已知矿体基本上都是沿构造裂隙充填而形成的，但不是所有的构造裂隙都含矿，一个断裂构造是否能被矿液充填成矿，取决于该断裂的力学性质、形成时间、断裂所处的构造位置等，本区矿体空间定位的构造条件主要有以下几点：

①矿脉成组，很少单独分布，隆起宽度越大，矿体延伸越长；矿体多分布在岩体的隆起部位，凹下部位一般不含矿，因为隆起部位自由面大，容易形成裂隙，相对压力也较小，矿液易于向这些地方运移。

②断裂的力学性质比较复杂，前人曾认为：湘东钨矿石英脉，不管是脉群中的脉列，还是脉列中的单脉的排列均是雁行排列，而雁行状的构造是剪切作用的结果。因此，本区含矿石英脉在三维空间的分布特征的本身就显示剪切作用的结果。而笔者认为，既然本区曾受到多期构造作用，裂隙的形成就不会仅仅是剪切作用的结果，而是岩体侵入后在冷却过程中逐渐形成的冷缩裂隙，这些裂隙在后期受到了的剪切力的改造而转为剪裂隙。

2. 构造控矿模式

控矿构造是由多期构造作用而形成的，根据湘东钨矿矿床构造演化和成矿构造系统分析，可将矿床构造的形成和演化归纳出如下模式（见表 1）。

表 1　湘东钨矿构造控矿模式

构造运动期	构造应力场	形成的构造轨迹	构造与成矿的关系
燕山晚期	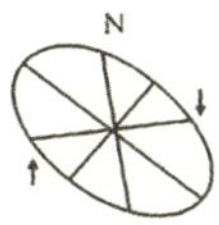	沿燕山早期岩体超覆而形成老山里断层，燕山早期岩体中的横节理转为剪裂隙	燕山晚期隐伏岩体侵入，岩浆期后热液沿构造裂隙充填，成为第三期成矿作用
燕山早期	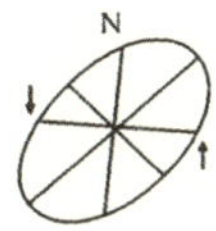	早期北东向横节理转为压剪性	燕山早期花岗岩超覆在印支期花岗岩之上，在燕山早期花岗岩顶部形成近东西向横节理，矿液沿这组横节理充填成矿，为矿区第二次成矿作用
印支期	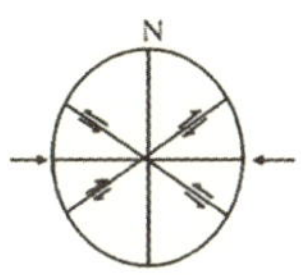	南北向背斜，迭加早期东西向背斜形成穹窿构造	印支期花岗岩沿穹窿侵入，在花岗岩体顶部形成北东向横节理，矿液沿横节理充填，为第一期成矿作用
加里东期	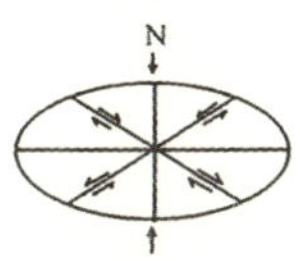	矿区隐伏的背斜	为控岩的早期构造

该模式将矿区的构造运动期分为 4 个：加里东期、印支期、燕山早期、燕山晚期，其中加里东期的构造运动主要是为岩体的侵入提供了足够的空间条件。矿体的形成也分别由三期成矿作用的控制。建立这样的模式对于研究矿区的构造史和成矿条件等都非常有帮助，并且对下一步的找矿工作也有一定启示意义。

四、结论与讨论

构造是湘东钨矿矿脉的形成和分布的重要因素，作为本区规模最大的断裂构造，老山里断层形成于花岗岩中，本区南组脉就分布在此断层的上盘，而北组脉分布于此断层下盘，经证实上、下盘矿脉均不穿过断层面，笔者认为此断层的形成与不同期次花岗岩体的侵入接触有关。在早期的岩浆侵入后逐渐形成较早期的花岗岩体（γ_5^{1}），之后较晚期花岗岩体（γ_5^{2-2}）超覆在早期的花岗岩体之上，并可能在后期继续滑动，有部分长英质岩体沿超覆面侵入，沿超覆面逐渐形成一断层。由此推断，老山里断层的形成晚于

γ_5^1，故它与中、北组脉的形成并无联系，但它对南组脉的形成和分布可能有一定影响。

因此，根据对本区矿脉的分布特点，有理由认为北组脉所在的印支期花岗岩的其他隆起部位还可能存在新的矿脉组，因此，老山里断层的下盘，290 中段以下可能还有找矿前景。

（原文《湖南茶陵湘东钨矿控矿构造研究》刊载于《南方金属》2010 年第 5 期，有删改）

二、湘东钨矿成矿模式

✪张惠（湖南省地质调查院）

湘东钨矿的矿床是高温热液充填在节理缝中形成的含矿石英脉。构造隆起部位边缘易成矿，含矿石英脉大小不一，其厚度不断变化。这次对矿区成矿模式有了新的观点和看法。在围岩中也含有成矿物质。在地下深处热液是从下往上运移的，但到达地壳的很厚的沉积盖层后阻止了热液再向上运移，所以就只有向周围扩散运移，到达节理缝时就从上往下充填。

一、区域地质概况

1. 区域地层

出露的地层由泥盆系、石炭系、二叠系、三叠系、侏罗系、白垩系、第三系组成。

2. 区域构造

矿区有隐伏的东西向构造，由一系列东西向褶皱和断层组成。区域内 NNE 和 NE 向构造均较发育，表现为 NE 向的向背斜断裂和 NNE 向的断裂，不同方向构造叠加交织在一起，使区域构造复杂化，下面的区域构造图就可以表现出此区域构造。

3. 区域岩浆岩

区内岩浆岩发育，主要为邓阜仙岩体，该岩体为一复式花岗岩体，它产于古生代地层中，早期为印支期、燕山期早期和燕山晚期，都有岩浆侵入，复式花岗岩体与围岩界限清晰，无混合岩化和花岗岩化现象，在岩体与围岩的接触带上乃至围岩，都出现不同程度的蚀变现象，局部地方出现矽卡岩化和大理岩化，花岗岩体的边缘有细粒结构的冷却边，以上事实说明此复式花岗岩体为岩浆型的花岗岩体。

二、控矿构造形成机制

1. 导矿构造

早期岩体的表面是一很大的冷缩面，这冷缩面在内动力地质作用下向上产生隆起，这种内动力作用也给含矿热液向上流动产生动力，进而流到这冷缩面上时被上面的盖层压住再不能向上流动，所以只能沿着这个很大的冷缩面向四周流动，这个冷缩面在一定程度上引导了含矿热液的流动方向。这冷缩面是在早期岩浆与沉积盖层接触冷却后形成的，在矿区中的断裂构造有很多，大多数断层与矿床的形成没联系，但我们有很多次都看见的一个叫老山里的大断层的上盘的成矿是与它有很大的关系的，因为它是一正断层，在断层形成的同时让上盘接触面旁边的岩体向下滑动，那么在上盘的离这个接触面比较远的岩体就产生相对的向上滑动，根据地质力学的理论，就可以让上盘的岩体容易产生剪节理等很多节理缝，这些节理缝就在一定程度上给含矿热液提供了向上流动的通道，或者含矿热液在流动的过程中慢慢冷却在节理缝中形成一系列今天的矿脉。因为当节理缝扩大到一定程度，再受到一点内动力地质作用就可能会使节理缝两面的岩体产生滑动而形成断裂构造，所以这些控矿断裂构造可能是由原生的横节理演化而来的。前人认为老山坳（老山里）断层与矿区的矿脉形成有很大的关系，即认为此断层就是一个很大导矿构造，给矿液运移提供了通道。矿区中看到了这个很大的老山坳断层，它的产状为160° ∠ 42°，断层的底板为细粒二云母花岗岩，断层面上为断层泥，断裂厚度为 5 ～ 10 cm，断层面上有一层黄褐色风化淋漓物，断面较平直，断面上盘岩石硅化强，下盘岩石较细粒硅化较强，距断面远处岩石颗粒变粗。断层下盘有一系列和断层大致平行的裂隙面，断面上有一层白色方解石，断面上有断层泥看不出断层细粒结构。断层两盘皆为细粒花岗岩边缘相，沿断层两盘方向（垂直断面）岩石颗粒逐渐变粗，见下盘粗粒花岗岩标本。在老山坳断层下盘见斑状黑云母花岗岩，岩石呈灰白色，斑晶为斜长石，斜长石呈板状，白色斜长石长约 1 ～ 2 cm，厚 0.5 cm，部分长石斑晶周边有暗色矿物，长石斑晶周边有被溶蚀现象，部分斑晶呈浑圆状，另见有石英斑晶，颗粒大小均匀，石英呈烟灰色，周边也有熔蚀现象，暗色矿物有云母，云母呈片状集合体颗粒，中等岩石呈粗粒结构（或斑状结构）块状结构，此种岩石上侧为中粒花岗岩，两岩体界限不很清楚。此点南西侧为细粒白云母，此点往南西方向颗粒变粗，通过对老山坳断层的研究发现此断层为正断层，它是在早期花岗岩形成后过了很长的地质时期后，到燕山期时通过内动力地质作用使这个时期的高温岩浆上升超覆到早期花岗岩之上冷却成岩的过程中形成的。因为超覆到早期岩体的岩浆冷却成岩时容易形成很多张节理缝，这节理缝就给后期的含矿热液提供了充填的场所，又因为断层形成时上盘岩体不稳定使断面斜向下滑动，根据地质力学可知此上盘断层面的滑动会使上盘的张节理缝拉张加宽，所以老山坳断层对上盘的矿脉形成有一点点的影响，但影响不是很大。因为老山坳断层的形成时期比它下盘的花岗岩体的形成时期晚很多，所以老山坳断层的形成与它下盘的矿脉的形成没有任何关系。

2. 容矿构造

由于不同方位的含有节理缝的构造通过内动力地质构造作用叠加到一起形成很大的隆起，这样也会让节理缝的宽度和长度加大，这些节理缝就给含矿热液提供了充填的场所，这些节理缝就是容矿构造，容矿构造裂隙的研究是对脉群、脉列、单脉三维空间的系统剖析及其成因机制的探讨。

3. 成矿作用

此矿区石英脉型的矿脉是一种中高温岩浆热液充填型的矿床。它的成矿作用主要是地下含矿的高温热液在内动力地质作用力下在地球内部上升到沉积盖层后，被很厚的沉积盖层的压力阻止了它再上升，所以只有向四周流动，一直流到节理缝周围，就开始充填到花岗岩的节理裂缝中慢慢冷却后形成了今天的含矿石英脉，见成矿模式图：

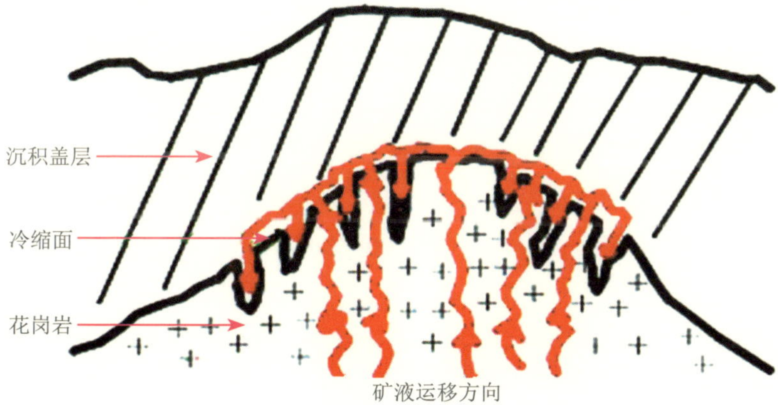

▲湘东钨矿成矿模式图

三、成矿模式

从成矿的区域地质背景、岩浆岩、容矿构造乃至矿床地质特征的论述中，可获得以下实际资料：①在区域上存在地槽、地台阶段形成的含W等成矿元素背景值高的沉积层；②复式花岗岩体是燕山期多次酸性岩浆活动的产物，且为深部分异而多次侵位的；③矿床与S-花岗岩有关，在空间上矿体均赋存于S-花岗岩体中，在时间上矿体出现在晚期的脉岩之后，且岩浆的演化，从早到晚，是向着富碱、富硅、富挥发份、金属矿物背景普遍增长的方向发展的。

这个模式说明，本区的成岩与成矿活动之间有着非常密切的成因关系。成岩过程与成矿过程是相似的，在时间上、在成因上具有先后继承关系；本区地槽阶段甚至地台阶段富含W等金属元素的沉积层，随着上覆的沉积层增厚，并且在地洼阶段的断陷下沉的构造活动作用下，这些下降到地壳深部的沉积层部分发生重熔，形成S-花岗岩，这就是成矿的母岩浆。这些岩浆经深部的分异作用，将硅酸盐主体与富含成矿元素的挥发份得以分离，在构造作用的诱导下，经分离的岩浆多次上升侵位，形成各期次的花岗岩；而残留在岩浆房的岩浆，越来越富含二氧化硅、氧化钠、氧化钾和氟、氯、水、二氧化碳等挥发份以及W、Sn、Cu、Nb、Ta等成矿元素。到了晚期阶段，富含Nb、Ta的残余岩浆的侵入，形成本区的稀有金属矿床，并伴随碱性元素的交代作用，最后在岩浆房里，残留以二氧化硅、水为主体的成矿流体，在构造运动多次诱导下，上升进入已基本凝固各期花岗岩中，形成多期次的矿脉而构成矿床，这些都是前人对本矿区的成矿模式的研究，这次通过总结，湘东钨矿成矿模式有了新的科学证明，可参见成矿模式图。

四、结束语

根据本矿区的矿产地质特征和成矿模式，可以预测本矿区的印支期花岗岩的隆起部位的裂隙中和深部及老山里断层的下盘有很大的找矿前景，有待进一步研究。

（原文《湖南湘东钨矿成矿模式》刊载于《城市建设理论研究（电子版）》2013年第1期，有删改）

三、湘东钨矿含矿石英脉的地质特征及其成矿规律

✪谭清海　李兆宏　曾桂华（湖南省地质矿产勘查开发局四一六队）

湘东钨矿为邓阜仙中生代复式花岗岩体内典型的石英脉大型钨矿床，区内构造和岩浆活动主导着成矿控矿作用。矿脉主要赋存在岩体裂隙的破碎带中。以老山坳断层为界，断层以南的矿脉称为南组脉，断层以北的矿脉称北组脉。本文对比两组矿脉并总结其成矿规律，对老山坳断层南部深部上下盘指出了成矿的较大可能性。

一、概述

南岭地区位于中生代欧亚板块与西太平洋板块消减带陆内一侧的华南陆块中部，横跨扬子板块与华夏板块，是中国重要的有色、稀有和贵金属矿产资源产地。而湘东钨矿处于南岭地区北东段，产于构造变形、岩浆活动、成矿事件与太平洋板块的俯冲板块之上。许多研究将板块俯冲对中东部的构造运动和岩浆活动与成矿作用紧密地联系在一起。以贯穿东西的老山坳断层为界，将区内的矿脉分为重要的南组脉和北组脉。

二、矿区地质背景

湘东钨矿为典型的花岗岩体内接触石英大脉型黑钨矿床，位于湖南省东部湘赣交界处的邓阜仙矿区内，亦称邓阜仙钨矿，隶属茶陵县高陇镇管辖。邓阜仙矿区地处南岭钨锡铅锌多金属成矿带湖南段东部北缘，大地构造位置为扬子板块与华夏板块间的钦州—钱塘结合带中部，处于邓阜仙—锡田—万洋山—诸广山北西向构造岩浆岩带与茶

陵—郴州北东向构造岩浆岩带交汇复合部位，属于南岭多金属矿成矿带的重要组成部分。区内经历了加里东期—印支期—燕山期三大构造运动，形成了本区三元时空结构，即由寒武系组成的基底构造层，中、上泥盆统至侏罗系组成的盖层构造层，白垩系组成的断陷盆地构造层。不同期次所形成的构造形迹彼此交错、叠加和改造，形成了区内以北西向构造为基底，北东向构造为骨架的基本构造格局。其中北西向基底构造带与北东向挤压性断裂带和褶皱隆起带（太和仙穹窿）的复合部位控制了邓阜仙岩体的侵位，北东、北东东向构造对本区重要的控岩控矿作用尤为突出。

三、含矿石英脉

矿区内石英脉型黑钨矿体主要赋存在邓阜仙复式花岗岩体裂隙破碎带之中，受老山坳断层旁侧北东—北东东向次级裂隙构造控制，以断层为界，断层以南为南组脉，断层以北为北组脉。

1. 南组脉

南组脉分布在矿区的中南部，矿脉的总体特征为：走向北东 60° ～ 70°，倾向北西，倾角 65° ～ 80°；走向长 300 ～ 1800 m，延伸 100 ～ 600 m，规模中至大型为主；脉体总体平直稳定，局部有时呈大角度弯曲，弯曲度在 155° ～ 180° 之间，分枝复合情况较少。

南组脉裂隙在粗、中粒花岗岩中均有出现，多为含钨石英脉充填。该组裂隙规模大，形态较规则，平面或剖面上均出现尖灭再现或侧幕状排列之特征，总体矿化较强；与围岩接触界线清楚，界面平整，擦痕发育，反映为多期活动的剪张复合裂隙；自上而下，矿物具有明显的分带性，上部主要为锡石黑钨矿带，锡石含量高，同时含深色的闪锌矿；中部黄铜矿黑钨矿带，常见黄铜矿、斑铜矿、黑黝铜矿、辉铜矿和黝锡矿共生；下部白钨矿黑钨矿带，白钨矿含量相对增高，黄铜矿和硫化物含量减少。

2. 北组脉

北组脉具有数量多，厚度大，延伸不稳定；矿化弱，不均匀；单脉控制长度 300 ～ 1900 m，延伸 430 ～ 870 m，厚度 0.01 ～ 5.6 m，总体北东走向 125° ～ 180°，倾角 52° ～ 86°；含硫化物多，矿体分散，条带状构造发育等特点。多数脉为复脉，即由细长的小脉平行排列构成，宽几厘米乃至十几厘米；脉幅变化较大，具尖灭再现之特征；靠近 F1 断层的矿脉形态复杂，错位频繁，离断层愈远，脉幅愈稳定。

北组脉裂隙发育在印支期粗粒黑云母花岗岩中，多为含钨石英脉充填，走向较上盘南组脉偏北，北东 50° ～ 55°，近平行分布，总体朝南东倾斜，倾角变化大，一般 55° ～ 70°。强硅化碎裂岩发育，常见带状构造，矿化不均匀，含硫化物较多；围岩蚀变范围宽，片理化、糜棱岩化发育；与围岩界线不清晰，常为渐变过渡关系。黑色条带富含毒砂、黄铜矿、闪锌矿、方铅矿和黄铁矿等硫化物，且硫化物矿物明显比南组脉多，这些矿石矿物常沿“S 面”发育。矿脉的主要矿化为钨、锡、银、铜、铅、锌矿化。

四、矿床成矿规律

（1）矿区在区域上处于构造复合部位，构造活动持久而强烈，为区内成矿提供了理想的运移通道和容矿空间。

（2）地洼阶段印支—燕山期的断裂活动和岩浆活动，对矿区内生矿床的成矿活动起了主导作用，而多期次强烈的岩浆活动既对成矿元素有进一步富集的影响，又为成矿提供了热源，从而派生出有色金属和稀有金属矿床。

（3）区内构造运动产生的若干次断裂及次一级剪切裂隙（统称力学薄弱点或面），极易为矿液上升而充填，从而形成了多期次的矿脉，即矿床基本构式。

五、结论

由于老山坳断层附近的矿脉具有厚度大、矿化强等特点，矿石类型由石英脉为主向蚀变花岗岩型变化，蚀变规模增大，可以预测断层南面深部上下盘均有存在较大破碎蚀变型钨矿体的可能。

（原载《矿产资源》，有删改）

四、湘东钨矿邓阜仙花岗岩种属研究

✪杨毅（昆明理工大学） 祝新友（中国矿产地质研究院） 王艳丽（中国地科矿产勘查股份有限公司）

一、矿区概况

湘东钨矿位于湖南省东部与江西省交接部位，距湖南茶陵县城 40 km 左右。矿区出露的地层有寒武系中统的变质砂岩、板岩、千枚岩，上泥盆统佘田桥组石英砂岩，锡矿山组页岩、石英砂岩，侏罗系石英砂岩与粉砂岩，白垩系紫红色砂砾岩等。

矿区发育 NE、NEE 断裂，其中，F1 断裂走向 NEE，倾向 SSE，倾角 30° ～ 45°，断裂形成于花岗岩中，沿走向长 5 km，倾斜延伸不明。

湘东钨矿区内出露的岩浆岩为邓阜仙复式花岗岩体，主要由三期三阶段的复式岩体组成。前人把这三期三阶段的花岗岩定名为印支期的粗粒斑状黑云母二长花岗岩，燕山早期的中粒二云母花岗岩以及燕山早期的细粒白云母花岗岩。

湘东钨矿主要矿化类型为石英脉型钨矿以及岩浆岩型铌钽矿。黑钨矿石英脉成组成带赋存于花岗岩中，根据矿脉分布，可划分南北两大区：南区包括中组脉、南组脉，矿化范围 3.5 km^2，发育约 20 多条含矿石英脉，脉宽 40 ～ 70 cm 不等，主要走向 NE60°。北区北组脉矿化范围 5 km^2，矿脉约 10 条分布较分散，脉宽约 30 ～ 9 cm，矿化不均匀。矿脉主要矿物为黑钨矿、黄铁矿，局部有白钨矿伴生。岩浆岩型铌钽矿化主要分布在细粒白云母碱长花岗岩上部，铌钽矿体矿化顶盖最高标高 830m，东西长各 360 m、320 m，南北宽各分别为 200 m、110 m，形状似脚掌。主要矿物有铌、钽、黄铁矿等。

二、邓阜仙岩体的分布及产出特征

邓阜仙复式花岗岩体产于古生代地层中，与围岩界限清晰。岩体出露面积约 170 km^2。

本文主要在宋新华（1992）的分类方案基础上，结合野外实地观察、室内单矿物电子探针分析以及岩矿鉴定，将邓阜仙花岗岩体主要分为三期，分别为印支期的粗粒斑状黑云母二长花岗岩、燕山早期中粒似斑状碱长花岗岩以及燕山早期细粒碱长花岗岩。

印支期粗粒大斑黑云母二长花岗岩呈环带分布于岩体的边部及顶部。出露面积约 130 km^2。斑状结构，斑晶约占 10%～50%，主要为微斜长石，大小约 1.5～2 cm，基质大小约 5～8 mm。副矿物主要为磁铁矿、锆石等。

燕山早期中粒似斑状碱长花岗岩呈浅灰白色，细粒花岗结构，主要矿物有石英、钠长石、钾长石、少量白云母；副矿物有萤石、绿泥石、金红石等。

燕山早期细粒碱长花岗岩呈灰白色、白色，细粒花岗结构，粒径 1～2 mm，主要由钠长石、钾长石、石英、白云母和黑云母组成，副矿物为黑钨矿、白钨矿以及黄铁矿；细粒白云母碱长花岗岩顶部发育大规模似伟晶岩形成似伟晶岩盖，厚约 200 m，在地表出露 0.03 km^2，长石斑晶可达 5 cm×10 cm，石英柱状晶性较好。

燕山早期的中粒似斑状碱长花岗岩和细粒碱长花岗岩侵入印支期的粗粒大斑黑云母二长花岗岩中。粗粒大斑黑云母二长花岗岩中分布大量的含钨石英脉，但这些石英脉成矿与燕山早期花岗岩有关，粗粒大斑黑云母二长花岗岩只是作为围岩，与矿化无关。

三、邓阜仙岩体的地球化学特征

通过对邓阜仙岩体三类花岗岩进行主量元素、微量元素的分析测试发现，三类花岗岩具有明显不同的常量和微量元素地球化学特征：

印支期粗粒大斑黑云母二长花岗岩，相对低的 SiO_2，REE 右倾，LREE/HREE=13.89～22.01，弱的负 Eu 异常。燕山早期中粒似斑状碱长花岗岩，ω（SiO2）=73.16%～74.43%，平均 73.71%，ω（Al_2O_3）=14.00 %～14.54 %，平均 14.20 %；ω（Fe_2O_3）=0.30 %～0.72 %，平均 0.43 %；ω（FeO）=1.11%～1.32%，平均 1.21%；ω（CaO）=0.69%～0.97%，平均 0.81%；ω（Na_2O）=3.02%～6.30%，平均 4.02%；ω（K_2O）=0.95%～4.96%，平均为 3.91%。碱度含量略高。ΣREE = 90.326～101.94 μg/g，负 Eu 异常，四分组效应。

燕山早期细粒碱花岗岩，ω（SiO_2）=74.57%～77.4%，平均 75.53%；ω（Al_2O_3）=13.77%～14.49%，平均 14.14%；ω（Fe_2O_3）=0.23%～0.60%，平均 0.39%；ω（FeO）

=1.03%～1.34%，平均 1.15%；ω（CaO）=0.21%～0.38%，平均 0.30%；ω（Na_2O）=1.29%-3.70%，平均 2.80%；ω（K_2O）=3.29%～4.30%，平均 3.84%。ΣREE 只有 0.98～1.87μg/g，明显低于印支期粗粒大斑黑云母二长花岗岩，四分组效应更明显。

四、岩石定名讨论

镜下观察显示，邓阜仙三期花岗岩中钠长石颗粒，成分结构均一，自形程度良好，是岩浆正常结晶分异作用的产物，而非后期交代成因。长期以来，邓阜仙岩体岩性往往被定作中粒二云母花岗岩和细粒白云母花岗岩（孙振家；1990）。显微镜下对斜长石牌号的测定一般通过旋转台测定其消光角以及光性（正或负），进而通过查斜长石垂直（010）晶带上最大消光角和成分的关系表的方式来确定斜长石的牌号。以上所述方法在测定牌号较低富钠长石时误差较大，容易出错。如夏卫华等（1989）研究广西栗木花岗岩时，通过费氏台测定，发现以往确定的黑云母花岗岩中的斜长石均为钠长石。

前人将湘东钨矿邓阜仙岩体燕山早期花岗岩定名为中粒二云母花岗岩、细粒花岗岩或者细粒白云母花岗岩。对湘东钨矿邓阜仙岩体燕山早期花岗岩中的钠长石进行系统的显微电子探针分析，发现其 An≤5，属于碱性长石。根据目前广泛使用的花岗质岩石分类办法（国际地科联，1981），中酸性侵入岩的定名按照 QAP 三角图解确定花岗质岩石的岩性和名称。其中，Q 为石英，为碱性长石，包括钾长石和 An＜5 的钠长石，P 为斜长石。由于邓阜仙岩体燕山早期花岗岩中钠长石 An 值均＜5，未发现斜长石，因此，岩石中的长石为碱性长石，P=0，所以样品的投影均落入 QAP 图解之 QA 线上，且位于碱长石花岗岩区间。因此，我们认为湘东钨矿邓阜仙燕山早期花岗岩的名称应定为碱长花岗岩。

五、结论

本文通过野外地质观察、岩矿鉴定、电子探针测试、矿物统计分析等分析方法和手段，从矿物学角度系统地对湘东钨矿邓阜仙花岗岩的主要矿物组合及命名分类进行了讨论。分析结果显示：区内邓阜仙岩体中后两期碱长花岗岩、细粒白云母碱长花岗岩中的长石几乎全部为碱性长石，即由钾长石、钠长石组成，斜长石含量极少，岩石应属碱性长石花岗岩类，故将其岩性名称分别厘定为碱长花岗岩和细粒白云母碱长花岗岩。

近几年来，祝新友等在对湘南粤北及邻区钨锡矿床的致矿岩体进行研究时发现，瑶岗仙钨矿、柿竹园钨矿、个旧卡房锡矿、赣南淘锡坑钨矿等矿床中，与成矿有直接成因联系的酸性岩体均为碱长花岗岩，且长石类矿物为钠长石，因此对于钨多金属矿床致矿母岩为碱长花岗岩的判断，可能整个南岭地区具有一定的普遍性。

（原文《湖南湘东钨矿邓阜仙花岗岩种属研究》刊载于《矿物学报》2013 年增刊，有删改）

五、湘东钨矿成矿地质条件及深部找矿预测

✪粟勇华　麻志刚（湖南省地质矿产勘查开发局四一六队）

湖南湘东钨矿位于南岭钨锡铅锌多金属成矿带湖南段东部北缘。从矿区内成矿地质背景、地质特征来看，矿床成矿物质主要来自地壳重熔型花岗岩的母岩浆，岩浆侵位受构造控制，成矿物质的运移和容矿空间，也受控于构造裂隙。根据矿区的矿产地质特征和成矿地质条件，本矿区的印支期花岗岩的隆起部位的裂隙发育地区及老山坳断层下盘深部有很大的找矿前景，同时南组脉 SS2、SS3 东端其深部以及 F6 与 F8 断层，也为矿区的找矿远景区。

一、成矿地质背景

湘东钨矿地处南岭钨锡铅锌多金属成矿带湖南段东部北缘，大地构造位置为扬子板块与华夏板块间的结合带，处于邓阜仙—锡田—万洋山—诸广山北西向构造岩浆岩带与茶陵—郴州北东向构造岩浆岩带交汇部位，成矿条件优越。

二、矿区地质特征

1. 地层

矿区出露的地层主要有寒武系中组（∈ 2）、泥盆系上统锡矿山组（D_3x）、石炭系下统岩关阶（C_1y）、侏罗系下统（J_2）、白垩系上统戴家坪组（K2d）和第四系全新统（Q_h）。

2. 构造

矿区构造以北东、北东东向断裂为主，部分地段流面、流线构造

发育，F1 断层下盘岩体中片理化和糜棱岩化较强；构造线走向以近 EW、NEE、NE 为主，少量 NW 向，且自南向北出现有由近 EW → NEE → NE 向转变的趋势。其中老山坳断层 F1 附近的 NEE、NE 向裂隙最发育、最活跃，与成矿关系极为密切，为区内主要导矿、容矿构造。

3. 岩浆岩

区内出露的岩体为邓阜仙岩体，主要有印支期和燕山期花岗岩，印支期花岗岩主要分布于矿区北部，燕山期主要位于矿区南部，印支至燕山晚期岩浆多期活动的产物，分早、中、晚三期：第一期粗粒斑状黑云母花岗岩（γ_5^1），其 K-Ar 法同位素年龄为 183 Ma，为印支期；第二期中粒二云母花岗岩和中细粒少斑状二云母花岗岩（γ_5^{2-1}），其 K-Ar 法同位素年龄为 175 Ma ～ 156 Ma 为燕山早期；第三期为细粒白云母花岗岩（γ_5^{2-2}），其 K-Ar 法同位素年龄测定为 136 Ma，为燕山晚期。[1]

三、矿床成矿地质条件

1. 矿床成因类型

根据矿床和矿体地质特征，可确定矿床成因类型为典型的高温—中温热液脉状矿床。主要依据为：矿石结构复杂，交替结构极为发育，伴生高中温矿物多，矿床具沉淀分带，并为多次脉动性矿液活动所掩盖。围岩蚀变亦伴随多期重叠的蚀变类型，有云英岩化、绢云母化、硅化等。

2. 矿床成矿因素

从现有资料分析，湘东钨矿矿床的成矿与构造关系十分密切。从成矿的角度，矿床和矿体的形成主要受三大因素控制，一是成矿物质来源，二是要有矿液运移通道，三是要有赋矿空间，这三大因素都与构造有直接或间接的联系。[2] 据前人的研究，湘东钨矿矿床成矿物质主要来自地壳重熔型花岗岩的母岩浆，岩浆侵位受构造控制，成矿物质的运移和容矿空间，也受控于构造裂隙，深部晚期岩体突出部位往往有较好的含矿脉产出，因此，矿床的成矿，构造是必不可少的条件。

[1] 倪永进，单业华，伍式崇：《湖南东南部湘东钨矿区老山坳断层性质的厘定及其对找矿的启示》，《大地构造与成矿学》，2015 年第 3 期，第 436-445 页。

[2] 王淑军：《湖南省茶陵邓阜仙钨、锡等多金属矿床地质特征、成矿规律及找矿》，《怀化学院学报》，2008 年第 11 期，第 157-160 页。

3. 矿床成矿规律

①在区域上处于构造复合部位，构造活动持久而强烈，为区内成矿提供了理想的运移通道和容矿空间。

②第一构造层巨厚的地槽型沉积和第二构造层地台型沉积，富含本区成矿元素，这些元素背景值很高，它们的丰度值大大超过其克拉克值，为本区成矿奠定了物质基础。

③地洼阶段印支—燕山期的断裂活动和岩浆活动，对本区内生矿床的成矿活动起了主导作用，构造运动与相应酸性岩浆活动派生出有色金属和稀有金属矿床。

④构造运动产生若干次断裂及次一级的剪切裂隙，为矿液上升提供了良好的上升通道和容矿空间。

⑤在细粒花岗岩中隆起的侧部或鞍部是裂隙发育的部位，也是矿化最好的部位，脉幅也最大，其次是在中、粗粒花岗岩中矿化较差，脉幅也较小。

4. 矿化富集规律

依据区内矿床地质多年的研究成果，将其矿化富集规律总结如下：①脉幅与钨品位。一般脉幅大的部位、品位相应高。②矿化不均匀，钨品位变化大，低品位的占绝大部，高品位出现频繁，但一般品位的分布较均匀。③锡品位一般为低品级或中品级，高品位常多出现于上部中段或矿脉两端。④铜富集与钨多成相应曲线，同时消长或单独组成高原式曲线。⑤银在石英脉中主要赋存在黄铜矿中，其次是黑钨矿，银与铜的相关系数是0.66，为显著相关，银与钨的相关系数是0.21，为略显相关。⑥受老山坳断层和中粒花岗岩隆起的控制，脉组中各脉成矿裂隙深度不一致，各脉富集标高不也不一致。⑦钨的富集与伴生组分锡，铜、银、铅、锌等略显相关，钨的品位高则伴生组分的品位也相应增高。

四、深部找矿预测

1. 找矿标志

①石英脉是直接的找矿标志。②云英岩化、硅化、绢云母化等围岩蚀变也是良好的找矿标志。③矿脉具有成群、成组和平行等距产出等特征，对寻找区内盲矿体有一定指导作用。④中粒花岗岩或细粒花岗岩前沿隆起部位，裂隙发育矿化较好，属成矿有利部位。⑤矿脉具有明显的垂直分带特征：南组脉裂隙发育程度形态上可划分为裂隙带→微脉带→细脉薄脉带→单独大脉带→断续透镜体小脉带。所以地表裂隙带、微脉带和细脉带均是找矿标志带。

2. 找矿预测及找矿方向

①深部找矿：综合分析矿区深部资料，老山坳断层（F1）附近具有矿脉发育、矿化增强特征，矿石类型由石英脉为主向蚀变花岗岩型变化，矿化体厚度明显增加，同时出现蚀变规模增大现象，预示了老山坳断层（F1）南面深部可能存在破碎蚀变型钨矿体，为矿区内找矿提供方向。

②南组脉找矿远景较好：矿区南边 SS2、SS3 矿脉地表出露连续，矿脉规模较大。局部矿化强，黑钨矿颗粒大，晶形好；裂隙具西端紧闭往东开阔特点，脉体东端较厚，并发育条带构造，围岩硅化强。该区粗粒斑状黑云母花岗岩中多处出露二云母花岗岩，成矿环境优越，是区内较好的找矿靶区。[1]

③矿区西侧边部木马槽、青山里至铜锣坪一带，出露有多条含钨石英脉，局部矿化较强，从本次对 W12 脉深部控制情况分析，W8 脉、W9 脉、W10 脉亦具有找矿潜力。

④矿区北面轿顶山至牌坊石之间，有多条石英脉近平行分布。其中 8 脉、9 脉规模较大，地表及深部矿化均较好，但其东段深部缺乏有效控制。矿山可在矿脉东段送入穿脉坑道控制，扩大北面矿脉储量规模和找矿远景。

五、结论

根据本矿区的矿产地质特征和成矿地质条件，可以预测本矿区的印支期花岗岩的隆起部位的裂隙发育地区及老山坳断层下盘深部有很大的找矿前景，有待进一步研究。同时，南组脉 SS2、SS3 东端其深部以及 F6 与 F8 断层，也为矿区的找矿远景区。

（原文《湖南茶陵湘东钨矿成矿地质条件及深部找矿预测》刊载于《世界有色金属》2019 年 6 月，有删改）

[1] 刘金云，朱浩峰，余阳春等：《湖南省茶陵县湘东钨矿接替资源勘查报告》，湖南省地质矿产勘查开发局四一六队，2016 年，第 26-70 页。

参考文献

1. 湘东钨矿志编写办公室:《湘东钨矿志(1919—1980)》,1982 年 10 月。

2. 湘东钨矿志编写办公室:《湘东钨矿志(1981—1995)》,1997 年 10 月。

3. 湖南省地方志编纂委员会:《湖南省志·第九卷·工业矿业志·地址矿产》,湖南出版社,1994 年版。

4. 湖南省地方志编纂委员会:《湖南省志·第九卷·工业矿业志·冶金工业》,湖南出版社,1991 年版。

5. 钨业回忆录编委会:《钨业的崛起》,二七〇制印厂,1993 年 4 月。

6. 冶金部南岭钨矿专题组:《华南钨矿》,冶金工业出版社,1985 年版。

7.《当代中国有色金属工业》编委会:《新中国有色金属·钨钼工业》,《当代中国有色金属工业》编委会,1987 年 7 月。

8. 王晓青,田奇瓗,刘祖彝,廖友仁,许原道,汪国栋:《湖南钨矿志》,湖南地质调查所,1937 年 8 月。

9. 张恒政:《湖南省湘东钨矿地质志》,全国地质资料馆藏。

10. 罗自立:《湘东钨矿锡田钨矿地质概查报告书》,长沙地质勘探公司 214 队 1955 年 6 月编印,地质部湖南省办事处地质资料处 1957 年 9 月复制,全国地质资料馆藏。

11.《冶金人物志·有色金属卷和黄金卷》编委会编著:《冶金人物志·有色金属卷和黄金卷》,冶金工业出版社,2008 年版。

后 记

编写一本记录湘东钨矿历史的书，一直是我的愿望。作为湘东钨矿子弟，钨矿是我的父辈工作、生活和长眠之地，也是我少年读书、成长之地。我祖籍湖南双峰县荷叶蒋字街，父亲很早离乡在外打工，在浒坑钨矿参加工作，湘东钨矿成立以后调入。由于长期在井下工作，且建矿初期矿山机械化程度不高，手工凿岩粉尘很大，因此很早就因为矽肺病退休，1977 年去世时年仅 57 岁。我 1967 年由湘东钨矿高陇疗养所所在地的光明小学转入钨矿子弟学校，到 1975 年 3 月高中毕业下乡至茶陵秩堂公社插队落户，做了 3 年知青后于 1978 年 3 月考入大学。从此，钨矿成为心中的故乡。大学期间寒暑假是回去的，成家以后逢年过节也偶尔回去，2002 年母亲故去后则只是清明节回去祭扫。

近几年回钨矿祭扫，常常为日渐衰败的矿区感叹，少年时上学的学校废弃了，露天电影场、医院、工人村拆除了，未被拆除的建筑也杂草丛生，即将坍塌。当年的长辈、同学都已调离或随子女安家外地，星散了。目睹此景，惆怅不已。常在网上看到回忆矿山的文字，渐渐形成编写一本湘东钨矿历史记忆的想法。作为子弟中可能是唯一的史学工作者，也只有以此种形式表达对矿山、矿山生活和一代矿工的怀念了。

本书主要是从工业遗产的角度，对湘东钨矿进行描述。从编辑方法来看，主要是对已有的各方面材料进行分类和归纳、改写，并以工业遗产的理论框架设计全书的结构及逻辑关系。有关湖南钨业资源和钨业开发、有关湘东钨矿的开发历史，主要是根据《湖南省志》中的“地质矿产志”和“冶金工业志”以及《湘东钨矿志（1919—1980）》《湘东钨矿志（1981—1995）》中的相关材料进行整理或直接采用的。关于湘东钨矿学术研究方面的论文，只选择了控矿构造、成矿模式、含矿石英脉的地质特征及其成矿规律、花岗岩种属、成矿地质条件及深部找矿预测等几篇，力求全面了解湘东钨矿的学术价值。由于编者并非具备相关专业背景的人士，可能没有达到预期目标。

本书在编写过程中得到了湘东钨矿许多老同志和矿工子弟的帮助。湘东钨矿原矿长梁源栋同志获悉此事后，将信息发到湘东钨矿职工微信群，从而使编者获得更多的帮助。不仅如此，梁矿长还亲自撰写回忆录。年逾九旬的袁宗庆同志，亲自撰写了受到毛泽东、周恩来接见的回忆录，其子周红宇同志也给予了大力的协助。此外，钨矿原副总工程师李寅宾同志担心电子稿出现错别字，将原稿复印件邮寄给编者，其拳拳之心可鉴。本书第二章“湘东钨矿遗址遗存”图文，除署名者外，均为矿工子弟、茶陵县汉背办事处主任彭建春同志亲自拍摄和撰写。此外，程意文、李玉球、杨均森、颜炎、颜光明、彭湘东等同志和同学，也给予编者热情的鼓励和帮助。

本书在编写过程中，从互联网和纸质图书中收集了一些回忆录和学术论文，由于这些回忆文章和学术论文发表时间久远，作者通信地址变动较大，未能全部获得作者的授权，在此深表歉意，我想作者对本书编写的公益行为，一定能够理解。也请未能联系到的作者看到本书后，能够与编者联系，以便赠送样书表达谢意。

感谢湖南师范大学出版社总编辑黄林同志，他是我研究生同门师弟。当他获悉我正在做这一工作时，表示了极大的兴趣，并愿意将此书纳入他正在编辑出版的工业遗产丛书计划之中，使编者免除了筹措出版资金的困扰。我想，这也是原湘东钨矿的职工和子弟们应该表达谢意的共同心意。

湘东钨矿是共和国建立后开发的重工业基地，它与同时期一起创立的有色金属企业一样，曾经为共和国的建设作出过重要贡献。矿工们当年无私的奉献，铸就了中国自主的工业体系。他们，是值得我们深表敬意的。

王继平

2024年5月22日